दूसरे लोगों को प्रभावित करना बहुत बड़ी चुनौती है। अगर आप बिजनेस में हैं तो अपने बॉस और अपने सहकर्मियों को प्रभावित करना चाहेंगे। गृहणी हैं, तो अपने परिवार और रिश्तेदारों को प्रभावित करना चाहेंगी।

रिसर्च बताते हैं कि व्यक्ति की सफलता में सिर्फ़ पंद्रह प्रतिशत योगदान उसकी तकनीकी योग्यता का होता है और बाकी का पचासी प्रतिशत उसकी व्यवहार-कला पर निर्भर करता है।

युवान बुक्स

प्रभावशाली व्यक्तित्व की तरक़ीबें

ISBN : 978-81-19745-69-2

प्रकाशक : अनबाउंड स्क्रिप्ट
2/41, अंसारी रोड,
दरियागंज, दिल्ली - 110002
वेबसाइट : www.unboundscript.com
ई-मेल : books@unboundscript.com
फोन : 011- 35807601

PRABHAVISHALI VYAKTITAV KI TARQEEBEN
by Dale Carnegie

मुद्रक : विकास कंप्यूटर एंड प्रिंटर्स
गाज़ियाबाद, उ. प्र.

मूल्य : ₹ 299/-

प्रभावशाली व्यक्तित्व की तरक़ीबें

लेखक

डेल कारनेगी

युवान बुक्स

यह पुस्तक एक ऐसे व्यक्ति को समर्पित है,
जिसे यह पुस्तक पढ़ने की जरूरत ही नहीं है :
मेरे प्रिय मित्र
होमर क्रॉय को।

अनुक्रम

खंड : तीन

लोगों से अपनी बात कैसे मनवाएं

खंड : चार

ठेस पहुँचाए बिना लोगों को कैसे बदलें

यह पुस्तक क्यों और कैसे लिखी गयी?

लेखन और साहित्य सदियों से हमारे समाज का हिस्सा रहे हैं। समाज का कोई वर्ग इससे अछूता नहीं रहा। लेखक, कवि, समाज-सुधारक अपने उद्देश्य से विचारों को लेखन का रूप देते रहे हैं। बीसवीं सदी के शुरुआती पैंतीस सालों में केवल अमेरिका में ही करीब दो लाख से अधिक पुस्तकें छपीं। इनमें से कइयों ने पाठकों के दिलों पर राज कर लिया, तो कई इतनी नीरस थीं कि गुमनामी का जीवन जीने को मजबूर ही रहीं। इसी दौरान मेरी वहाँ के एक प्रसिद्ध प्रकाशन समूह के प्रैसिडेंट से मुलाकात हुई। बातचीत के दौरान उन्होंने स्वीकार किया कि उनकी कंपनी को प्रकाशन का पिचहत्तर साल का अनुभव है, परंतु फिर भी उन्हें आठ में से सात पुस्तकों पर घाटा उठाना पड़ता है। अर्थात् लेखको की रचनाएं लोगों को प्रभावित करने में असफल रहती हैं।

"अब सवाल यह उठता है, कि इतना सब जानते हुए भी मैं यह पुस्तक लिखने का दुस्साहस कैसे कर सकता हूँ? और अगर मैं इसे लिखने में कामयाब हो भी गया तो इस बात की क्या गारंटी है कि लोग इसे पढ़ने का कष्ट करेंगे?"

दोनों ही सवाल अपनी-अपनी जगह सही हैं, लेकिन फिर भी मैं कोशिश करूंगा कि इनका उचित जवाब दे सकूं।

1912 में मैंने एक शैक्षणिक संगठन बनाया जहाँ मैं बिज़नेस से जुड़े व्यक्तियों को सार्वजनिक रूप से बोलने की कला सिखाता था। दरअसल मेरे इस कोर्स का मुख्य उद्देश्य लोगों के दिलों से बोलने के डर को दूर करके उनमें आत्म-विश्वास पैदा करना था, जिससे कि वे अपने विचारों को खुलकर दूसरों के सामने रख सकें और अपने अधिकारों की लड़ाई स्वयं लड़ सकें।

परंतु कुछ समय बाद, दैनिक जीवन में आती समस्याओं को देखते मुझे महसूस हुआ कि केवल आत्म-विश्वास और अपने विचारों को प्रकट करने के प्रशिक्षण से ही सारी समस्याएँ हल नहीं होंगी, बल्कि लोगों में ऐसी जागरूकता लानी होगी जिससे कि वे अपनी बात को प्रभावी ढंग से लोगों के सामने रख सकें। ऐसे में उन्हें पता होना चाहिए कि रोजमर्रा की जिंदगी में बिजनेस और लोगों से व्यवहार कैसे किया जाता है? कैसे दूसरों को अपनी बात मानने के लिए तैयार किया जाता है? और कैसे दूसरों को उनकी श्रेष्ठता का अहसास करवाया जाता है?

जब मैंने अपने अतीत में झांक कर देखा तो निरंतर मिलती असफलता की तकलीफ को देखकर मेरा कलेजा मुंह को आ गया। उस वक्त अज्ञानता और समझदारी की कमी की वजह से मैंने जिंदगी में बहुत सी गलतियाँ की थीं। आज जब भी उनके बारे में सोचता हूँ तो दिल में यही ख़्याल आता है, कि यह पुस्तक बीस साल पहले किसी ने मुझे क्यों नहीं दी। अगर यह उस वक्त मुझे मिल गई होती तो मेरा भविष्य कुछ और होता !!

व्यक्ति चाहे जैसा भी हो परंतु उसके लिए दूसरे लोगों को प्रभावित करना एक बहुत बड़ी चुनौती है। यदि आप बिजनेस में हैं तो अपने बॉस को और अपने सहकर्मियों को प्रभावित करना चाहेंगे... यदि आप गृहिणी हैं तो अपने परिवार को और रिश्तेदारों को प्रभावित करना चाहेंगी। कई साल पहले कारनेगी फाउंडेशन फॉर द एडवांसमेंट ऑफ टीचिंग ने एक रिसर्च की, जिससे एक तथ्य सामने आया कि व्यक्ति की सफलता में पंद्रह प्रतिशत योगदान उसकी तकनीकी योग्यता का होता और बाकी का पिचासी प्रतिशत उसकी व्यवहार कला पर निर्भर करता है।

मैंने कई देशों में इंजीनियर्स क्लबों में बहुत से ट्रेनिंग कोर्स चलाए। मेरे ट्रेनिंग कोर्सेज में आने वालों में अकेले इंजीनियर्स की गिनती डेढ़ हजार से कहीं अधिक थी क्योंकि मैंने अप्रत्यक्ष रूप से उन्हें बता दिया था कि इंजीनियरिंग के क्षेत्र में सबसे ज़्यादा तनख्वाह उन्हें नहीं मिलती है जिनके

पास इंजीनियरिंग का सबसे ज्यादा ज्ञान होता है, बल्कि उन लोगों को मिलती है जिनमें व्यवहार करने की कला होती है। किसी भी बिजनेस की सफलता के लिए केवल तकनीकी ज्ञान ही पर्याप्त नहीं होता। ऐसे में आवश्यकता है, कि उनमें नेतृत्व करने की लोगों में उत्साह जगाने की और अपने विचारों को व्यक्त करने की क्षमता हो। जिस व्यक्ति में ये सारे गुण होंगे वह निश्चित रूप से कामयाब होगा।

क्या आपको नहीं लगता कि जो कला दुनिया की किसी भी चीज से ज्यादा कीमती है, उसे देश के हर स्कूल और कॉलेज में सिखाया जाना चाहिए? परंतु दुर्भाग्य की बात है, कि आज तक मैंने ऐसे किसी स्कूल या कॉलेज का नाम नहीं सुना, जहाँ मानवीय व्यवहार कला की शिक्षा दी जाती हो।

युनिवर्सिटी ऑफ शिकागो और युनाइटेड वाय. एम. सी. ए. स्कूल्स ने कई शहरों में एक सर्वे किया। इस सर्वे में लोगों से बहुत से सवाल पूछे गए और उनको अपने विचार व्यक्त करने का मौका दिया गया।

करीब दो साल के लंबे अध्ययन के बाद कई महत्वपूर्ण परिणाम सामने आए जैसे कि वयस्कों की सर्वाधिक रुचि का विषय स्वास्थ्य है और दूसरी रुचि मानव व्यवहार संबंधों का ज्ञान जिनमें लोगों को समझना, उनसे मेल-जोल बढ़ाने के तरीके सीखना और उनको प्रभावित कैसे किया जाए शामिल है।

सर्वे करने वाली संस्था ने फैसला लिया कि वयस्कों की रुचि को देखते हुए उनके लिए ऐसे कोर्स आयोजित किए जाने चाहिए। फिर उन्होंने इस विषय पर व्यवहारिक ज्ञान की पुस्तकों की खोज की, परंतु हैरानी की बात थी कि इतनी खोजबीन के बाद भी उन्हें इस विषय पर कोई भी पुस्तक न मिली। फिर वे एडल्ट एज्युकेशन के विशेषज्ञ के पास गए और उनसे इस विषय पर लिखी गई पुस्तकों के विषय में जाँच-पड़ताल की। इस पर विशेषज्ञ का जवाब था, “नहीं, जिस विषय की पुस्तक की आपको तलाश है, वैसी पुस्तक आज तक लिखी ही नहीं गई।” उनकी बात सुनकर सबके होश उड़ गए।

यह बात सच थी, क्योंकि बरसों पहले मैंने भी ऐसी ही एक पुस्तक ढूंढ़ने का प्रयास किया, परंतु नाकाम रहा।

इसलिए समय की माँग और अपने अतीत की समस्याओं को देखते हुए मैंने अपने कोर्स के लिए ऐसी ही एक पुस्तक लिखने की कोशिश की है। उम्मीद है कि आप सबको पसंद आएगी। इस पुस्तक संबंधी जानकारी इकट्ठी करने के लिए मैंने बहुत सी पुस्तकें पढ़ीं.. अखबारों, पत्रिकाओं, लेखों, पारिवारिक सदस्यों से व्यक्तिगत मुलाकात इत्यादि। विश्व के जितने भी महापुरुष थे, उन सबकी जीवनियों का कई सौ बार अध्ययन किया ताकि कुछ भी जरूरी जानकारी छूट न जाए। जूलियस सीज़र से लेकर थॉमस एडीसन तक सबका जीवन-चरित्र अच्छी तरह से खंगाल डाला। इसके अतिरिक्त मैंने एक विशेषज्ञ को भी अपने साथ रखा जो देश के विभिन्न विश्वविद्यालयों से पर्याप्त जानकारी एकत्रित करके लाता और मुझे देता। मैंने कई लोगों के व्यक्तिगत रूप से इंटरव्यू भी लिए जिनमें मार्कोनी, एडिसन, जेम्स फार्ले, थियोडोर रूज़वेल्ट और ओवेन डी. यंग जैसे बिज़नेस प्रमुख और क्लार्क गेबल, मैरी पिकफोर्ड जैसे अभिनेता और मार्टिन जॉनसन जैसे आविष्कारक शामिल थे। इन सबसे मुलाकात के दौरान मेरा विशेष ध्यान उनकी व्यवहार कुशलता पर था, क्योंकि मैं जानना चाहता था कि वे लोगों से व्यवहार करते समय किस तरह की तकनीक का प्रयोग करते हैं।

इस सारी प्राप्त सामग्री से मैंने एक लैक्चर तैयार किया और इसे नाम दिया, "हाउ टू विन फ्रैंडस एंड इन्फलुएंस पीपुल।" डेढ़ घंटे के इस लैक्चर को मैं सालों तक न्यूयॉर्क के कारनेगी इंस्टीट्यूट के कॉलेज में सुनाकर लोगों का मार्गदर्शन करता रहा।

इस लैक्चर के बाद मैं श्रोताओं को प्रेरित करता कि वे इन सिद्धांतों का अधिक से अधिक प्रयोग अपने बिज़नेस और सामाजिक क्षेत्रों में करें और फिर अपने अनुभवों और परिणामों को क्लास में बताएं जिससे कि हमें इनमें और ज़्यादा सुधार करने का मौका मिले। यह एक बहुत दिलचस्प होमवर्क

था। सभी स्त्री-पुरूष आत्म-सुधार के लिए लालायित थे और मानवीय संबंधों के व्यवहार की इस पहली और नई प्रयोगशाला में काम करना उन्हें बहुत आकर्षक लग रहा था।

यह पुस्तक सामान्य पुस्तकों जैसी नहीं थी, बल्कि इसका विकास बिल्कुल एक छोटे बच्चे की वृद्धि की तरह हुआ। यह एक प्रयोगशाला में बड़ी हुई... सिद्धांत और तथ्य ही इसके जीवन का आधार है। विकास होने के बाद इसे हजारों लोगों के अनुभवों की कसौटी पर परखा गया और तब जाकर यह लोगों तक पहुँचाने योग्य बनी।

शुरुआत में हमने अपने सिद्धांतों को एक पोस्टकार्ड साइज़ के कागज पर लिखना शुरू किया। फिर अगले साल हमने एक बड़ा कार्ड छपवाया। फिर एक लीफलेट, फिर बुकलेट और इस तरह इसके आकार का दायरा बढ़ गया और फिर पंद्रह सालों के प्रयोग और अनुभवों के बाद यह पुस्तक अस्तित्व में आई। सही कहा जाए तो मेरी जिंदगी की सारी कमाई यही एक पुस्तक है जिसके लिए मैंने अपनी सारी भूख-प्यास, सुख-दुःख त्याग दिया।

पाठकों से निवेदन है, कि इन सारे नियमों को अच्छी तरह से आजमाएं, क्योंकि ये कोई अंधेरे में चलाए खाली तीर नहीं हैं, कि निशाने पर लग गया तो किस्मत है ... नहीं तो बेकार है, बल्कि इन्हें हर तरफ से जाँच-परख कर लिखा गया है। इसका हर एक नियम जादू-सा असर दिखाता है। इन सिद्धांतों पर चलने वाले लोगों की जिंदगी में क्रांतिकारी परिवर्तन हुए हैं।

उदाहरण के लिए, एक मिल में 314 मज़दूर काम करते थे। उस मिल के मालिक की एक बुरी आदत थी, वह बेवजह मज़दूरों को डांटता-फटकारता रहता था, जिससे मज़दूर चिढ़ जाते और पीठ पीछे उसे गालियाँ बकते। लेकिन हमारे ट्रेनिंग क्लास में भाग लेने के बाद उसने अपने व्यवहार को पूरी तरह बदल डाला। उसने क्लास में अपना अनुभव बताते हुए कहा, “पहले जब मैं ऑफिस जाता तो कोई मुझे नमस्ते तक नहीं बोलता था। यहां तक कि चपरासी भी मुझे देखकर मुँह फेर लेता था, परंतु अब सब कुछ बदल गया है.... अब मेरे वहाँ 314 नये दोस्त बन गए हैं और सब मुझसे सम्मानपूर्वक

व्यवहार करते हैं। इसके अलावा मिल में सब दोस्ती-भाईचारे, वफादारी और उत्साह की भावना से मिल-जुलकर काम करते हैं।"

बिज़नेस में इन सिद्धांतों का प्रयोग करने से सैल्समैन को अपनी सेल बढ़ाने में कामयाबी मिली। पहले जो ग्राहक उनसे सामान खरीदने को तैयार नहीं थे, अब वही सब हंसी-खुशी उससे माल खरीदने लगे। एक एक्ज़ीक्यूटिव ने बताया कि उसके झगड़ालू और सनकी स्वभाव के कारण कंपनी ने उसे नौकरी से निकालने की चेतावनी दी थी। परंतु कोर्स क्लास की वजह से न केवल उसका स्वभाव बदला, बल्कि कंपनी ने उसका प्रमोशन करने के साथ-साथ उसकी तनख्वाह भी बढ़ा दी।

मेरी क्लास में लोगों की बढ़ती संख्या को देखकर कई बार दूसरे लोग बहुत हैरान हो जाते और सोचते कि ऐसा इन सिद्धांतों में क्या है जो लोग पागलों की तरह यहां उमड़ रहे हैं? तो आप सब की जानकारी के लिए बता दूँ कि ये सिद्धांत जितने लाभदायक हैं। इनके परिणाम उससे कहीं ज्यादा चमत्कारिक हैं। कई बार तो लोग अपने परिणामों के बताने के लिए इतने ज्यादा उत्साहित होते हैं कि वे अगली क्लास का इंतजार भी नहीं कर सकते थे और मुझे घर पर ही फोन करते और अपनी खुशी जाहिर करते।

एक बार तो कमाल ही हो गया। एक व्यक्ति क्लास में सिद्धांतों की चर्चा में इतना व्यस्त हो गया कि आधी रात तक लगातार इन पर विचार करता रहा। सुबह तीन बजे बाद उसके सारे दोस्त अपने-अपने घर चले गए, परंतु वह वहीं बैठा रहा और अपने अतीत की गलतियों के बारे में सोचता रहा। अपने उज्जवल भविष्य की राह खुलती देखकर उसकी रातों की नींद उड़ गई। वह दो दिन और दो रातों तक अकेला बैठा खुद से बातें करता रहा।

वह कौन था? क्या कोई सनकी था या फिर बेवकूफ जो इन सिद्धांतों को लेकर इतना ज़्यादा उत्साहित हो रहा था? जी नहीं। वह न तो कोई सनकी था और न ही बेवकूफ, बल्कि वह एक कामयाब आर्ट डीलर था जोकि तीन भाषाओं का विशेषज्ञ और दो यूरोपियन विश्वविद्यालयों से ग्रैजुएट था।

न्यूयॉर्क की एक बहुत बड़ी कारपेट फैक्ट्री के मालिक ने मुझे बताया कि उसने चौदह हफ्तों की इस ट्रेनिंग क्लास में मानवीय व्यवहार कला के बारे में जितना सीखा है, उतना तो कॉलेज के चार सालों में भी नहीं सीख पाया। शायद आपको लगता होगा कि मैं अपने सिद्धांतों की बड़ाई कर रहा हूँ या फिर लोगों को पथभ्रष्ट कर रहा हूँ, मगर ऐसा बिल्कुल नहीं है। इसका एक-एक शब्द सत्य है। और मैं अपनी बात को स्वीकार करने की ताकत रखता हूँ।

विलियम जेम्स का मानना था, "मानव मस्तिष्क असीम शक्तियों का भंडार है, परंतु कोई भी व्यक्ति अपनी क्षमताओं का पूरी तरह प्रयोग नहीं कर सकता। इसका कारण है स्पष्टता का अभाव अर्थात् हम अपनी क्षमताओं से बिल्कुल अनजान होते हैं और इसीलिए अपनी शारीरिक और मानसिक योग्यताओं का बहुत कम प्रयोग कर पाते हैं।"

हमारी इस पुस्तक का लक्ष्य भी मनुष्य को उसके भीतर सोई हुई उन असीम शक्तियों से परिचित करवाना है, ताकि इनका प्रयोग करके आप अपना जीवन सुखमय बना सकें। हरबर्ट स्पेंसर ने कहा था, "शिक्षा का महान लक्ष्य ज्ञान नहीं, बल्कि कर्म है।" इसलिए अगर इस पुस्तक को पढ़ने के बाद आपको यह लगे कि आपका पढ़ना व्यर्थ गया क्योंकि आप जीवन की स्थितियों का सामना करने योग्य नहीं बने, तो मैं समझूँगा कि मेरी यह पुस्तक अपने मकसद में पूरी तरह नाकाम रही।

यह पुस्तक एक एक्शन बुक है।

- डेल कारनेगी

खंड : एक

लोगों को प्रभावित करने की मूलभूत तरक़ीबें

1

अगर शहद इकट्ठा करना हो, तो मधुमक्खी के छत्ते पर लात न मारें।

7 मई, 1931 का दिन, जब न्यूयॉर्क के बाकी दूसरे हिस्सों में शांति और उल्लास का माहौल था, वहीं वेस्ट एंड एवेन्यू में कोहराम मचा हुआ था। पुलिस और अपराधियों के बीच एक सनसनीखेज़ जंग छिड़ी हुई थी, जो कि रोमाँच के अंतिम शिखर पर थी। कई दिनों की जद्दोजहद के बाद आखिरकार पुलिस ने "दुनाली बंदूक" के नाम से मशहूर हत्यारे कॉर्लेस को पकड़ लिया था। कॉर्लेस बहुत ही खूंखार खूनी था और पुलिस से बचने के लिए अपनी प्रेमिका के घर में छुपा हुआ था। हैरानी की बात थी कि इतने भयानक व्यक्तित्व के बावजूद भी उसमें शराब और सिगरेट जैसा कोई अवगुण नहीं था।

वह इमारत की सबसे ऊपरी मंजिल में छिपा हुआ था। पुलिस कर्मियों और जासूसों ने इमारत की चारों तरफ से घेराबंदी की हुई थी। हैलीकॉप्टर के रास्ते कुछ पुलिसकर्मी छतों पर तैनात किए गए, लेकिन उसने इतनी मुस्तैदी से खुद का बचाव किया हुआ था कि पुलिस चाहकर भी उसे बाहर निकालने में सफल नहीं हो पा रही थी। कोई रास्ता न निकलता देखकर उन्होंने आंसूगैस का इस्तेमाल किया और छतों में सुराख करके पूरी इमारत में आंसूगैस छोड़ दी इमारत के आस-पास की सभी दूसरी इमारतों में मशीनगनें और पुलिसफोर्स नियुक्त कर दी गई ताकि कॉर्लेस को जिंदा या मुर्दा पकड़ा जा सके। कई घंटे तक न्यूयॉर्क के इस रिहाइशी क्षेत्र में गोलियाँ चलती रहीं। एक अकेला व्यक्ति

डेढ़ सौ पुलिस वालों पर भारी पड़ रहा था। कॉर्लेस एक कुर्सी के पीछे छिपकर लगातार पुलिस पर गोलियाँ चलाता रहा। करीब दस हज़ार लोग इस रोमाँचक मुठभेड़ के चश्मदीद गवाह थे इस तरह का रोमाँचक नजारा न्यूयॉर्क में पहले कभी नहीं देखा गया था।

पुलिस अपने मिशन में कामयाब हुई और कॉर्लोस को बेड़ियों में जकड़ कर कारावास में डाल दिया गया। पुलिस कमिश्नर ई. पी. मल्नूनी ने उसके संबंध में जानकारी देते हुए बताया कि "वह दुनिया के सबसे ख़तरनाक अपराधियों में से एक था, जो किसी भी व्यक्ति को थोड़ी सी आवाज करने पर ही मौत के घाट उतार देता था।"

परंतु 'दुनाली बंदूक' कार्लोस की अपने संबंध में कुछ अलग विचारधारा थी। जिस वक्त पुलिस और उसके बीच में गोलियों की बरसात हो रही थी, उसी दौरान उसने एक पत्र लिखा, जिसमें उसने अपने दु:खी हृदय की दास्तान बयान करते हुए कहा, "मेरे कोट के भीतर एक पीड़ित, परंतु दयालु हृदय है.... एक ऐसा दिल जो आप सब लोगों से बहुत प्यार करता है और किसी को भी जान बूझकर नुकसान नहीं पहुँचाना चाहता।" जब वह खत लिख रहा था तो उसके ज़ख्मों से बहते खून में यह पत्र भीग रहा था।

इस घटना से कुछ समय पहले की बात है। एक शाम कार्लोस अपनी गर्लफ्रैंड के साथ लांग आइलैंड की सुनसान सड़क पर रंगरलियाँ मनाता फिर रहा था। तभी अचानक एक पुलिस वाला वहाँ आ पहुँचा और उसने अपने कर्तव्य का पालन करते हुए कार्लोस को लाइसेंस दिखाने को कहा। उसने बिना कुछ सोचे-समझे अपनी जेब से रिवॉल्वर निकाली और एक के बाद एक तीन-चार गोलियाँ उसके सीने में उतार दी पुलिस वाला दर्द से कराहता हुआ ज़मीन पर गिर गया। उसे तड़पता देखकर भी कोर्लोस का मन नहीं भरा और गाड़ी से नीचे उतर आया। फिर उसने अफसर की रिवॉल्वर निकाली और दो-तीन गोलियां उसके बेजान हो चुके शरीर में घुसा दी। इतना निर्ममतापूर्ण दुष्कर्म करने के बाद भी वह बार-बार एक ही बात दोहराए जा रहा था, मैं निर्दोष हूँ, मैं किसी को नुकसान नहीं पहुँचाना चाहता।" आप ही सोचिए कि

इतनी निर्दयतापूर्वक हत्या करने वाला इंसान दयालु कैसे हो सकता है? वह लोगों से सहानुभूति की उम्मीद कैसे कर सकता है? पत्र के द्वारा वह क्या दिखाना चाहता है?

कॉर्लोस को मौत की सजा सुनाई गई। जब उसे मृत्युदंड देने के लिए सिंग - सिंग जेल ले जाया जा रहा था तो उसकी आँखों में किसी तरह का कोई डर नहीं था। उसने बैखोफ होकर एक सवाल किया, "क्या यह लोगों को मारने की सज़ा है?" और फिर खुद-ब-खुद जवाब देते हुए कहा, "नहीं, यह तो खुद को गुनाहों से बचाने की सजा है।"

इस कहानी का मुख्य संदेश यह है, कि "दुनाली बंदूक" कार्लोस किसी भी अपराध के लिए खुद को दोषी नहीं मानता था, बल्कि वह तो इसे भगवान का आदेश मानता था।

ऐसी बहुत सी असामान्य बातें हैं जो अपराधी अक्सर अपने गुनाहों को छिपाने के लिए कहते हैं।

"मैंने अपने जीवन के बहुत से बेहतरीन साल लोगों की भलाई करने में लगा दिए ताकि उन्हें कोई असुविधा न हो और वे सुख से अपना जीवन व्यतीत कर सकें, परंतु इसके बदले में मुझे क्या मिला? पुलिस की गोलियां... ? हर समय यही डर रहता है कि कब जाने पुलिस की किस गोली पर मेरा नाम लिखा हो... मौत का कफ़न सिर पर बांधकर फिरना पड़ता है।"

यह शब्द है अल केपोन के, जो कि अमेरिका का कुख्यात बदमाश था। शिकागो में उसके जैसा खतरनाक गुंडा-गैंग किसी का नहीं था। शहर के लोग उसका नाम सुनकर ही थरथर कांपने लगते थे। लेकिन वह खुद को अपराधी नहीं मानता था, बल्कि एक परोपकारी समझता था- एक ऐसा परोपकारी जिसे दुनिया वाले कभी समझ नहीं पाए।

और यही सब डच शुल्ट्ज ने भी मरने से पहले कहा था। वह न्यूयॉर्क के सबसे खतरनाक अपराधियों में से एक था। उसने एक इंटरव्यू में बताया, "मैं अपने स्वार्थ के लिए कुछ नहीं करता, बल्कि मेरा उठाया गया हर कदम लोगों की भलाई के लिए ही होता है और मुझे अपने आप पर गर्व है।"

जब मैंने इस बारे में न्यूयॉर्क की प्रसिद्ध सिंग-सिंग जेल के वॉर्डन लुईस लॉस से बातचीत की तो उन्होंने बताया कि सिंग-सिंग जेल के ज्यादातर अपराधी अपने आप को गुनाहगार नहीं मानते। वे भी आपकी और हमारी तरह सामान्य इंसान हैं। वे अपने हर अपराध के पीछे वाजिब तर्क देते हैं और अपने अपराधों को लोगों के हित में सही ठहराने की कोशिश करते हैं। उनका मानना है कि सही उद्देश्य से किया गया गलत काम अपराध नहीं कहलाता ...इसीलिए कानून को उन्हें सजा देने का कोई अधिकार नहीं है।"

अब आप ही बताइए। अगर अल केपोन, कार्लोस और डच शुल्ट्ज जैसे कुख्यात अपराधी अपने आप को दोषी नहीं मानते, तो वे लोग क्या हैं जिनसे हम अपनी निजी जिंदगी में प्रायः मिलते हैं?

अमेरिकी चेन स्टोर्स के संस्थापक जॉन वानामेकर ने यह स्वीकार किया था कि "अपनी गलतियों को दूसरों के सिर मढ़ना मूर्खता है।"

वानामेकर ने यह सबक बहुत जल्दी सीख लिया था। परंतु मुझे यह सीखने में पूरे तैंतीस साल लगे, जिस दौरान मुझसे लाखों गलतियाँ हुई और तब जाकर मुझे समझ में आया कि सौ में से निन्यानवे लोग अपनी गलती के लिए खुद को दोष कभी नहीं देते। वे किसी के सामने अपनी आलोचना नहीं करते और न ही अपनी गलती मानते हैं।

किसी की आलोचना करने का कोई फायदा नहीं होता, क्योंकि ऐसा करने पर सामने वाला व्यक्ति तरह-तरह के बहाने बनाकर और तर्क देकर खुद का बचाव करने का प्रयास करता है। आलोचना एक खतरनाक और घातक हथियार है, क्योंकि इससे जहाँ सामने वाले व्यक्ति के आत्मसम्मान को धक्का लगता है, वहीं उसके दिल को भी ठेस पहुँचती है और वह आपके प्रति दुर्भावना रखने लगता है।

विश्वप्रसिद्ध मनोवैज्ञानिक बी. एफ. स्किनर ने अपने प्रयोगों से यह तथ्य प्रमाणित किया है कि जिस जानवर को उनके अच्छे व्यवहार के लिए पुरस्कार दिया जाता है, वह उस जानवर की अपेक्षा ज़्यादा तेजी से सीखता है जिसे

खराब व्यवहार के लिए दंड दिया जाता है। ठीक यही बात इंसानों के बारे में भी सही है। आलोचना से सुधार की कोई गुंजाइश हो या न हो, परंतु संबंध ज़रूर बिगड़ जाते हैं।

एक और महान मनोवैज्ञानिक हँस सेल्ये ने कहा है, "हमें सराहना की जितनी भूख होती है, उससे कहीं ज़्यादा हमें निंदा का डर होता है।"

एनिड, ओक्लाहामा के जॉर्ज बी. जॉन्स्टन एक इंजीनियरिंग कंपनी में सुरक्षा प्रभारी थे। उनकी जिम्मेदारी यह देखना था कि मिल में काम करने के दौरान कर्मचारी अपना हैल्मेट पहने रखें। शुरुआत में जब भी वे किसी कर्मचारी को बिना हैल्मेट के देखते, तो भड़क उठते और नियमों-कानूनों की दुहाई देकर उन्हें आदेश पालन का हुक्म देते। परिणामस्वरूप कर्मचारी उसकी उपस्थिति में तो हैल्मेट पहन लेते, परंतु उसके जाने के तुरंत बाद अपने-अपने हैल्मेट उतार कर फेंक देते।

फिर उसने दूसरा तरीका आजमाने का फैसला किया। अगली बार जब उसने कर्मचारियों को बिना हैल्मेट के देखा तो उसने बड़े प्यार से उनसे पूछा कि क्या हैल्मेट आरामदेह नहीं हैं या उनकी फिटिंग सही नहीं है। फिर उसने उन लोगों को हैल्मेट पहनने के फायदे बताते हुए कहा, "कंपनी को अपने कर्मचारियों से बहुत लगाव है, इसलिए तुम लोगों की सुरक्षा को देखते हुए ही उन्होंने यह हैल्मेट लिए हैं ताकि काम करते समय तुम्हें कोई चोट न पहुँचे।" इसका परिणाम यह हुआ कि कर्मचारियों ने अपनी मर्जी से हैल्मेट पहनना शुरू कर दिया और कोई दुर्भावना भी पैदा नहीं हुई।

इतिहास में आपको ऐसे हज़ारों उदाहरण मिल जाएँगे जिनसे पता चलता है कि आलोचना करने से किसी को कोई लाभ नहीं होता। उदाहरण के लिए आप थियोडोर रूज़वेल्ट और राष्ट्रपति टैफ्ट के झगड़े को ही देख लें। उनके एक छोटे से झगड़े ने रिपब्लिकन पार्टी में विभाजन करवा दिया जिसका वुडरो विल्सन ने पूरा फायदा उठाया और व्हाइट हाऊस पर अपना कब्ज़ा जमा लिया। सन् 1908 में रूज़वेल्ट ने टैफ़्ट को राष्ट्रपति पद का सारा कार्यभार सौंपा और खुद शिकार खेलने अफ्रीका चले गए। जैसे ही वे वापस लौटे तो

अर्थव्यवस्था की बिगड़ी हालत देख कर बहुत परेशान हुए। उन्होंने टैफ्ट की गलतियों के लिए उसकी आलोचना करनी शुरु कर दी। तीसरी बार राष्ट्रपति पद के चुनाव के लिए थियोडोर रूजवेल्ट स्वयं खड़े हुए और उन्होंने मूस पार्टी को समर्थन दिया। मगर बदकिस्मती से उन्हें केवल दो राज्यों वरमॉन्ट और उटा में ही सफलता मिली और बाकी सारे राज्यों का समर्थन वुडरो विल्सन के पक्ष में था। रिपब्लिकन पार्टी की इस शर्मनाक हार से रूज़वेल्ट सकते में आ गए और उन्होंने टैफ़्ट को इसके लिए दोषी ठहराया। परंतु क्या राष्ट्रपति टैफ्ट ने खुद को दोषी माना? नहीं, बिल्कुल नहीं। अपनी आलोचना सुनकर उनकी आँखों में आंसू आ गए और रुँधे गले से बोले, "मैं मजबूर था। मेरे पास इसके अलावा और कोई रास्ता नहीं था।" अब आप ही बताइए दोष किसका था? रूजवेल्ट का या टैफ्ट का? रूजवेल्ट की आलोचनात्मक बातें टैफ्ट से उसकी गलती मनवाने में नाकाम रहीं। फलतः टैफ़्ट खुद के बचाव के लिए तर्क देने लगे और अपना सारा दोष किस्मत के मत्थे मढ़ दिया।

1920 के दशक में अमेरिका का टीपॉट डोम ऑयल स्कैंडल देश के बड़े-बड़े अखबारों की सुर्खियों में था। इस कांड से वहाँ की अर्थव्यवस्था में भूकंप-सा आ गया था। अमेरिकी जन-जीवन के इतिहास में इतना बड़ा स्कैंडल पहले कभी नहीं हुआ था। एल्क हिल और टीपॉट डोम अमेरिका के सबसे बड़े उत्पादक क्षेत्र थे। सरकार इन्हें नौसेना के भविष्य में प्रयोग के लिए सुरक्षित रखना चाहती थी। हार्डिंग के कैबिनेट मंत्री अल्बर्ट बी. फॉल को इन क्षेत्रों को किसी दूसरी कंपनी को पट्टे पर देना था। इसके लिए आवश्यक था कि फॉल प्रतियोगी कंपनियों के बीच में टेंडर मीटिंग करवाए, परंतु उसने ऐसा कुछ नहीं किया। बल्कि उसने अपने दोस्त एडवर्ड एल. डोहनी के साथ मिलकर एक फायदेमंद सौदा किया और बदले में डोहनी ने फॉल को दस लाख डॉलर दिए जिसे फॉल ने लोन का नाम देकर रफा-दफा करने का प्रयास किया। फिर फॉल ने जिले की युनाइटेड स्टेट्स मरीन्स को आदेश दिया कि वे एल्क हिल भंडारों से रिसने वाले तेल का फायदा उठा रहे प्रतियोगियों को वहाँ से हटा दें। जब प्रतियोगी कंपनियों ने इस आदेश पर आपत्ति जताई तो फॉल ने बंदूकों और धमकियों के बल पर उन्हें वहाँ से हटने को मजबूर कर

दिया। दुखी होकर उन्होंने अदालत की शरण ली और तब जाकर टीपॉट डोम स्कैंडल का भंडाफोड़ हुआ। इससे हार्डिंग सरकार का अस्तित्व खतरे में पड़ गया। अपने इस निन्दाजनक अपराध के लिए अल्बर्ट बी. फॉल को उनके पद से निष्कासित कर दिया गया और कई साल तक जेल की हवा खानी पड़ी।

लेकिन फाल को अपने किए पर कोई पछतावा नहीं था। कुछ साल बाद हरबर्ट हूवर ने एक सामाजिक सभा के दौरान अपने भाषण में यह तथ्य रखा कि प्रेसिडेंट हार्डिंग की मौत कोई सामान्य मौत नहीं थी, बल्कि उनके किसी दोस्त ने उनके साथ विश्वासघात किया। जिसे वे सहन न कर पाए और गहरे सदमे में चले गए। जब मिसेज़ फॉल ने यह बात सुनी तो झटके से कुर्सी से उछल पड़ी और चीखने-चिल्लाने लगी, "क्या! आपके कहने का मतलब है कि मेरे पति ने हार्डिंग के साथ विश्वासघात किया? असंभव! मेरे पति ऐसा कभी नहीं कर सकते। अरे! सोने से भरा घर भी मेरे पति से कोई गलत काम नहीं करवा सकता। हम चुप हैं तो इसका मतलब यह नहीं कि आपका जो जी में आएगा मेरे पति के बारे में कहते रहेंगे धोखा तो उनके साथ हुआ है... सबने अपने फायदे के लिए उन्हें बलि का बकरा बनाकर सूली पर चढ़ा दिया।"

* * *

इसमें कोई शक नहीं! क्योंकि मानव स्वभाव से ऐसा ही हैं। अपनी हर गलती छिपाने के लिए या तो वह दूसरों को कसूरवार ठहराता है या फिर किस्मत और परिस्थितियों का रोना रो देता है। इसलिए अगली बार जब भी आपका किसी की आलोचना करने का मन हो तो अल केपोन, कॉर्लेस, अल्बर्ट हॉल को याद कर लेना आलोचना बूमरंग की तरह होती है और लौटकर हमारे पास ही आती है। यानी बदले में वह व्यक्ति दूसरों से हमारी आलोचना करना शुरू कर देता है। अतः हमें एहसास होना चाहिए कि जिस व्यक्ति की हम आलोचना कर रहे हैं या जिसे सुधारने की कोशिश कर रहे हैं, वह भी जवाब में अपनी कुछ ना कुछ तो सफाई अवश्य देगा या फिर टैफ्ट की तरह यह कहकर पल्ला झाड़ लेगा, 'मैंने जो किया, उसके सिवाय में कर ही क्या सकता था?"

15 अप्रैल, 1865 की सुबह एक सस्ते से लॉजिंग हाऊस के हॉल में अब्राहम लिंकन का पार्थिव शरीर रखा हुआ था। यह हॉल फ़ोर्ड थियेटर के ठीक सामने था और यहीं से जॉन विल्कीस बूथ ने गोली मारकर उनकी हत्या की थी। इतने महान राष्ट्रपति का शरीर जिस बिस्तर पर पड़ा था, वह लिंकन के शरीर से बहुत छोटा था। बिस्तर के ऊपर पीछे की तरफ रोजा बांडर की प्रसिद्ध पेंटिंग 'द हॉर्स फेयर' की सस्ती नकल टंगी हुई थी और लैंप की मद्धिम-सी रोशनी कमरे के अंधेरे को दूर कर रही थी।

रक्षा मंत्री स्टैंटन, लिंकन के पार्थिव शरीर के सामने खड़े थे और लोगों को संबोधित करते हुए कह रहे थे, "लोगों के दिलों पर राज करने वाला सर्वश्रेष्ठ शासक अब इस दुनिया में नहीं रहा।"

लिंकन में एक बहुत ही खास विशेषता थी वह पहली नज़र में ही लोगों का दिल जीत लेते थे। उनकी सफलता का राज क्या था, किसी को कुछ मालूम नहीं था। यहां तक कि उनके करीबी दोस्त और रिश्तेदार भी इससे अनजान थे। मैंने लिंकन के जीवन पर एक पुस्तक 'लिंकन द अननोन' लिखी, जिसके लिए मैंने पूरे तीन साल उनकी जीवनियों का अध्ययन किया। इस अध्ययन के दौरान मैंने लिंकन के व्यक्तित्व के हर पहलू पर गंभीरता से जाँच-पड़ताल की और उनकी लोगों के साथ व्यवहार करने की कला का भी विशेष अध्ययन किया। मुझे लिंकन के जीवन से जुड़ी एक महत्त्वपूर्ण सच्चाई पता चली और वह यह कि अपनी जवानी के दिनों में वे भी लोगों की आलोचना किया करते थे और यही नहीं, बल्कि पत्रों और कविताओं के माध्यम से लोगों का मजाक उड़ाया करते थे।

जब लिंकन इलिनॉय में वकील के रूप में प्रैक्टिस करते थे तब भी वे खुलेआम अपने विरोधियों पर आक्रमण करते हुए पत्र लिखते और अख़बारों में छपवाया करते थे। एक बार उनके एक पत्र ने नफरत की ऐसी आग भड़काई जो जीवन भर जलती रही।

1842 में लिंकन ने एक नकचढ़े राजनेता जेम्स पर व्यंग्य लिखा और शहर की मशहूर प्रैस में गुमनाम पत्र की तरह भेज दिया। अगले दिन जब यह छपा तो सारा शहर उस पर हँस रहा था। वह अपने अपमान को सहन नहीं कर पाए और तुरंत ही अपने आदमियों को पता लगाने को कहा कि यह पत्र किसने लिखा था। जब उन्हें पता चला कि यह लिंकन के खुराफाती दिमाग की ऊपज है, तो उसने आगबबूला होकर लिंकन को द्वन्द्वयुद्ध के लिए ललकारा। लिंकन युद्ध नहीं करना चाहते थे, परंतु उनके पास बिना सम्मान खोए इससे बचने का कोई रास्ता नहीं था। अतः दोनों के बीच में मिसीसिपी नदी के किनारे तलवार बाजी होना तय हुआ। जिसके लिए लिंकन ने एक वेस्ट प्वाइंट ग्रैजुएट से तलवारबाजी का प्रशिक्षण भी लिया। द्वंद्वयुद्ध के दिन दोनों पूरी तैयारी के साथ निश्चित जगह पर पहुँचे। दोनों की आँखों में नफरत की आग थी। उनमें से एक की मृत्यु होनी तय थी, परंतु आखिरी मिनट में साथियों के बीच-बचाव के कारण द्वंद्वयुद्ध टल गया।

इस विकट घटना ने लिंकन को लोगों के साथ अच्छा व्यवहार करने का सबक सिखा दिया। इसके बाद उन्होंने कभी किसी के बारे में न तो कोई अपमानजनक पत्र लिखा और न ही किसी का मज़ाक उड़ाया।

गृहयुद्ध के दौरान जुलाई, 1863 के पहले तीन दिनों में गेटिसबर्ग का युद्ध लड़ा जा रहा था। 4 जुलाई की रात को जनरल ली बुरी तरह थक गया और उसके ज्यादातर सैनिक मारे जा चुके थे। ऐसी हालत में वह दक्षिण दिशा में पीछे हटने लगा। दूसरी तरफ मौसम ने रुख बदला और तेज़ बारिश होने लगी जिससे बाढ़ की स्थिति पैदा हो गई। जब ली अपनी पराजित सेना के साथ पोटोमैक पहुँचा, तो देखा कि सामने बाढ़ से उफनती नदी है जिसे पार करना मुमकिन नहीं है, जबकि दुश्मन की सेना उसके खून की प्यासी लगातार उसकी ओर बढ़ रही थी। ऐसे में ली के पास बचने का कोई रास्ता नहीं था। लिंकन के लिए यह एक सुनहरा मौका था जिससे कि ली की सेना को हराकर युद्ध को हमेशा-हमेशा के लिए खत्म किया जा सकता था। इसी उम्मीद से उसने अपने एक विशेष संदेशवाहक को मीड के पास भेजा और तत्काल कार्यवाही करने को कहा।

परंतु जनरल मीड ने उसके आदेश के विपरीत काम किया। लिंकन के मना करने के बावजूद भी उसने एक आपातकालीन सैन्य सभा की मीटिंग बुलाई। किसी की मजबूरी का फायदा उठाना उसके उसूलों के खिलाफ था। इसलिए एक-दो दिन तो वह किसी न किसी बहाने टालमटोल करता रहा। फिर आखिरकार उसने लिंकन को टेलीग्राफ किया और ली पर हमला करने से साफ इंकार कर दिया। दो-चार दिन बाद बाढ़ का पानी उतर गया और ली अपनी सेना के साथ नदी पार करके सुरक्षित वहाँ से निकल गया।

लिंकन गुस्से से बौखला गए और अपने पुत्र के सामने चिल्लाने लगे, "यह क्या मतलब हुआ? कितना अच्छा मौका था? दुश्मन हमारी गिरफ्त में था, फिर भी हमने उसे हाथ से निकल जाने दिया। आदेश के बावजूद भी सेना मेरी बात का उल्लंघन कैसे कर सकती है? सब मेरी गलती है... अगर मैं वहाँ होता, तो ली वहाँ से कभी बचकर नहीं भाग सकता था।"

लिंकन घोर निराशा में बैठे थे। इसी दौरान उन्होंने मीड को एक पत्र लिखा और अपने दिल की सारी भड़ास निकाल दी। लेकिन एक बात याद रखें कि जीवन के इस कठिन मौके पर भी लिंकन बेहद संयत थे और उनकी शब्दावली बेहद शालीन और संयमित हुआ करती थी। लिंकन का यह पत्र किसी गंभीरतम आलोचना से कुछ कम नहीं था।

प्रिय जनरल,

मुझे लगता है, कि आप ली के बच निकलने की बात को लेकर कुछ ज़्यादा गंभीर नहीं हैं। शायद आप जानते नहीं कि आपकी थोड़ी-सी भावुकता का हमें कितना बड़ा खामियाजा भुगतना पड़ेगा। जो युद्ध पलक झपकते ही समाप्त हो सकता था, वह आपकी मेहरबानी से न जाने कितने समय तक चलता रहेगा। जब आप अपने सामने होते हुए भी ली पर हमला नहीं कर पाए, तो अब हम आपसे क्या उम्मीद रख सकते हैं? अगर वह नदी के उस पार सुरक्षित निकल सकता है, तो क्या आप अपनी सेना को उस पार नहीं ले जा सकते?

कहने के लिए खेद है, लेकिन मुझे नहीं लगता कि आप ज्यादा कुछ कर पाएंगे। इस बात का अफ़सोस मुझे ता-उम्र रहेगा कि आपकी छोटी-सी भूल से इतना सुनहरा मौका हमारे हाथ से चला गया।

आपको क्या लगता है... जनरल मीड को यह पत्र पढ़कर कैसा लगा होगा?

ज़ाहिर है, मीड के दिल को बहुत धक्का पहुँचता, परंतु ऐसा हुआ नहीं... क्योंकि मीड को यह पत्र कभी मिला ही नहीं नहीं। गुस्से में आकर लिंकन ने पत्र तो लिख दिया, परंतु भेजने का साहस न कर पाया। जब हमें यह पत्र मिला तो यह रद्दी की फाइलों में धूल चाट रहा था।

पत्र लिखने के बाद जब लिंकन खिड़की पर खड़े चाय पी रहे थे तो अचानक उसके दिमाग में एक ख़्याल आया और बोले, "शायद मैं मीड को समझने में गलती कर रहा हूँ। वह भी मेरी तरह एक सामान्य इंसान ही है। मेरे लिए यहां बैठकर आदेश देना बहुत आसान है, परंतु अगर मैं उसकी जगह होता और मैंने इतना खून-खराबा और घायलों और मरने वालों की चीख-पुकार सुनी होती तो शायद मैं भी वही करता जो मीड ने किया है। और वैसे भी, अब जब मौका हाथ से निकल चुका है तो बेकार में उसका और अपना दिल दुखाने से क्या फायदा। अगर मैं यह पत्र भेज दूँगा तो इससे मेरी भड़ास तो निकल जाएगी, लेकिन मीड के दिल को गहरी चोट पहुँचेगी। जिससे वह खुद को सही साबित करने के लिए तरह-तरह के तर्क देगा और दूसरों के सामने मेरी नीतियों की आलोचना भी करेगा। यह भी संभव है कि वह इस अपमान को सहन न कर पाए और सेना से इस्तीफा दे दे, जो कि हमारे लिए सही नहीं होगा।"

तो जैसा कि मैं पहले भी कह चुका हूँ कि लिंकन ने मीड को पत्र भेजने का विचार त्याग दिया। क्योंकि अपने कटु अनुभवों से वे जान चुके थे कि कड़वी और तीखी आलोचना हमेशा बेइमानी और खतरनाक होती है।

प्रसिद्ध लेखक मार्क ट्वेन बहुत गुस्से वाले व्यक्ति थे। उनके लेख और शब्दावली तो बस.... एक दम ताबड़-तोड़ होती थी। सामने वाला व्यक्ति क्या सोचता है या फिर किन परिस्थितियों से गुज़र रहा है, उन्हें इस बात से कभी कोई फर्क नहीं पड़ता था। कई बार तो आवेश में आकर इतना कड़वाहट भरा पत्र लिखते कि पढ़ने वाला व्यक्ति जीते जी मरने जैसी हालत में आ जाता। एक बार उन्होंने एक पत्रिका के संपादक को पत्र लिखा और बताया कि उनका प्रूफरीडर मेरी वर्तनी और विरामचिन्हों को सुधारने की कोशिश करता है। फिर ट्वेन ने संपादक को आदेश दिया, "अगली बार आप मेरे लेख को मेरे लिखे अनुसार ही छापें और अपने प्रूफरीडर से कह दें कि वह अपने घटिया सुझावों को अपने सड़े हुए दिमाग में ही रखे।"

इस तरह जहर भरे पत्र लिखने से मार्क ट्वेन के दिल को राहत मिलती थी और इससे उनके दिल की सारी भडास निकल जाती थी। परंतु मार्क की पत्नी उनके कड़वे स्वभाव से भली-भांति परिचित थी, इसीलिए जब मार्क थोड़ा इधर-उधर होता तो वह उनके पत्रों को चुपके से फाड़ दिया करती थी। उन्हें कभी डाक में डाला ही नहीं जाता था।

क्या आपके मन में भी किसी को बदलने या सुधारने का ख्याल है? बहुत बढ़िया! यह बहुत अच्छा विचार है। तो फिर क्यों न इसकी शुरुआत खुद से ही की जाए? कन्फ्यूशियस ने कहा था, "जब आपका खुद का घर साफ न हो तो अपने पड़ोसी की छत पर पड़ी गंदगी की आलोचना मत करो।"

युवा अवस्था में मुझे भी लोगों को प्रभावित करने का बहुत शौक था। कोई पार्टी हो या दोस्तों की महफिल या फिर कोई भाषण... मैं अपनी डींगे हांकने का कोई मौका नहीं छोड़ता था। ऐसी ही एक गलती मैंने रिचर्ड हॉर्डिंग डेविस नाम के लेखक को एक मूर्खतापूर्ण पत्र भेज कर की थी। दरअसल, मैं लेखकों और उनके जीवन के बारे में एक पत्रिका तैयार कर रहा था। इसलिए मैंने डेविस को भी उनकी लेखन कला के बारे में जानने के लिए पत्र लिखा। कई दिनों के इंतज़ार के बाद भी उनका कोई जवाब नहीं आया। फिर चार-पांच सप्ताह बाद मुझे एक पत्र मिला, जिस पर लिखा था, "डिक्टेट किया गया, परंतु पढ़ा नहीं गया।" जाहिर सी बात थी कि लेखक बहुत व्यस्त और

महत्त्वपूर्ण व्यक्ति होगा, इसीलिए उसे जवाब देने का समय नहीं मिला। मैंने भी ईंट का जवाब पत्थर से देने का मन बनाया और जवाबी चिट्ठी के आखिर में कुछ शब्द लिखे, "डिक्टेट किया गया, परंतु पढ़ा नहीं गया।"

फिर उसने पत्र के आखिर में एक लाईन लिख कर लौटती डाक से मेरे नाम भिजवा दी: "आपके बैड मैनर्स का कोई जवाब नहीं।" गलती मेरी थी.... यह जानते हुए कि वह एक सम्माननीय व्यक्ति है, मैंने उसका उपहास किया था। मुझे इसके लिए शर्मिंदगी होनी चाहिए थी, परंतु नहीं... एक संवेदनशील व्यक्ति होने के नाते मुझे उसकी बात का बहुत बुरा लगा। मेरे स्वाभिमान को इतनी चोट पहुँची कि दस साल बाद जब मैंने रिचर्ड हार्डिंग डेविस की मौत की ख़बर पढ़ी तो उस वक्त मेरे दिमाग में एक ही बात घूम रही थी- उसने मुझे चोट पहुँचाई थी। किसी की मौत पर अपने प्रतिशोध के बारे में सोचना बहुत गलत बात है, परंतु सच यही था।

बेंजामिन फ्रैंकलिन जो युवावस्था में बहुत बड़बोले और अभद्र थे, आगे चलकर एक महान कूटनीतिज्ञ बने उनकी व्यवहार कुशलता से प्रभावित होकर सरकार ने उन्हें फ्रांस में अपने राजदूत के पद पर नियुक्त कर दिया। क्या आप जानना चाहेंगे कि उनकी सफलता का राज क्या था? "व्यक्ति चाहे कितना भी बुरा क्यों न हो, मैं कभी किसी के बारे में बुरा नहीं बोलूंगा।"

कार्लायल ने कहा था, "किसी की निंदा और बुराई तो कोई भी व्यक्ति कर सकता है, परंतु महान वही है जो इन मूर्ख लोगों को माफ करने और संयम का व्यवहार करने में सक्षम होता है।"

बॉब हूवर एक प्रसिद्ध टेस्ट पायलट थे और बड़े-बड़े एयर शो में अक्सर अपने हुनर का प्रदर्शन किया करते थे। एक बार वे सैन डिएगो में एयर शो करने के बाद वापस लॉस एंजेलिस में अपने घर लौट रहे थे कि तभी अचानक तीन सौ फुट की ऊंचाई पर उनके जहाज के दोनों इंजन बंद हो गए। तकनीकी कुशलता में पारंगत होने के कारण उन्होंने हवाई जहाज नीचे उतार लिया। हालांकि इस दौरान हवाई जहाज को तो काफी नुकसान पहुँचा, परंतु जान-माल की क्षति होने से बच गई।

अपने करियर के दौरान ऐसा हादसा उनके साथ पहले कभी नहीं हुआ था। उन्होंने हवाई जहाज के ईंधन की जाँच की, क्योंकि उन्हें डर था कि कहीं नये मैकेनिक ने उनके जहाज में गैसोलिन की जगह जेट का ईंधन न डाल दिया हो। बदकिस्मती से उनका भ्रम सही निकला। हवाई अड्डे लौटने पर सबसे पहले उन्होंने उस मैकेनिक के बारे में जाँच-पड़ताल की जिसने उनके जहाज की सर्विसिंग की थी। मैकेनिक अपनी गलती पर बहुत शर्मिंदा था। जैसे ही हूवर उसके पास पहुँचा, तो वह उसके पैरों में गिर पड़ा और बिलख-बिलख कर रोने लगा। उसकी एक छोटी सी चूक से एक बहुत कीमती हवाई जहाज बर्बाद हो गया था और कई जिंदगियाँ खतरे में पड़ गई थीं।

हूवर अगर चाहता तो मैकेनिक को उसकी लापरवाही के लिए बड़ी सजा दे सकता था या फिर नौकरी से भी निकलवा सकता था। परंतु न तो उसने मैकेनिक को डांटा और न ही उसकी आलोचना की। इसकी बजाए उसने मैकेनिक के कंधे पर हाथ रखा और प्रोत्साहित करते हुए कहाँ, "मुझे यकीन है कि तुम ऐसी गलती दोबारा नहीं करोगे। तुमने वाकई में बहुत अच्छी सर्विसिंग की थी, सिवाय ईंधन के। कल जब तुम मेरे दूसरे हवाई जहाज़ एफ-51 की सर्विसिंग करो तो उसमें ईंधन देखकर डालना।"

अक्सर माता-पिता अपने बच्चों की छोटी-छोटी बातों पर उन्हें डाँटने-फटकारने लगते हैं, जो कि सर्वथा अनुचित है। मेरे कहने का यह मतलब हरगिज़ नहीं कि आप उन्हें डांटो मत, बल्कि कुछ भी कहने से पहले उनकी पूरी बात ज़रूर सुनिए और हो सके तो खुद को उनकी जगह पर रख कर सोचिए और फिर कोई फैसला लीजिए। कई साल पहले एक मशहूर अमेरिकी पत्रिका में एक क्लासिक लेख छपा जिसने माता-पिता और बच्चों की जिंदगियों को बहुत प्रभावित किया। इस लेख का नाम था—फादर फॉरगेट्स।

"फादर फॉरगेट्स" की प्रत्येक पंक्ति ने पाठकों के दिल को भीतर तक छुआ। इसके लेखक डब्ल्यू लिविंगस्टन लारनेड के अनुसार यह लेख हज़ारों पत्रिकाओं और अख़बारों में छप चुका है। जितनी बार भी यह लेख प्रकाशित हुआ। इसकी लोकप्रियता बढ़ती चली गई। कई विदेशी भाषाओं में इसका प्रचार जारी है। अब मैं यह लेख अपनी पुस्तक में पुनर्प्रकाशित कर रहा हूँ।

फ़ादर फ़ारगेट्स

डब्ल्यू. लिविंगस्टन लारनेड

सुनो बेटे! मैं तुमसे कुछ कहना चाहता हूँ। तुम गहरी नींद में सो रहे हो और तुम्हारा नन्हा-सा हाथ तुम्हारे नाजुक गाल के नीचे दबा है। तुम्हारे पसीने से तर-बतर माथे पर काले घुंघराले बाल बिखरे हुए हैं। सबके सोने के बाद मैं चुपके से तुम्हारे कमरे में आया हूँ। दरअसल मैं यहां तुमसे अपनी गलती की माफी माँगने आया हूँ। अभी कुछ देर पहले लाइब्रेरी में मैंने तुम्हारे साथ जिस तरह का व्यवहार किया, उससे मैं बहुत शर्मिंदा हूँ। एक पिता होने के नाते सबके सामने माफी माँगने में मुझे थोड़ा हिचकिचाहट सी हो रही थी, इसीलिए इस वक्त अपना अपराध स्वीकार कर रहा हूँ, ताकि कोई मुझे सिर झुकाए न देख सके।

ऐसी बहुत सी बातें हैं जिन पर मैं तुमसे अक्सर नाराज होता हूँ। आज दिन भर मैंने तुम्हें बहुत कोसा... सुबह जब तुम स्कूल जाने के लिए तैयार हो रहे थे, तब मैंने तुम्हें बहुत डांटा.... क्योंकि तुमने टॉवल के बजाए पर्दे से हाथ पोंछे थे। तुम्हारे जूते गंदे थे, इस पर भी मैंने तुम पर बहुत गुस्सा किया। तुमने कमरे में अपने सारे खिलौने और सामान फर्श पर इधर-उधर बिखरा रखा था जिसके लिए मैंने तुम्हें बहुत बुरा-भला कहा।

नाश्ता करते वक्त भी मैं तुम्हारी एक के बाद एक गलतियाँ निकालता रहा। तुमने डाइनिंग टेबल पर खाना गिरा दिया था। खाते समय तुम्हारे मुँह से चपड़-चपड़ की आवाज़ आ रही थी। तुम मेज़ पर कोहनियाँ टिका कर बैठे थे और जोर-जोर से पैर हिला रहे थे। तुमने ब्रेड पर बहुत सारा मक्खन भी चुपड़ लिया था। यही नहीं जब मैं ऑफिस जा रहा था और तुम खेलने जा रहे थे, तो तुमने मुड़कर मुझे "बाय-बाय, डैडी" भी कहा, मगर मैंने तब भी गुस्से भरी नज़रों से तुम्हें देखा और टोका, "अपना कॉलर ठीक करो।"

शाम को जब मैं ऑफिस से लौटा, तो मैंने देखा कि तुम अपने दोस्तों के साथ मिट्टी में खेल रहे थे। तुम्हारे कपड़े सने हुए थे और तुम्हारे मोजों में छेद हो गए थे। मैंने तुम्हारे सब दोस्तों के सामने तुम्हें अपमानित किया- "इतने महंगे मोज़े पहन कर मिट्टी में खेल रहे हो, जब तुम्हें खुद खरीदने पड़ेंगे तब तुम्हें इनकी कीमत समझ में आएगी। एक पिता अपने छोटे से बच्चे का दिल इस तरह कैसे दुखा सकता है? क्या उसे अपने पुत्र से प्यार नहीं है?"

जब मैं लाइब्रेरी में बैठा किताब पढ़ रहा था, तो तुम एक सहमे हुए मृगछौने की तरह आकर दरवाजे के साथ लगकर खड़े हो गए। दर्द तुम्हारी आँखों में साफ-साफ झलक रहा था। परंतु मैंने फिर भी इसे अनदेखा किया और अखबार के ऊपर से देखते हुए पढ़ने में बाधा डालने के लिए झिड़क दिया, "कभी तो चैन से रहने दिया करो। अब क्या चाहिए तुम्हें?"

तुम दौड़कर मेरे पास आए और मेरे गले में बांहे डालकर मुझे चूमा और गुडनाइट कह कर वापस चले गए। तुम्हारी नन्हीं बांहों की जकड़न बता रही थी कि ईश्वर ने तुम्हारे दिल में प्रेम का ऐसा फूल खिलाया है जो इतनी उपेक्षा करने के बाद भी मुरझाया नहीं। तुम्हारे निश्चल और अद्भुत प्रेम को देखकर अख़बार मेरे हाथों से छूटकर नीचे गिर गया। मुझे अपने किए पर बहुत ग्लानि हुई। यह क्या होता जा रहा है मुझे? गलतियाँ ढूंढने की, डांटने - डपटने की तो जैसे आदत ही पड़ती जा रही है मुझे। जाने-अनजाने मैं अपने बच्चे के बचपन को खराब कर रहा हूँ। बेटे, मैं तुम्हें डाँटता हूँ तो इसका मतलब यह नहीं कि मैं तुमसे प्यार नहीं करता, परंतु मैंने इतनी छोटी उम्र में ही तुमसे ज़रूरत से ज्यादा उम्मीदें लगा ली थी। मेरी भूल थी कि मैं तुम्हारे बचपने को अपनी उम्र के तराजू पर तौल रहा था।

लेकिन आज मुझे सब कुछ समझ आ गया है। तुम तो इतने भोले, इतने मासूम और इतने प्यारे हो। तुम्हारा नन्हें से दिल में प्यार का अथाह सागर छिपा है। तुम्हारा निर्दोष और निस्स्वार्थ प्यार इसी बात से नज़र आता है कि दिन भर डांटते रहने वाले पापा को भी तुम रात को गुडनाइट किस देने आये। तुम जिस मासूमियत से निश्चिंत होकर सोये हो... शायद तुम्हारे लिए आज की रात का कोई ज़्यादा महत्व नहीं है। परंतु मेरे लिए यह रात का अंधेरा बहुत मायने रखता है, क्योंकि इस अंधेरे का सहारा पाकर आज मैं तुम्हारे सिरहाने घुटनों के बल बैठा हूँ और अपनी गलतियों पर बहुत शर्मिंदा हूँ।

मैं जानता हूँ कि मैंने आज तक जो कुछ किया, उसके आगे मेरा यह पश्चाताप् बहुत छोटा है। लेकिन अगर मैं तुम्हें जगाकर यह सब कहूँगा तो शायद तुम कुछ समझ नहीं पाओगे। मैं तुम्हें प्रॉमिस करता हूँ कि कल से मैं सचमुच में तुम्हारा वही प्यारा पापा बनकर दिखाऊंगा जिसका तुम्हें हमेशा से इंतजार रहता है। कल से मैं तुम्हें किसी बात के लिए नहीं चिलाऊंगा। मैं तुम्हारे साथ खेलूंगा, तुम्हारी सारी बातें सुनूंगा और तुम्हारी सब तकलीफें पूछूँगा। कल से हम दोनों के एक नये प्रेम भरे रिश्ते की शुरुआत होगी और मैं हर आने वाले पल को तुम्हारे साथ जिऊंगा।

***

मुझे अफसोस है कि मैं तीन साल की उम्र में ही तुम्हें बड़ा मानने की भूल कर बैठा। परंतु आज जब मैं तुम्हें थका-थका सा टांगे मोड़ कर पलंग पर सोया देख रहा हूँ, तो मुझे अहसास होता है कि तुम अभी बच्चे ही तो हो। कल तक तुम अपनी माँ की बांहों में खेलते थे। घिन आती है मुझे अपने आपसे कि मैंने तुमसे इतनी ज्यादा उम्मीदें कैसे रख ली।

किसी की आलोचना करने की बजाय हमें यह जानने की कोशिश करनी चाहिए कि वे ऐसा क्यों कर रहे हैं? मैं शर्त लगा कर कहता हूँ कि आपकी यह छोटी सी कोशिश, आलोचना करने से कहीं ज़्यादा रोचक और लाभदायक होगी। यही नहीं, इससे सहनशक्ति और दयालुता का माहौल भी बनेगा।

डॉ. जॉनसन ने कहा था, "भगवान खुद इंसान की मौत से पहले उसका फैसला नहीं करता।"

फिर आप और मैं ऐसा करने वाले कौन होते हैं?

सिद्धांत - 1
बुराई मत करो, निंदा मत करो,
शिकायत मत करो।

2

लोगों से व्यवहार का अचूक रहस्य

मनुष्य एक सामाजिक प्राणी है। अपनी आवश्यकता पूर्ति के लिए वह कोई भी काम करने को तत्पर रहता है। यह उसकी आवश्यकताएं ही हैं, जो उसे कार्य करने की प्रेरणा देती हैं और यह प्रेरणा पैदा होती है- इच्छा से। इच्छा वह प्रबल शक्ति है जो मनुष्य के मस्तिष्क में कार्य करने की भावना को जागृत करती है। जिससे वह असंभव लगने वाले काम को भी पूरी निष्ठा और लगन से मुमकिन बना लेता है।

इच्छा-शक्ति को पैदा करने के लिए व्यक्ति का मस्तिष्क उसके अनुरूप होना अनिवार्य है। चूंकि स्वस्थ मस्तिष्क से किया गया कार्य ही प्रफुल्लित होता है। ऐसे तो इच्छाशक्ति को जबरन पैदा करने के और भी बहुत से तरीके हैं परंतु उनके परिणाम प्रायः उचित नहीं निकलते उदाहरण के लिए आप पिस्तौल की नोंक पर किसी के मन में घड़ी देने की इच्छा पैदा कर सकते हैं। या फिर अपने ऑफिस के कर्मचारियों को नौकरी से निकालने की धमकी देकर अपना मनवांछित कार्य निकलवा सकते हैं और बच्चों को पिटाई का डर दिखाकर उनसे अपनी बात मनवा सकते हैं। परंतु इस तरह के तरीके मानवीय व्यवहारों के प्रतिकूल हैं जिनका प्रभाव संपूर्ण मानव-जाति पर पड़ता है।

केवल एक ऐसा तरीका है जिससे मैं आपसे कोई चीज़ आसानी से हासिल कर सकता हूँ और वह है- बदले में आपको आपकी मनवांछित वस्तु देना। इस तरह आपको चीज़ देने में परेशानी भी नहीं होगी और फायदा हो जाएगा।

लेकिन अब सवाल उठता है कि आप क्या चाहते हैं?

सिगमंड फ्रॉयड का मानना था कि किसी काम को करने के पीछे मनुष्य की दो मूलभूत आकांक्षाएं होती हैं:

1. सेक्स की आकांक्षा।
2. महान् बनने की आकांक्षा।

अमेरिका के महान दार्शनिक जॉन ड्यूई भी फ्रॉयड के शब्दों से पूरी तरह सहमत थे। उनका कहना था कि "महत्त्वपूर्ण बनने की आकांक्षा" मानव प्रकृति की सबसे गहन और सशक्त आकांक्षा है। इन वाक्यों को सदैव याद रखें: "महत्त्वपूर्ण बनने की आकांक्षा।" यह बहुत महत्त्वपूर्ण तथ्य है और इस पूरे अध्याय में हम इन्हीं वाक्यों के आधार पर चर्चा करेंगे।

जब भी आवश्यकताओं की बात आती है तो मानवीय हृदय में एक ही प्रश्न आता है "आप क्या चाहते हैं?" यह सच है कि मानव की आवश्यकताएं असीमित हैं। मानवीय स्वभाव जितना मिलता है, उससे कहीं ज्यादा मिलने की चाह रखता है और उसकी इस प्रवृति को कभी बदला नहीं जा सकता। परंतु कई वस्तुओं को हम इतनी प्रबलता से चाहते हैं कि उनके न होने से हमारा सारा काम रुक जाता है। लोग जिन चीज़ों के प्रति ज्यादा निष्ठावान होते हैं। उनकी सूची इस प्रकार है:

1. स्वास्थ्य और जीवन का संरक्षण।
2. भोजन।
3. नींद।
4. पैसे से खरीदी जाने वाली वस्तुएं।
5. परलोक सुधारना।
6. सेक्स।
7. अपने बच्चों का कल्याण।
8. महत्त्व।

इसके अलावा और भी बहुत सी आकांक्षाएं हैं जो ज़्यादातर पूरी हो जाती हैं। क्योंकि ये सब भौतिक आकांक्षाएं हैं जिन्हें पूरा करना व्यक्ति के अपने में होता है। लेकिन एक आकांक्षा ऐसी है जो भोजन और नींद से भी अधिक गहन और प्रचंड होती है, जिसे शायद ही कभी संतुष्ट किया जा सकता है और वह है- "महान् बनने की आकांक्षा।" डॉ. ड्यूई ने इसे "महत्त्वपूर्ण बनने की आकांक्षा" का नाम दिया है। महान् बनने की लालसा व्यक्ति की भूख, प्यास, नींद सब छीन लेती है। इसके लिए वह अपने जीवन तक को दांव पर लगा देता है।

यह एक ऐसी मानवीय भूख है जिसे तृप्त करना बहुत मुश्किल है। जो व्यक्ति लोगों की इस प्रशंसा की भूख को संतुष्ट करता है, वह जाने-अनजाने उन्हें अपने वश में कर लेता है। लोग भावनात्मक रूप से उनसे इस कदर जुड़ जाते हैं कि उसके मरने पर सबसे ज़्यादा दुःख उन्हीं को होता है।

इंसानों और जानवरों में यही एक फर्क होता है कि इंसान अपनी इच्छाओं और विचारों को व्यक्त कर सकता है, जबकि जानवर इस मामले में निरे बुद्धू होते हैं। इंसानों में महत्वपूर्ण बनने की आकांक्षा होती है जो उसे बाकी सब से अलग करती है। कई साल पहले जब मैं मिसूरी में रहता था तो मेरे पिता को बढ़िया नस्ल के ड्यूरॉक-जर्सी सुअरों और मवेशियों को पालने का बहुत शौक था। हम अपने सुअरों और मवेशियों को मिडिल वेस्ट में लगने वाले मेलों में ले जाते और जानवरों की प्रदर्शनियों में हिस्सा लेते। हर साल हम कोई न कोई पुरस्कार जरूर जीतते। मेरे पिता को पुरस्कार जीतने में बहुत खुशी मिलती थी। जब भी उन्हें कोई पुरस्कार मिलता तो वे एक सफेद मलमल के टुकड़े पर नीला रिबन लगा देते और जब कोई मेहमान हमारे घर आता तो वे गर्व से उन्हें अपने सफेद मलमल के लंबे टुकड़े को दिखाकर अपनी प्रसन्नता जाहिर करते। परंतु सुअरों को अपने जीते हुए रिबनों की कतई परवाह नहीं थी। ये पुरस्कार मेरे पिता जी को उनके महत्वपूर्ण होने का एहसास दिलाते थे।

हमारे जीवन के विकास में हमारे पूर्वजों का बहुत बड़ा हाथ है। अगर उनमें महत्त्वपूर्ण होने की यह आकांक्षा इतनी प्रबल न होती, तो सभ्यता का विकास असंभव था। उनके प्रयासों के बिना, हम आज भी जानवरों-सा जीवन जी रहे होते।

महत्त्वपूर्ण बनने की इसी आकांक्षा ने एक अनपढ़ और गरीब ग्रॉसरी क्लर्क लिंकन को कानून की किताबें पढ़ने के लिए प्रेरित किया। यह अदना-सा बालक अपनी अथक मेहनत और प्रयासों के बल पर आगे चलकर अमेरिका का राष्ट्रपति बना।

महत्त्वपूर्ण बनने की इसी आकांक्षा से प्रेरित होकर डिकेन्स ने अमर उपन्यास की रचना की और सर क्रिस्टोफर रेन पत्थरों में सिम्फनी लिखने जैसे नामुमकिन कार्य को मुमकिन बनाने में सफल हुए। इसी आकांक्षा से वशीभूत होकर एक व्यक्ति ऐसा घर बनाता है जो उसकी ज़रूरत के हिसाब से कई गुणा बड़ा होता है। यही आकांक्षा आपको नये फैशन के कपड़े पहनने को प्रेरित करती है, आप नये-नये मॉडल की कार खरीदते हो और अपने बच्चों का बड़े-बड़े कॉलेजों में एडमिशन करवाते हो।

कई बार लोग महान बनने की आकांक्षा का सही मतलब नहीं समझ पाते और गलत काम कर बैठते हैं और इस तरह धीरे-धीरे उनके कदम अपराध की दुनिया में धँसते चले जाते हैं। न्यूयॉर्क के भूतपूर्व पुलिस कमिश्नर ई. पी. मल्कनी से हुई बातचीत से यह तथ्य सामने आया- ज्यादातर अपराधियों में इतना अधिक अहंकार भरा होता है कि गिरफ्तारी के बाद उनकी पहली माँग उन अखबारों को पढ़ने की होती है जिनकी बदौलत वे एक आम नागरिक से हीरो बने हैं। अखबारों में नामी खिलाडियों, फिल्म-टीवी स्टार्स और राजनेताओं के साथ अपनी तस्वीर छपी देखकर उन्हें इतनी खुशी होती है कि अपने गुनाहों के बदले मिलने वाली सजा को भूल जाते हैं।

जॉन डी. रॉकफेलर को महान् बनने का बहुत शौक था। वह प्रायः ऐसे-ऐसे कार्य करते जिससे कि लोग उनकी तारीफ करें। चीन के पीकिंग शहर में गरीबों की भलाई के लिए बन रहे अस्पताल के लिए उन्होंने एक करोड़ डॉलर

का दान देकर अपनी दरियादिली का परिचय दिया। दूसरी तरफ डिलिंजर जो कि एक लुटेरा, बैंक डकैत और अपराधी की हैसियत से महान् बनना चाहता था। जब एफ. बी. आई. के एजेंट शहर भर में उसे ढूंढ रहे थे तो वह मिनेसोटा के एक फार्महाऊस में जा घुसा और जोर-जोर से चिल्लाने लगा, "मैं डिलिंजर हूँ!! मैं डिलिंजर हूँ!!" उसे अपने लुटेरा होने का इतना अभिमान था मानो लुटेरा न होकर, वह किसी देश का राष्ट्रपति हो। जब लोगों ने उसका नाम सुना तो घबरा कर वहाँ से भागने लगे, मगर उसने लोगों को रोका और कहा, "डरो मत, मैं तुम्हें कोई नुकसान नहीं पहुँचाउंगा। मैं तो बस तुम्हें बताना चाहता था कि मैं ही डिलिंजर हूँ!"

हाँ, यह सच है कि डिलिंज़र और रॉकफेलर दोनों में ही महान् बनने की आकांक्षा थी परंतु उन दोनों की आकांक्षाओं में ज़मीन-आसमान का अंतर था। एक समाज भलाई के उद्देश्य से प्रेरित था, तो दूसरा अपना नाम कमाने के उद्देश्य से।

हमारा इतिहास ऐसे बहुत से दिलचस्प लोगों के उदाहरणों से भरा पड़ा है जिन्होंने महत्त्वपूर्ण होने की अपनी आकांक्षा को अलग-अलग ढंग से अभिव्यक्त किया। जॉर्ज वाशिंगटन चाहते थे कि लोग उन्हें "हिज माइटीनेस, द प्रेसिडेन्ट ऑफ युनाइटेड स्टेट्स" कह कर बुलाएँ। जबकि कोलंबस ने "एडमिरल ऑफ़ द ओशन एंड वायसराय ऑफ़ इंडिया" के टाइटल के लिए आवेदन किया। कैथरीन ऐसे पत्रों को पढ़ना पसंद नहीं करती थीं जिन पर उनके नाम के आगे "हर इम्पीरियल मेजेस्टी" नहीं लिखा होता था। और मिसेज लिंकन तो किसी को अपने बराबर समझती ही नहीं थीं। एक बार जब मिसेज़ ग्रांट व्हाइट हाऊस में आराम फरमा रही थीं, तो मिसेज़ लिंकन अचानक से वहाँ आईं और शेरनी की तरह गुर्राते हुए बोलीं, "मुझसे पूछे बिना तुम्हारी यहां बैठने की हिम्मत कैसे हुई?"

जब एडमिरल बर्ड ने 1928 में अंटार्कटिका अभियान चलाया तो हमारे देश के बहुत से नामचीन लोगों ने इसमें पैसा लगाया। उनकी शर्त यह थी कि

उन बर्फीली पर्वत श्रेणियों का नाम उनके नाम पर रखा जाए। प्रसिद्ध लेखक विक्टर ह्यूगो, पेरिस शहर का नाम अपने नाम पर रखवाना चाहते थे। महान कवि शेक्सपियर कोट ऑफ आर्म्स हासिल करके इतिहास में अपने नाम को महत्त्वपूर्ण बनाना चाहते थे।

महत्त्वपूर्ण बनने की चाह व्यक्ति को कुछ इस कदर सनकी बना देती है कि वह दूसरे लोगों की सहानुभूति और ध्यान आकर्षित करने के लिए किसी भी हद तक जाने को तैयार हो जाता है। उदाहरण के तौर पर आप मिसेज़ मैकिन्ले को ही ले लें। वह अक्सर इस तरह के बहाने बनातीं जिससे उसके पति यानी अमेरिका के राष्ट्रपति देश के महत्त्वपूर्ण मामलों की अवहेलना करने को मज़बूर हो जाते। वह हमेशा यही चाहती थीं कि उसका पति अपने सारे काम-धाम छोड़कर, उन्हें अपनी बाँहों में लेकर बैठा रहे। जब कभी वह अपने मकसद में कामयाब हो जातीं तो उन्हें बहुत खुशी मिलती और तब उन्हें अपने महत्वपूर्ण होने का अहसास होता। अपने पति का ध्यान अपनी तरफ खींचने के लिए वह तरह-तरह के हथकंडे अपनाती। कई बार तो वह डेंटिस्ट के पास जाने के लिए अपने पति को साथ चलने के लिए जिद्द करतीं । एक बार मिसेज़ मैकिन्ले को डॉक्टर के पास जाना था और तभी उनके पति को किसी ज़रूरी काम से गृहमंत्री जॉन है को मिलने जाना पड़ गया। इतनी छोटी सी बात को लेकर उसने इतना बड़ा बवाल खड़ा कर दिया कि मिस्टर मैकिन्ले को मीटिंग बीच में ही छोड़ कर घर वापस आना पड़ा।

एक बार मेरी मुलाकात लेखिका मैरी रॉबर्ट्स राइनहार्ट से हुई। हम दोनों महत्त्वपूर्ण बनने की आकांक्षा के विषय पर बात कर रहे थे। तभी मिसेज़ राइनहार्ट ने मुझे एक ऐसी महिला का किस्सा सुनाया जो न केवल स्वस्थ थी बल्कि बहुत प्रतिभाशाली भी थी। परंतु फिर भी उसने महत्त्वपूर्ण बनने की चाह में गंभीर बीमारी का नाटक किया और अगले दस साल तक लगातार बिस्तर पर पड़ी रही। मिसेज़ राइनहार्ट ने बताया, “इस महिला को अपनी जिंदगी में बहुत-सी मुश्किल परिस्थितियों का सामना करना पड़ा। परिवार के

नाम पर उसके पास सिर्फ उसकी माँ ही थी। जिंदगी का अकेलापन मौत के साये की तरह उसका पीछा कर रहा था। उसका न तो कोई सपना था और न कोई आशा की किरण। शायद इसीलिए उसने लोगों से सहानुभूति और ध्यान बटोरने के लिए बिस्तर पकड़ लिया था।

उसकी बूढ़ी माँ दस साल तक उसकी सेवा-पानी करती रही। कभी उसके लिए खाना लाती तो कभी दवाई। परंतु एक बूढ़ा शरीर कब तक साथ देता। फिर एक दिन उसकी माँ ने भी बिस्तर पकड़ लिया और कुछ दिनों बाद भगवान को प्यारी हो गई। कुछ हफ्तों तक तो बीमार युवती माँ की मृत्यु का शोक मनाती बिस्तर पर पड़ी रही। इस दौरान आस-पड़ोस के कुछ लोग उसकी सहायता करने आ जाते, लेकिन फिर धीरे-धीरे सबने हाथ छुड़ा लिया और वह अकेली रह गई। तब उसने खुद को समझाया और नहा-धोकर साफ कपड़े पहनकर एक बार फिर से नई जिंदगी की शुरुआत कर दी।

मनोचिकित्सकों का मानना है कि महत्त्वपूर्ण होने का एहसास एक बहुत भयंकर मानसिक बीमारी है, जो धीरे-धीरे व्यक्ति को पागल बना देती है। जो लोग इस बीमारी के शिकंजे में फँस जाते हैं, वे पागलपन के स्वप्नलोक में खुद को महान् बना लेते हैं और खुद ही विचारों के मायाजाल में उलझकर रह जाते हैं। जो महत्त्व उन्हें वास्तविक दुनिया में नहीं मिल पाता, वे उसे खयालों की दुनिया में ढूंढने लगते हैं। मैडीकल सर्वेक्षण के अनुसार अमेरिका में मानसिक रोगों से पीड़ित मरीजों की संख्या, बाकी सारी बीमारियों से पीड़ित रोगियों से कहीं अधिक है।

पागलपन का मुख्य कारण क्या है?

इस सवाल का ठीक-ठाक जवाब तो किसी के पास नहीं है। क्योंकि यह एक लाइलाज बीमारी है जो धीरे-धीरे व्यक्ति के दिमाग की जड़ों को खोखला करती जाती है और इसका परिणाम पागलपन होता है। मानसिक रोगों के

और भी कई कारण हो सकते हैं जैसे कि शराब, चरस गांजा जैसे मादक पदार्थों का सेवन, मानसिक आघात और दुर्घटनाएं। मैडीकल साइंस में कई मरने वाले पागलों के मस्तिष्क का बहुत बारीकी से पोस्टमॉर्टम किया गया तो एक विचित्र और भयानक सत्य सामने आया। विशेषज्ञों ने बताया कि उन लोगों की मस्तिष्क-कोशिकाओं के ऊतक उतने ही स्वस्थ दिख रहे थे जितने कि एक सामान्य इंसान के होते हैं... उनमें कोई प्रॉब्लम नहीं थी।

अगर उनके मस्तिष्कों के उत्तक स्वस्थ थे तो फिर वे पागल क्यों हुए?

यह सवाल लगातार मेरे दिमाग में खलबली मचाता रहा। फिर मैं एक महान् चिकित्सक से मिला जो कि चिकित्सा क्षेत्र में अपनी तकनीकी श्रेष्ठता के कारण ढेर सारे पुरस्कार और सम्मान प्राप्त कर चुका था। जब मैंने यही सवाल उससे किया तो उसके पास भी मेरे सवाल का स्पष्ट जवाब नहीं था। उसने बताया कि कई लोग पागलपन की अवस्था में उस महत्व का अनुभव करते हैं, जो असली दुनिया में उन्हें कभी नसीब नहीं होता। तब उसने मुझे एक ऐसी कहानी सुनाई जो मेरे दिल को छू गई और मुझे मेरे सारे सवालों का जवाब मिल गया। चलिए, मैं आपको भी इसे सुनाता हूँ:

मेरी एक मरीज मानसिक तौर पर काफी बीमार है। उसकी शादी का अभी कुछ ही समय पहले दुखद अंत हुआ था। विवाह से पहले वह एक स्वस्थ, चुलबुली और जीवंत लड़की थी। विवाह के बाद सामान्य स्त्रियों की तरह उसकी भी अपने पति से कुछ अपेक्षाएं थीं। वह अपने पति से प्रेम, शारीरिक संतुष्टि, बच्चे और सामाजिक प्रतिष्ठा चाहती थी। जबकि उसका पति काम में इतना व्यस्त रहता था कि उसके पास अपनी पत्नी को देने के लिए ज़रा भी वक्त नहीं था। प्यार तो दूर, वह तो उसके साथ ढंग से बात भी नहीं करता था। अगर वह कभी उससे कहती कि मेरे साथ बैठ कर भोजन करो तो वह अपनी खाने की थाली उठाकर अपने दूसरे कमरे में ले जाता। शादी के इतने साल बाद भी उनका कोई बच्चा नहीं था। कुल मिलाकर जिंदगी ने उसकी सारी उम्मीदों पर पानी फेर दिया था। धीरे-धीरे यह सब बातें उसके दिमाग में घर करने लगी और उसने अपना मानसिक संतुलन खो दिया।

अपनी काल्पनिक दुनिया में उसने अपने पति को तलाक दे दिया और फिर से अविवाहितों वाला जीवन व्यतीत करने लगी। कुछ दिनों बाद उसने कल्पना में किसी रईस आदमी से शादी कर ली, जबकि वास्तव में ऐसा कुछ नहीं था। वह हर सुबह सड़क पर खड़ी हो जाती और आते-जाते लोगों को रोक कर कहती कि अब वो सब उसे लेडी स्मिथ के नाम से बुलाएं। सब लोग उसे दुत्कारने लगे। सुंदर और प्रतिभाशाली दिखने वाली वह औरत कुछ ही दिनों में लोगों की दया का पात्र बन गई।

उसे माँ बनने का बहुत शौक था। लेकिन उसके पति ने उसकी यह ख्वाहिश कभी पूरी नहीं की। पागलपन ने उसे इस हद तक घेर लिया कि अब वह कल्पना में हर रात एक नये बच्चे को जन्म देती है। जब कभी मैं उसे देखने उसके घर जाता हूँ तो खुशी से बताती है, "डॉक्टर, कल रात मेरे यहां एक बच्चे ने जन्म लिया है।"

मैं चुपचाप उसकी बातें सुनता रहता। कभी-कभी तो मन करता कि उसके मन का सारा वहम दूर कर दूँ, लेकिन फिर यह सोच कर रुक जाता कि अपने वास्तविक जीवन में जिन सुखों से वह आज तक वंचित रही थी, खयालों की दुनिया में ही सही कम से कम वह उन सब सुख-सुविधाओं को भोग तो रही है।

उसके सपनों के जहाज़ हकीकत की चट्टानों से टकराकर चूर-चूर हो गए हैं, परंतु पागलपन के काल्पनिक टापूओं पर वह अपने सारे ख़्वाबों को सच कर रही है।

"ओह! बहुत दुखदायी घटना है।" डॉक्टर से हुई मुलाकात के बाद उस रात मैं ढंग से सो नहीं पाया। डॉक्टर की कही हर एक बात मेरे कानों में गूंजती रही। डॉक्टर ने बताया, "अगर मैं उसका पागलपन ठीक करके उसे एक बार फिर से सोचने-समझने की शक्ति लौटा सकता, तो भी शायद मैं ऐसा नहीं करता। क्योंकि आज वह जितनी खुश है, उतनी खुश वह पहले कभी नहीं रही।" मेरे मन में उस औरत से मिलने की तीव्र इच्छा जागृत हुई और अगले

दिन मैं भी डॉक्टर के साथ उसे मिलने चला गया। उसकी हालत देखकर मेरा दिल पसीज उठा... अंतर आत्मा से एक ही आवाज़ आई, उसका पति उसके साथ ऐसा कैसे कर सकता है? खैर, थोड़ा बहुत इधर-उधर की बातें करके हम वापस आ गए, परंतु उस औरत की धुंधली सी तस्वीर आज भी मेरे दिल में है।

महान बनने की भूख लोगों को पागलपन की सीमा तक ले जा सकती हैं, तो जरा सोचिए यदि आप अपने आस-पास के लोगों को थोड़ी सी प्रशंसा या सहानुभूति दिखाएं तो कितना बड़ा चमत्कार कर सकते हैं।

चार्ल्स श्वाब एक अद्भुत प्रतिभा और कुशाग्र बुद्धि के स्वामी थे। उनकी गिनती उन अमेरिकी उद्योगपतियों में की जाती थी, जो एक साल में दस लाख डॉलर से भी ज्यादा तनख्वाह कमाते थे। उस वक़्त एन्ड्रयू कारनेगी का युनाईटेड स्टेट्स स्टील कॉरपोरेशन पर आधिपत्य था। 1921 में कारनेगी ने श्वाब को युनाईटेड स्टेट्स स्टील कंपनी का प्रेसीडेंट नियुक्त किया। श्वाब ने अपनी बुद्धि-कौशल से कारनेगी के बिज़नेस को कुछ ही समय में आसमान की बुलंदियों पर पहुँचा दिया। कई साल तक कारनेगी के साथ काम करने के बाद, श्वाब ने यू. एस. स्टील कंपनी को छोड़ दिया और मुश्किलों के भंवर में गोते खा रही बेथलेहम स्टील कंपनी की बागडोर अपने हाथों में ले ली। अपने प्रयासों और कड़ी मेहनत से उसने बेथलेहम स्टील कंपनी को भी यू. एस. स्टील की तरह ही अमेरिका की सर्वाधिक लाभदायक कंपनी बना दिया।

क्या आप जानते हैं कि कारनेगी, चार्ल्स श्वाब को इतनी ज्यादा तनख्वाह क्यों देते थे? क्या इसलिए कि श्वाब जीनियस थे? नहीं। तो क्या इसलिए कि श्वाब स्टील उद्योग के सबसे बड़े जानकार थे? नहीं। क्या श्वाब ने खुद कारनेगी से इतने पैसे की माँग की थी? नहीं। यह सब गलत है। श्वाब एक बहुत ही समझदार और नेक दिल इंसान थे। घमंड तो कभी उन्हें छू भी नहीं सकता था। श्वाब ने यह बात खुद स्वीकार की है कि उनके नीचे काम कर रहे सामान्य लोग स्टील बनाने के बारे में उनसे कहीं ज़्यादा जानते थे। जब मैंने उनसे पूछा कि उन्हें इतनी ज्यादा तनख्वाह मिलने की क्या वजह है, तो वे मुस्कुरा कर बोले, "यह सवाल तो तुम्हें कारनेगी से पूछना चाहिए था, क्योंकि

वह खुद अपनी मर्जी से देते हैं। लेकिन हाँ, जहाँ तक मैं जानता हूँ कि मुझमें लोगों के साथ व्यवहार करने की कला है... जिस कारण मैं बड़े से बड़े अडियल व्यक्ति को भी अपने तरीके से काम करने के लिए मना लेता हूँ.. शायद इसी वजह से कारनेगी मुझे इतना पसंद करते हैं।" फिर मैंने उनसे पूछा कि उन्होंने ऐसा किस तरह किया तो उन्होंने मुझे अपना एक रहस्य बताया जिसे मैं आप सबको उन्हीं के शब्दों में बताता हूँ- "लोगों से बात करते समय हमेशा ऐसे शब्दों का प्रयोग करो जिससे उनके दिल को तसल्ली मिले और वे बिना किसी तर्क-वितर्क के आपकी बात मानने को राजी हो जाएं। व्यवहार करने की कला कोई खाद्य पदार्थ नहीं हैं कि कोई भी इंसान इसे डकार ले, बल्कि यह वह गुण है, जिससे उसके चरित्र की पहचान होती है। ऐसे शब्दों का हर स्कूल-कॉलेज और ऑफिस में इस्तेमाल किया जाना बहुत आवश्यक है। बच्चों को विद्यार्थी जीवन में ही इन शब्दों को कंठस्थ कर लेना चाहिए ताकि आगे चलकर कोई भी मुश्किल न आए। सही भाषा और सही शब्दों का ज्ञान हमारे जीवन को एक नई दिशा प्रदान करता है।"

श्वाब ने अपनी व्यवहार कला के बारे में बताते हुए कहा, मेरी जिंदगी की सबसे बड़ी पूंजी अपने कर्मचारियों का उत्साह बढ़ाने की मेरी कला है। मैं उनसे कभी सख्ती से पेश नहीं आता और न ही गलती होने पर उन्हें डाँटता हूँ, बल्कि सराहना और प्रोत्साहन द्वारा उनसे सर्वश्रेष्ठ प्रदर्शन करवाना ही मेरा मुख्य उद्देश्य है। किसी भी व्यक्ति की महत्त्वाकांक्षाओं का सबसे बड़ा शत्रु उसके बॉस की आलोचना है। आलोचना एक ऐसी बीमारी है जो व्यक्ति के काम करने की इच्छा को पूरी तरह से नष्ट कर देती है। आलोचना का शिकार व्यक्ति कभी मन से काम नहीं कर पाता, क्योंकि उसे हमेशा यही लगता है कि वह चाहे कैसा भी काम करे, बॉस कुछ न कुछ कमी जरूर निकालेंगे। इसीलिए मैं कभी किसी की आलोचना नहीं करता। मैं प्रोत्साहन देने में यकीन रखता हूँ ताकि व्यक्ति काम करने के लिए प्रेरित हो। अगर मुझे वर्करों की कोई बात पसंद आती है तो मैं दिल खोलकर उनकी तारीफ करता हूँ और सबके सामने उसके काम को सराहता हूँ लेकिन अगर किसी से गलती हो जाए

तो मैं बिल्कुल भी गुस्सा नहीं होता, बल्कि उसकी गलती में भी कोई न कोई प्रशंसा लायक बात निकाल लेता हूँ जिससे कि उसके आत्मविश्वास में कोई कमी न हो।"

श्वाब का यही चारित्रिक गुण उसकी सफलता का मुख्य कारण था। परंतु सामान्य लोग क्या करते हैं? इसका ठीक उल्टा। अगर उन्हें कोई बात पसंद नहीं आती, तो वे सीधा अपने कर्मचारियों के मुंह पर सारी भड़ास निकाल देते हैं और अगर कभी उन्होंने कुछ अच्छा काम किया हो तो बॉस लोगों के मुँह से तारीफ का एक शब्द तक नहीं निकलता। उपेक्षा की यह भावना उनकी काम करने की क्षमता को मार देती है। एक बहुत पुरानी कहावत है: मैंने एक बार गलत काम किया जिसके बारे में मुझे हमेशा सुनना पड़ा, लेकिन जब दो बार अच्छा काम किया तो किसी ने एक बार भी कुछ नहीं कहा।

श्वाब के अनुसार, एन्ड्रयू कारनेगी की सफलता का एक मात्र कारण "तारीफ और सराहना" नामक दो शब्द थे। कारनेगी अपने यहां काम करने वाले वर्करों को कर्मचारी न मान कर कंपनी का ही एक हिस्सा मानते थे। वह अपने सहयोगियों की सार्वजनिक रूप से और अकेले में भी बहुत प्रशंसा किया करते थे।

जॉन रॉकफेलर की कामयाबी का रहस्य सच्ची प्रशंसा और प्रोत्साहित करने का गुण था। उदाहरण के तौर पर उनके एक बिजनेस पार्टनर एडवर्ड टी. बेडफोर्ड की वजह से उनके दक्षिण अमेरिका के कॉन्ट्रैक्ट में फर्म को 40 प्रतिशत नुकसान हुआ। रॉकफेलर चाहते तो उसकी कड़ी आलोचना कर सकते थे, परंतु उन्होंने ऐसा कुछ नहीं किया। क्योंकि वे जानते थे कि बेडफोर्ड ने जानबूझकर कुछ नहीं किया और फिर अब जब नुकसान हो ही गया है तो बेकार में अपना दिल जलाने का क्या फायदा। इससे तो बेहतर है आगे के बारे में कुछ अच्छा सोचा जाए। इसीलिए उसने बेडफोर्ड को बधाई देते हुए कहा, "बहुत बढ़िया! तुमने निवेश की 60 प्रतिशत रकम डूबने से बचा ली। मुझे तुम्हारा काम बहुत पसंद आया।"

अब मैं आपको एक कहानी सुनाता हूँ, जो हालांकि सच तो नहीं है, परंतु उसमें एक सच्चाई जरूर छुपी हुई है और यही वजह है कि मैं उसे सुना रहा हूँ

एक देहाती महिला दिन भर मेहनत करती और अपने परिवार का पेट पालती। एक दिन उसने अपने परिवार के सामने खाने की जगह भूसे का ढेर ला कर रख दिया। उसकी अजीबो-गरीब हरकत को देखकर उसका पति और बेटे झुंझला उठे और ऐसा करने की वजह पूछी। महिला ने जवाब दिया. "मुझे लगा कि तुम्हारा ध्यान कभी इस तरफ जाता ही नहीं कि तुम्हारे सामने खाना रखा जाता है या भूसा। बीस साल से मैं तुम्हारे लिए खाना बना रही हूँ, परंतु तुम लोगों ने यह कभी नहीं बताया कि तुम लोग भूसा नहीं खा रहे हो।"

कुछ समय पहले घर से भागने वाली पत्नियों पर सर्वे किया और यह पता लगाने का प्रयास किया कि उनके घर से भागने के पीछे प्रमुख कारण क्या है? जब मुझे असल वजह पता चली तो मेरे तो रोंगटे खड़े हो गए! मैंने कभी ख़्वाब में भी नहीं सोचा था कि महिलाएं इतनी छोटी सी बात पर इतना बड़ा तमाशा खड़ा कर सकती हैं। प्रशंसा का अभाव...जी हां, यही वह खास वजह थी जिसके कारण ज्यादातर पत्नियां अपने पतियों से नाराज़ होकर घर छोड़कर चली जाती थीं। मेरे खयाल में यह निरी बेवकूफी है, क्योंकि पति-पत्नी का रिश्ता विश्वास की नाजुक डोर से बंधा होता है, जिसमें दोनों को एक-दूसरे को यह बताने की जरूरत नहीं होती कि हम उनसे कितने प्रभावित हैं और कितने नहीं।

फिर मेरे एक दोस्त ने अपने जीवन की एक घटना बताई जो कि उसके और उसकी पत्नी के जीवन पर आधारित थी। मेरी पत्नी अपनी कुछ सहेलियों के साथ चर्च में एक आत्म-सुधार कार्यक्रम में जाया करती थी। एक दिन उसने मुझसे आग्रह किया कि मैं भी उसके साथ इस प्रोग्राम में हिस्सा लूं। न चाहते हुए भी मैं उसका आग्रह टाल न सका और उसके साथ चर्च चला गया। वहाँ कार्यक्रम के दौरान मुझसे एक सवाल पूछा कि मैं उसकी ऐसी छह कमियाँ बताऊं, जिनमें सुधार की आवश्यकता है। अपनी पत्नी की बे सिर-पैर की

बातें सुनकर मैं हैरान हो गया। फिर मैंने माफी माँगते हुए कहा, 'मुझे सोचने के लिए थोड़ा समय चाहिए.. मैं कल सुबह तक इसका जवाब दे दूँगा।' सच कहूँ तो मेरी पत्नी में ऐसी बहुत सी कमियाँ थीं जिनमें मैं काफी लंबे समय से सुधार करना चाहता था। लेकिन अगर दूसरी तरफ देखा जाए तो मैं भी कोई अच्छाईयों का पुतला नहीं था। अगर वो चाहती तो मेरी हजारों बुरी बातें गिना सकती थी। खैर, हम बातचीत आगे बढ़ाए बिना ही वापस चले आए।

"अगली सुबह मैं जल्दी उठा और फूल वाले को फोन करके उसे अपनी पत्नी के लिए छः गुलाब के फूलों का गुलदस्ता भिजवाने का ऑर्डर दिया। इसके साथ मैंने एक चिट्ठी भी लगवा दी जिसमें लिखा था, "मुझे तुममें ऐसी कोई कमी नहीं दिखती, जिसमें सुधार की आवश्यकता हो। तुम जैसी भी हो, मुझे बहुत पसंद हो... आई लव यू।"

"शाम को जब मैं ऑफिस से घर लौटा तो मेरी आंखें फटी की फटी रह गईं। मेरी पत्नी दरवाजे पर खड़ी बेसब्री से मेरा इंतज़ार कर रही थी। उसकी आंखों में आंसू थे। मुझे आता देखकर वह दौड़कर मुझसे लिपट गई और रोने लगी। वह बहुत खुश थी कि उसके आग्रह करने के बावजूद भी मैंने उसकी आलोचना नहीं की थी।"

"अगले रविवार जब वह चर्च पहुँची तो उसकी सारी सहेलियां पिछले सप्ताह के उसके सवाल का जवाब जानने को उत्सुक थी। उसने सबको वह घटना सुनाई तो बहुत सी महिलाओं ने हैरानी जताते हुए मुझसे कहा, 'इतनी बुद्धिमानी की बात हमने पहले कभी नहीं सुनी। तुम बहुत समझदार हो। अब हमें तुम्हारी अपनी पत्नी के लिए बेशुमार प्यार पर कोई शक नहीं है। तब जाकर मुझे सराहना की शक्ति का अहसास हुआ।"

लॉरेंज ज़िगफेल्ड अपने समय के मशहूर प्रोड्यूसर थे। उनमें साधारण युवतियों को ग्लैमरस बनाने की अदभुत प्रतिभा थी। उनकी ख्याति के चर्चे पूरे ब्रॉडवे में थे। वे अक्सर अपने शो में आम-सी दिखने वाली ऐसी युवतियों को

लेते, जिनकी तरफ कोई दुबारा पलटकर नहीं देखता था और फिर स्टेज पर उन्हें ग्लैमरस और रहस्यमयी युवतियों में बदल देते थे। दरअसल वे प्रशंसा और आत्मविश्वास के मैजिक से भली-भांति परिचित थे। उनका मानना था कि यदि किसी बदसूरत सी दिखने वाली औरत की थोड़ी-सी भी प्रशंसा की जाए तो वह खुद को दुनिया की सबसे खूबसूरत महिला मानने लगती है। उनके विशाल हृदय का अंदाजा आप इस बात से लगा सकते हैं, कि उन्होंने फॉलीज़ के मंचन की पहली रात को सभी स्टार्स को टेलीग्राम भेजे और अपने शो में काम करने वाली प्रत्येक युवती को अमेरिकन ब्यूटी रोज़ेज गिफ्ट किए।

आत्मसम्मान और शरीर दोनों का एक जैसा ही संबंध है। व्यक्ति जितना ध्यान अपने शरीर का रखता है, उससे कहीं ज्यादा अपने स्वाभिमान और अपने नाम का रखता है। आत्मसम्मान की भूख, पेट की भूख से भी ज़्यादा मायने रखती है। भोजन से हम अपने बच्चों, दोस्तों और कर्मचारियों का पेट तो भर देते हैं, परंतु क्या उनके आत्मसम्मान को भी उतना ही पोषण देते हैं? पेट की भूख तो खाने से मिटाई जा सकती है, परंतु क्या हम उनके आत्मसम्मान की भूख को मिटाने के लिए प्रशंसा और सराहना के दो शब्द बोलते हैं? याद रखिए पेट की भूख को तो इंसान हफ्ते-दस दिन में भूल जाता है लेकिन प्यार के दो मीठे बोल और सराहना सालों तक उनके कानों में गूंजती रहती हैं।

सच्चे दिल से की गई थोड़ी सी तारीफ पल भर में ही इंसान की जिंदगी बदल सकती है। हिम्मत और उत्साह के दो शब्द किसी कमज़ोर और अधमरे से इंसान में इतनी ताकत भर देते हैं कि वह फिर से जिंदगी जीने को बेताब हो जाता है। ऐसी ही एकप्रेरणाप्रद घटना का उल्लेख पॉल हार्वे ने अपने एक रेडियो ब्रॉडकास्ट 'द रेस्ट ऑफ द स्टोरी' में किया है, जिसमें डेट्रॉइट की एक अध्यापिका ने स्टेवी मॉरिस को क्लास में छिपे चूहे को खोजने में मदद करने के लिए कहा। स्टेवी मॉरिस बचपन से ही अंधा था, लेकिन फिर भी उसकी टीचर ने उसे छोटे-से चूहे को ढूंढने का काम सौंपा। ऐसा करके अध्यापिका

ने अप्रत्यक्ष रूप से उसकी प्रशंसा की कि प्रकृति ने भले ही उसे आंखें नहीं दी थी परंतु इसके बदले में स्टीव को सुनने की अद्भुत शक्ति प्रदान की थी जिससे वह बाकी बच्चों की तरह सामान्य जीवन जी सकता था। स्टीव के पास सुनने की ऐसी अद्भुत शक्ति थी जो क्लास के किसी और स्टूडेन्ट के पास नहीं थी। जब पहली बार किसी ने स्टीव की सुनने की शक्ति की तारीफ की तो उसका हौसला बढ़ गया। दरअसल यह प्रशंसा उसके नए जीवन की शुरूआत थी। उसके बाद स्टीव ने अपने सुनने की क्षमता को विकसित किया और सत्तर के दशक में स्टेवी वंडर के नाम से महान पॉप सिंगर और गायक के रूप में प्रसिद्ध हुए।

कई बार लोग प्रशंसा और सराहना जैसे उत्साहवर्धक शब्दों का गलत मतलब निकाल लेते हैं। उन्हें लगता है कि हम अपना मतलब निकालने के लिए चापलूसी और मक्खनबाजी कर रहे हैं। लेकिन ऐसा बिल्कुल नहीं है। आप लोगों की संतुष्टि के लिए मैंने इन शब्दों का भी इस्तेमाल करके देखा, लेकिन समझदार लोगों के सामने ये सारे पैंतरे बकवास साबित हुए। चापलूसी झूठ और स्वार्थ का दूसरा नाम है। चापलूसी करने वाला व्यक्ति कभी सफल नहीं होता। कई लोग तारीफ के इतने भूखे होते हैं कि वे चापलूसी को भी तारीफ समझकर निगलते जाते हैं। उनकी हालत भूख से तड़पते उस व्यक्ति की तरह जिसके पास खाने के नाम पर सिवाय घास और कीड़े-मकौड़ों के कुछ नहीं होता।

चापलूसी और प्रशंसा दिखने में दोनों एक जैसे ही हैं, परंतु इनमें जमीन-आसमान का अंतर होता है। एक सच्ची है, तो दूसरी झूठी। एक दिल से निकलती है, तो दूसरी दाँतों से एक निःस्वार्थ है, तो दूसरी स्वार्थ से भरपूर। एक की हर जगह सराहना होती है, तो दूसरी की निंदा।

महारानी विक्टोरिया को चापलूसी बहुत पसंद थी। बेंजामिन डिजराइली, जो कि ब्रिटेन के प्रधानमंत्री थे, को महारानी विक्टोरिया की चापलूसी करने की आदत थी। यह बात उन्होंने खुद स्वीकार की थी कि जानबूझकर

महारानी की बढ़ा-चढ़ा कर तारीफ किया करते थे। डिजराइली एक बहुत ही "सुसंस्कृत, योग्य और चतुर व्यक्ति थे। वे चापलूसी करने की कला में माहिर थे और यही कला उनके जीवन के लिए वरदान साबित हुई। ज्यादातर माना जाता है कि लंबे समय तक किसी की चापलूसी करने से आपका फायदा कम और नुकसान ज़्यादा होगा। चापलूसी करना एक खोटे सिक्के जैसा है, अगर आप इसे बाजार में असली सिक्के की तरह इस्तेमाल करने का प्रयास करेंगे तो यह आपको किसी भी बड़ी मुसीबत में डाल सकता है।

जनरल ऑब्रेगॉन ने अपनी फिलॉस्फी में लिखा है, "सामने से हमला करने वाले दुश्मनों से कभी मत डरो। डरना है... तो उन दोस्तों से डरो, जो चापलूसी नामक शस्त्र से तुम्हें चोट पहुँचा रहे हैं।"

रॉल्फ वॉल्डो इमर्सन ने चापलूसी की परिभाषा कुछ इस तरह दी है,

"चापलूसी सामने वाले को वही बताना है, जो वह अपने बारे में सोचता है अर्थात आप चाहे जैसी भी भाषा इस्तेमाल कर लें, परंतु हमेशा वही कह पाएंगे जो आप वास्तव में हो।"

एक सर्वव्यापक सत्य है अगर हमारे पास करने योग्य कोई काम न हो तो हमारा ज़्यादातर समय खुद के बारे में सोचने में ही चला जाता है। ऐसा नहीं है कि हम अपने बारे में कुछ ख़ास सोच रहे होते हैं, क्योंकि खाली दिमाग सिर्फ खयाली पुलाव बनाना जानता है। लेकिन अगर हम खुद के बारे में सोचना थोड़ा कम कर दें और दूसरे लोगों की अच्छाईयों के बारे में सोचने लगें तो हमें चापलूसी करने की ज़रूरत कभी नहीं पड़ेगी।

आज की मतलबी दुनिया में सच्ची तारीफ सुनना बहुत मुश्किल है। लोग अपना मतलब निकालने के लिए खुद को इतना नीचे गिरा लेते हैं कि उनका फिर से उठना मुश्किल हो जाता है। ऐसा क्यों होता है कि हम अपने बच्चों के अच्छे नंबर लाने पर अक्सर उनकी तारीफ करना भूल जाते हैं। हम कभी उन्हें सही ढंग से प्रोत्साहित नहीं करते। जब वे पहली बार अपने हाथों से चिड़ियों

के लिए घोंसला बनाते हैं या फिर पहली बार उल्टी-सीधी ड्राइंग करते हैं, तो माता-पिता का कर्त्तव्य बनता है कि वे अपने बच्चों की छोटी-छोटी खुशियों में शामिल होकर उनका हौसला बढ़ाए क्योंकि बच्चों को जितना आनंद अपने माता-पिता के साथ देने से मिलता है, उतना और किसी बात से नहीं मिलता।

जब कभी किसी क्लब या होटल में अच्छा खाना खाने का आनंद मिले तो आने से पहले रसोइए तक यह संदेश ज़रूर भिजवा दें कि खाना बहुत अच्छा बना था। और यदि कोई थका हुआ सेल्समैन आपके प्रति बहुत अधिक शिष्टाचार दिखाए तो उसका धन्यवाद करना कभी मत भूलें। यही छोटी-छोटी बातें सामने वाले के उत्साह को बढ़ाने में लाभदायक सिद्ध होती है।

एक नेता या वक्ता का सारा उत्साह उसके श्रोताओं पर निर्भर करता है। यदि भाषण के अंत में श्रोता ताली न बजाए या फिर तारीफ न करे तो उसका सारा उत्साह कमज़ोर पड़ पड़ जाता है। प्रशंसा और सराहना के यही नियम ऑफिस, दुकानों, कर्मचारियों और हमारे परिवारों-दोस्तों पर भी लागू होते हैं। हमें यह कभी नहीं भूलना चाहिए कि हमारे संगी-साथी भी इंसान हैं और वे भी तारीफ के उतने ही भूखे हैं, जितने कि हम। तारीफ वह सोने का सिक्का है। जिसे पाना हर व्यक्ति की पहली और आखिरी ख्वाहिश है।

न्यू फेयरफील्ड, कनेक्टिकट की पॉमेला डेन्हैम को एक नए आए चौकीदार का नेतृत्व करने का काम सौंपा गया। दरअसल उस चौकीदार को नये काम का कुछ ज़्यादा अभ्यास नहीं था, जिसे लेकर दूसरे कर्मचारी प्रायः उसका मज़ाक उड़ाया करते थे। उसकी गलतियों की वजह से दुकान का बहुत सा कीमती सामान खराब हो रहा था।

पैम ने उसे समझाने के लिए कई तरह के तरीके आज़माए, परंतु कोई लाभ न हुआ। फिर एक दिन पैम ने गौर किया कि कभी-कभार वह काम को बहुत अच्छी तरह से करता है। उसने फैसला किया कि आईंदा जब कभी ऐसा मौका आएगा तो वह दूसरे लोगों के सामने उसकी तारीफ अवश्य करेंगी। इस नई तकनीक के प्रयोग से आने वाले कुछ दिनों में ही उसके काम में जबर्दस्त

सुधार होने लगा। यह पैम के हौसले और सराहना का फल था कि उसने शीघ्र ही अपनी सारी कमज़ोरी पर काबू पा लिया। अब दूसरे लोगों ने उसका मजाक उड़ाना बंद कर दिया। सच्ची प्रशंसा से सकारात्मक परिणाम मिले, जबकि आलोचना और मखौल से सिवाय निराशा के कुछ हाथ नहीं आया।

एक बात हमेशा याद रखिए, यदि आप लोगों को चोट पहुँचाएँगे तो इससे कोई फायदा नहीं होगा। एक पुरानी कहावत है, जिसे मैंने अपने कमरे में आइने पर चिपका रखा है और हर सुबह इसे पढ़ता हूँ:

मैं इस राह पर सिर्फ एक बार ही चलूंगा। इस दौरान अगर मैं कुछ अच्छा कर पाया या लोगों का कुछ भला कर पाया, तो मैं अपने कदम पीछे नहीं हटाऊंगा और न ही इसे कल पर टालूंगा। क्योंकि मैं कभी पीछे मुड़कर नहीं देखना चाहता। मैं जानता हूँ, अगर एक बार मैंने इसे नज़रअंदाज़ कर दिया तो फिर कभी इसे दोबारा नहीं कर पाऊंगा।

इमर्सन की एक खासियत थी, वह प्रत्येक मिलने वाले व्यक्ति से कुछ न कुछ नया सीखने की कोशिश ज़रूर करते, क्योंकि उनका मानना था कि वे कहीं न कहीं उनसे बेहतर होते हैं।

अतः बेहतर होगा कि हम इमर्सन की शिक्षा को अपने वास्तविक जीवन में अपनाएं और अपनी उपलब्धियों और इच्छाओं के बारे में सोचना छोड़ दें। लोगों की चापलूसी करने की बजाय पूरी ईमानदारी से उनकी तारीफ़ करें और दिल खोल कर उन्हें सराहें। अगर आप ऐसा कर पाएं तो यह आपके जीवन की सबसे बड़ी उपलब्धि होगी क्योंकि आप जो कहेंगे, वह आपको कभी याद नहीं रहेगा लेकिन वे इसे कभी भूल नहीं पाऐंगे।

सिद्धांत - 2

सच्ची तारीफ करने की आदत डालें।

3

जो यह कर सकता है उसके हाथ पूरी दुनिया है। जो यह नहीं कर सकता, वह अकेला ही रहेगा।

बचपन से ही मुझे मछलियाँ पकड़ने का बहुत शौक था। गर्मियों में अक्सर अपने दोस्तों के साथ मैं नदी में मछलियाँ पकड़ने चला जाता और खूब एन्जॉय करता। मछलियों को फंसाने के लिए हम काँटे में तरह-तरह का चारा लगाते-कभी आटा, कभी कीड़े, कभी कोई हरी चीज़। लेकिन मुझे स्ट्रॉबेरी और क्रीम ज्यादा पसंद थी। इसलिए मछलियों को फंसाने के लिए मैं ज्यादातर कांटे में यही लगाता था। फिर एक दिन मैंने गौर किया कि मछलियों को स्ट्रॉबेरी और क्रीम की अपेक्षा कीड़े खाना ज़्यादा पसंद था। इसलिए अब जब भी मैं मछलियाँ पकड़ने जाता तो, इस बात की परवाह न करता कि मुझे क्या पसंद है और क्या नहीं। बल्कि मैं हमेशा उनका पसंदीदा चारा (कीड़ा या झींगुर) हुक में टाँगता और मछलियों के सामने लटका कर पूछता, "क्या तुम इसे खाना पसंद करोगी?"

जिस प्रकार हम मछलियों को आकर्षित करने के लिए उनका मनपसंद खाना कांटे में लगाते हैं, ठीक उसी कॉमनसेंस का प्रयोग हम लोगों को अपनी तरफ आकर्षित करने के लिए क्यों नहीं कर सकते?

ग्रेट ब्रिटेन के प्रधानमंत्री लॉयड जॉर्ज लोगों को आकर्षित करने की कला में पूरी तरह निपुण थे। उन्होंने प्रथम विश्वयुद्ध के दौरान इस कला को आजमाया और राजनीति में उच्च पद पर आसीन हुए। एकाएक हुए फैसले

से लोग बहुत हैरान थे। तब किसी ने जॉर्ज से सवाल किया, "आप में ऐसी क्या खासियत है कि विल्सन, ऑरलैन्डो और क्लीमेन्वयू जैसे महान नेताओं के होते हुए भी लोगों ने आपको अपना प्रधानमंत्री चुना?" इस सवाल का उन्होंने बहुत अच्छा जवाब दिया और कहा, "अगर दुनिया में श्रेष्ठ बने रहना है, तो आपको पता होना चाहिए कि मछलियों को उनकी पसंद का चारा किस तरह लगाया जाए।"

मनुष्य की सबसे बड़ी कमज़ोरी है कि वह हमेशा अपने बारे में ही सोचता है। उसकी पसंद-नापसंद, जरूरतें, इच्छाएं सब अपनी मर्जी की होती हैं, फिर भले दूसरे लोगों को उसमें रुचि हो या न हो इससे उसे कोई फर्क नहीं पड़ता। लेकिन यह सर्वथा अनुचित है। क्योंकि इसमें व्यक्ति का केवल अपना भला होता है। जबकि लोकहित के लिए इसमे कुछ नहीं होता। आप हमेशा वही कार्य करते हो जिसमें आपकी गहरी रुचि होती है, परंतु लोगों को इसमें कोई खास दिलचस्पी नहीं होती। इसलिए दुनिया में लोगों को प्रभावित करने का सबसे अचूक और कारगर तरीका यह है कि आप सामने वाले से उसकी इच्छाओं और रुचियों के मुताबिक बात करें और उन्हें उनकी इच्छाओं को पूरा करने के नए-नए तरीके बताएं।

अगर आप किसी से अपनी बात मनवाना चाहते हैं तो उससे उसी की भाषा में बात करें, बजाय मारने, धमकाने या फटकारने के। उदाहरण के लिए यदि आपके बच्चे को सिगरेट पीने की लत है और आप उसकी यह आदत छुड़वाना चाहते हैं तो बेहतर होगा कि आप उन्हें डांटिए मत, न उन्हें किसी तरह का भाषण दीजिए और न ही अपने आदेश को उनके सिर पर थोपिए। बल्कि उन्हें प्यार से समझाएं कि अगर वे सिगरेट पिएँगे तो इससे उनके स्वास्थ्य पर बुरा प्रभाव पड़ेगा और फिर वे कभी भी बास्केटबॉल टीम में शामिल नहीं हो पाऐंगे और उनका एथलैटिक्स कप जीतने का सपना कभी पूरा नहीं हो पाएगा।

अपनी इच्छाओं को दूसरों पर थोपने की गलती कभी न करें। इंसान हो या जानवर सब अपनी मर्जी के मालिक हैं। यदि आप जबरदस्ती उनसे अपनी बात मनवाने की कोशिश करेंगे तो वह अपने इरादों से कभी टस से मस नहीं होंगे। इसलिए आवश्यक है, कि जितना हो सके उनसे प्यार से बात करें और उनकी भावनाओं को समझने की कोशिश करें। चलिए, अब आपको इसी से मिलती-जुलती एक छोटी सी कहानी सुनाता हूँ। यह इंसान की सामान्य समझ को व्यक्त करती है। एक दिन रॉल्फ वॉल्डो इमर्सन और उनका पुत्र जबरदस्ती एक बछड़े को तबेले में ले जाने की कोशिश कर रहे थे। परंतु बछडे का अभी अंदर जाने का मन नहीं था। इमर्सन और उसके पुत्र ने अपनी इच्छाओं के हिसाब से सोचने की गलती कर दी। इमर्सन बछड़े को पीछे से धक्का दे रहे थे और उनका पुत्र बछड़े के गले में बंधी रस्सी को जोर से खींच रहा था। परंतु बछड़े ने अपने पैर ज़मीन में इतनी सख्ती से गड़ा लिए कि उनके लाख चाहने पर भी मैदान छोड़ कर अंदर जाने को राजी नहीं हो रहा था। इमर्सन की नौकरानी आइरिश ने जब यह दृश्य देखा तो उसका दिल पिघल गया। आइरिश ज़्यादा पढ़ी-लिखी तो नहीं थी, परंतु उसमें इमर्सन से ज़्यादा कॉमन सेंस थी। वह बछड़े के दिल की बात समझ गई थी। वह तुरंत बछड़े के पास गई और अपनी उंगली उसके मुँह पर रख दी। बछड़ा मजे से उसकी उंगली चूसने लगा और उसके पीछे-पीछे तबेले में चला गया। इस तरह आइरिश ने अपनी सूझ-बूझ और व्यवहार से बछड़े को अपने काबू में कर लिया।

व्यक्ति के प्रत्येक कार्य के पीछे उसकी कोई न कोई वजह ज़रूर छुपी रहती है। उदाहरण के लिए यदि आपने रेडक्रॉस में चंदा दिया है तो इसके पीछे आपकी लोकसेवा की भावना है। क्योंकि आप सब लोगों की मदद करके पुण्य कमाना चाहते हो।

हैरी ए. ओवरस्ट्रीट ने अपनी प्रसिद्ध पुस्तक *इन्फ्लुएंसिग ह्यूमन बिहेवियर* में कॉमन सेंस के संबंध में कुछ बहुत ही रोमाँचक और प्रेरणादायक पंक्तियाँ लिखी हैं: "कर्म पैदा होता है हमारी मूलभूत इच्छा से। बिजनेस, स्कूल, घर और राजनीति लोगों को प्रेरित करने का सबसे बढ़िया माध्यम है। किसी भी

काम की शुरूआत से पहले व्यक्ति में कार्य करने की इच्छा-शक्ति को जागृत करना बहुत अनिवार्य है। जिस व्यक्ति में इच्छा-शक्ति को जागृत करने की अनिवार्य क्षमता होती है, दुनिया उसके कदमों में सिर झुकाती है। इसके विपरीत जो व्यक्ति ऐसा करने में असमर्थ होता है दुनिया की भीड़ उसे पैरों तले रौंद कर आगे निकल जाती है।"

एन्ड्रयू कारनेगी का बचपन स्कॉटलैंड की गलियों में बीता। गरीबी और भुखमरी की मार सहते-सहते बड़े हुए और एक फैक्टरी में नौकरी करना शुरू कर दिया, जहाँ उन्हें दो सेंट प्रति घंटे के हिसाब से वेतन मिलता था। एक-एक पाई जोड़कर पैसे इकट्ठे किए और फिर एक दिन 365 मिलियन डॉलर की जमाराशि दान कर दी। बचपन से ही उनका संपर्क बहुत से बड़े-छोटे लोगों से रहा। इसीलिए उन्हें लोगों को प्रभावित करने की कला का अच्छा-खासा ज्ञान था। अपने जीवन में वे केवल चार साल स्कूल गए थे, परंतु इतने कम विद्यार्थी जीवन में उन्होंने सीख लिया था कि लोगों के साथ किस तरह का व्यवहार किया जाए और उनकी इच्छाओं का सम्मान कैसे किया जाए।

उनकी एक रिश्तेदार अपने बच्चों के साथ येल में रहती थी। वह अपने बच्चों की शैतानियों से बहुत परेशान थी। वह इतना व्यस्त थी कि उसे घर पर अपनी बूढ़ी माँ को चिट्ठी लिखने तक की फुर्सत नहीं थी। खत का जवाब न मिलने के कारण उसकी माँ बहुत चिंतित थी। जब कारनेगी को यह बात पता चली तो उसने अपनी आंटी से शर्त लगाई कि इस बार लौटती डाक से चिट्ठी का जवाब मंगाकर दिखाएंगे। और सबसे मज़ेदार बात तो यह कि वे उससे जवाब देने का आग्रह भी नहीं करेंगे। फिर कारनेगी ने अपने भतीजों को एक बातूनी चिट्ठी लिखी और साथ में यह भी लिख दिया कि वे उन दोनों के लिए पांच-पांच डॉलर का नोट चिट्ठी के साथ भेज रहे हैं।

परंतु कारनेगी ने चिट्ठी के साथ कोई नोट नहीं भेजा। कुछ दिन बाद जब डाक आई तो उसकी चिट्ठी का सचमुच जवाब आया जिसे देख कर कारनेगी बहुत खुश हुआ। चिट्ठी में उनके भतीजों ने अपने प्यारे अंकल एन्ड्रयू को धन्यवाद दिया और अपने पांच डॉलर के नोट न मिलने की शिकायत की। इस प्रकार कारनेगी ने समझदारी दिखाकर अपनी आंटी की चिंता का समाधान किया।

क्लीवलैंड, ओहियो के स्टैन नोवाक ने बात मनवाने का एक दूसरा रोमाँचक उदाहरण पेश किया। उन्होंने हमारी कोर्स-क्लास में भाग लिया और अपनी आपबीती सुनाई: एक दिन जब में शाम को काम से घर वापस लौटा तो देखा कि मेरा छोटा बेटा टिम ड्राइंग रूम में फर्श पर बैठा जोर-जोर से पैर पटक रहा था और चिल्ला रहा था। वजह यह थी कि अगले दिन उसे किंडरगार्डन स्कूल जाना शुरू करना था, जबकि वह स्कूल जाने के लिए बिल्कुल भी तैयार नहीं था। मेरी जगह अगर कोई दूसरा व्यक्ति होता तो उसे दो-चार थप्पड़ लगाता और कहता कि कल उसे स्कूल जाना है तो बस जाना है! लेकिन मैंने ऐसा नहीं किया। मैं समझ गया था कि अगर टिम के साथ ज़बर्दस्ती की गई तो वह मन से स्कूल नहीं जाएगा और इस बात का उसके भविष्य पर बुरा प्रभाव पड़ेगा। मैं स्टडी रूम में गया और काफी देर तक मसले पर सोच-विचार करता रहा। मैंने खुद को टिम की जगह पर रखा और विचार किया कि अगर मैं टिम होता, तो मैं स्कूल जाने के लिए उत्साहित क्यों होता? मैंने और मेरी पत्नी ने ऐसी बहुत सी मज़ेदार चीज़ों की सूची बनाई जो टिम को बहुत पसंद थी जैसे कि फिगर पेंटिंग, गाना, नये दोस्त बनाना, खेलना। फिर हमने फैसला किया कि हम कुछ ऐसा करेंगे जिससे प्रभावित होकर टिम खुद-ब-खुद स्कूल जाने को राज़ी हो जाएगा। कुछ देर बाद मैं, मेरी पत्नी लिल और मेरे बड़े बेटे बॉब ने मिलकर किचन की टेबल पर फिगर पेंटिंग करना शुरू कर दिया। तीनों मज़े से पेंटिंग कर रहे थे और ठहाके मार-मार कर हँस रहे थे। हँसने की हमारी आवाज़ें सुनकर टिम दौड़कर किचन की तरफ आया और दरवाज़े के पास खड़ा हो गया। हमें मस्ती करते देख उसे बहुत मज़ा आ रहा था। फिर कुछ मिनट बाद उसने मुझसे आग्रह किया कि मुझे भी खेल में शामिल कर लें। 'अरे नहीं, तुम्हें फिगरपेंटिंग करना सीखने के लिए पहले किंडरगार्डन जाना पड़ेगा।' मैंने पूरे उत्साह से उसे समझाया और कहा कि अगर वह किंडरगार्डन जाएगा तो उसे वहाँ बहुत सी मज़ेदार चीजें सीखने को मिलेंगी और बहुत से नए दोस्त भी बनेंगे। मेरी बातों का टिम पर बहुत गहरा प्रभाव पड़ा। अगले दिन जब मैं उठा तो देखा कि टिम पहले से ही लिविंग रूम में मौजूद था और कुर्सी पर बैठा-बैठा सो रहा था। अरे तुम इतनी सुबह यहां क्या कर रहे हो?' मैंने पूछा। मैं किंडरगार्डन जाने का इंतज़ार कर रहा हूँ। मैं

लेट न हो जाऊं इसीलिए जल्दी उठ गया था।" उसकी बात सुनकर हम बहुत खुश हुए क्योंकि हमारी छोटी सी कोशिश सफल हो गई थी। पूरे परिवार के उत्साह ने टिम में वह प्रबल आकांक्षा जगा दी थी जो शायद किसी धमकी या गुस्से से भी पैदा नहीं हो सकती थी।

पाठकों से अनुरोध है कि पुस्तक में वर्णित हर वाक्य को ध्यान से पढ़ें क्योंकि इसमें हमने हर बात को बहुत गहराई से अध्ययन करने के बाद ही लिखा है। यहां वर्णित प्रत्येक किस्सा किसी न किसी रूप में आपके जीवन से संबंधित हो सकता है। इनसे प्रेरणा लेकर आप अपने जीवन को सुखी और आसान बना सकते हैं। हो सकता है कल आपके सामने भी कुछ ऐसी ही परिस्थितियां पैदा हो जाएं और आपको भी ऐसे ही किसी को किसी बात के लिए राजी करना पड़ जाए।

एक बार मैंने न्यूयॉर्क के एक होटल के बॉलरूम को बीस रातों के लिए किराए पर लिया ताकि मैं बिना किसी परेशानी के अपने भाषण सभाओं को आयोजित कर सकूं।

सीजन की शुरूआत से दो-तीन दिन पहले अचानक से मुझे यह सूचना मिली की मुझे बॉलरूम का पहले से तीन गुना किराया देना पड़ेगा। लेकिन जब तक यह खबर मुझ तक पहुँचती तब तक बहुत देर हो चुकी थी। भाषण संबंधी सारे टिकट छप चुके थे और सब जगह बंट चुके थे। शहर भर में भाषण का जोर-शोर से प्रचार हो रहा था। जाहिर-सी बात थी कि मेरा बढ़ा हुआ किराया देने का कोई मन नहीं था। परंतु होटल वालों से इस बारे में बात करने का कोई फायदा न था, चूंकि मैंनेजर मेरी इच्छा से नहीं, बल्कि अपने हिसाब से काम करता था। दो दिन तक मैं परेशान सा इधर-उधर घूमता रहा। जब समस्या का कोई हल न दिखा तो मैं मैंनेजर से मिलने चला गया और कहाँ, "आपके अचानक बदले फैसले को सुनकर मुझे बहुत धक्का लगा। लेकिन इसमें आपका कोई कसूर नहीं है। अगर मैं आपकी जगह होता तो शायद मैंने भी यही किया होता। होटल का मैंनेजर होने के नाते ज्यादा से ज्यादा लाभ कमाना आपका प्रथम कर्तव्य है। क्योंकि अगर आप ऐसा नहीं करेंगे तो होटल का मालिक आपको नौकरी से निकाल देगा। चलिए, अब एक

कागज लाइए मैं आपको बताता हूँ कि किराया बढ़ाने से आपको क्या लाभ और हानि होंगे।

मैंने टेबल से एक कागज उठाया और उसके बीचोंबीच एक लाईन लगा दी, जिसके एक कॉलम में फायदे और दूसरे कॉलम में "नुकसान" का शीर्षक डाल दिया। फिर मैंने लाभ वाले कॉलम में लिखा "बॉलरूम फ्री"। मैंने उसे बताया, "डांस और सम्मेलन समारोहों के लिए आपका बॉलरूम हमेशा खाली रहेगा जिससे आपको बहुत फायदा होगा। क्योंकि इन आयोजनों से आपको ज्यादा किराया मिलेगा लेकिन अगर आप यह बॉलरूम भाषण के लिए किराए पर देते हैं तो आपको बहुत कम पैसे मिलेंगे। अगर मैं बीस रातों तक यहीं डेरा डाले बैठा रहूँगा तो निश्चित रूप से आपके हाथों बिज़नेस करने के कई फायदेमंद मौके हाथ से निकल जाएँगे।"

"चलो, अब एक नज़र नुकसान पर भी डाल लेते हैं। पहली बात तो यह कि आप मुझसे अपनी आमदनी बढ़ाने की बजाय घटा रहे हैं। क्योंकि आपने जितना किराया माँगा है, उतना देना मेरी पहुँच के बाहर है... मजबूरन मुझे अपना प्रोग्राम किसी और जगह आयोजित करना पड़ेगा। इसके अलावा आपको एक और बहुत भारी नुक्सान होगा... भाषण समारोह के बहाने बहुत से सुशिक्षित और सुसंस्कृत वर्गों के लोग आपके होटल में आते जिससे एक तो फ्री में आपके होटल का अच्छा-खासा विज्ञापन हो जाता और दूसरे जो आप इतने बड़े-बड़े अखबारों में अपने होटल के लिए विज्ञापन करने के लिए खर्चा करें, तो भी इतने लोग आपके होटल में नहीं आएंगे जितने कि इस व्याख्यानमाला के माध्यम से आ जाते। अब आप ही सोचिए क्या यह होटल के लिए अच्छी पब्लिसिटी नहीं है?"

मैंने कागज़ मैंनेजर को पकड़ाया और कहा, "मैं चाहूँगा कि आप अपने होटल को होने वाले फायदों और नुकसानों पर दुबारा से विचार कर लें और फिर अपना अंतिम निर्णय बता दें।"

अगले दिन मुझे उसका पत्र मिला जिसमें लिखा था कि मेरा किराया 300 प्रतिशत की बजाय केवल 50 प्रतिशत ही बढ़ाया गया है। पत्र पढ़कर

मुझे बहुत खुशी हुई। सबसे बड़ी हैरानी की बात तो यह थी कि मैंने किराया कम करने के बारे में उससे एक शब्द भी नहीं कहा था। मैंने सिर्फ सामने वाले व्यक्ति की रुचि के हिसाब से सोचा और उसे बताया कि वह अपनी मनचाही वस्तु कैसे हासिल कर सकता था।

मान लीजिए अगर मैं इसकी बजाय वही करता जो स्वाभाविक तौर पर बाकी सब लोग करते हैं, यानी बौखलाए हुए शेर की तरह उसके ऑफिस में घुस गया होता और ऊँची आवाज में गर्रा के कहता, "यह क्या तमाशा बना रखा है? मेरा किराया तीन गुना बढ़ाने का क्या मतलब हुआ? आप जानते हैं कि टिकट छप चुके हैं और प्रचार भी शुरू हो चुका है लेकिन फिर भी आपने ऐसी घटिया हरकत की? और वह भी तीन गुना किराया? यह तो सरासर ज्यादती है ... मैं इतना किराया हरगिज़ नहीं दूँगा।"

इस तरह दोनों तरफ गरमागरमी और तनातनी का माहौल बन जाता। ऐसे में बाकी के लोग आग में घी डालने के लिए आ जाते। इस तरह की बहस का अंत क्या होगा यह बताने की मुझे कोई आवश्यकता नहीं है। फिर चाहे मैं उससे उसकी गलती मनवा भी लेता, झूठे अहंकार के कारण वह कभी भी झुकने को तैयार नहीं होता।

हेनरी फोर्ड ने मानवीय संबंधों की व्यवहार-कुशलता पर एक बहुत सुंदर वक्तव्य दिया है। अगर सफलता पाने का कोई रहस्य है, तो वह यह कि हममें सामने वाले के नजरिए को समझने और प्रत्येक घटना को अपने नजरिए के साथ-साथ सामने वाले के नजरिए से देखने की क्षमता होनी चाहिए।

यह प्रक्रिया इतनी आसान है, कि पहली बार दोहराने पर ही सारी सच्चाई समझ आ जाती है, परंतु फिर भी दुनिया के नब्बे प्रतिशत से भी ज्यादा लोग इसे अनदेखा करते हैं। ज्यादा दूर मत जाइये... अपने डाक-बक्से में आए पत्रों का ही निरीक्षण कीजिए और देखिए उनमें से अधिकतर लोग आपको कॉमन सेंस के इन महत्त्वपूर्ण सिद्धांतों की धज्जियाँ उड़ाते मिल जाएंगे। अभी कुछ दिन पहले मुझे एक पत्र मिला जो कि एक एडवर्टाइजिंग एजेंसी के रेडियो डिपार्टमेंट के प्रमुख ने लिखा था। उसका बिजनेस लगभग पूरे महाद्वीप

में फैला हुआ है। उसने यह पत्र देश भर के सभी स्थानीय रेडियो स्टेशन के मैनेजर्स को भेजा था जिसमें उसने अपने बिजनेस के विकास और ग्राहकों की सुविधाओं संबंधी बातों का उल्लेख किया था। मैंने इस पत्र के हर पैराग्राफ के बारे में बैकेट में अपनी प्रतिक्रिया व्यक्त की है।

मिस्टर जॉन ब्लैक,

ब्लैकविले, इंडियाना,

डियर मिस्टर ब्लैक

कंपनी रेडियो के क्षेत्र में एडवर्टाइजिंग एजेंसी के शिखर पर अपनी स्थिति को बनाए रखना चाहती है।

(भाई साहब, यहां चिंता के मारे लोग चिता पर लेट रहे हैं और आपको अपनी कंपनी की पड़ी है। खैर, लोगों को इससे कोई फर्क नहीं पड़ता कि तुम या तुम्हारी कंपनी क्या चाहती है? मैं खुद मुसीबतों में घिरा हूँ, तो किसी दूसरे की परेशानियों से मुझे क्या लेना-देना। जहाँ एक तरफ बैंक ने कर्ज देने से मना कर दिया और वहीं दूसरी ओर स्टॉक मार्केट में भी कई दिनों से मंदा चल रहा है। सुबह दस मिनट आँख देर से क्या खुली कि सवा आठ बजे वाली गाड़ी छूट गई... बड़ी मुश्किल से धक्के खा-खाकर ऑफिस पहुँचा हूँ। कल रात जोन्स परिवार के यहां कोई फैमिली फंक्शन था, मगर जाने क्या बात है जो उन्होंने मुझे आमंत्रित नहीं किया। डॉक्टर कहता है कि मुझे हाई ब्लड प्रैशर, न्यूराइटिस और डैंड्रफ की शिकायत है। तरह-तरह के सवालों से दिमाग फटने को है और ऊपर से यह महाशय हज़ारों मील दूर बैठे अपनी डींगें हाँक रहे हैं कि उसकी कंपनी क्या चाहती है। बकवास !!! अगर उसे ज़रा भी अंदेशा होता कि उसके पत्र का दूसरों पर कितना बुरा प्रभाव पड़ेगा तो कब का एडवर्टाइजिंग का बकवास बिजनेस बंद करके किसी शीप-डिप बनाने के काम में लग गया होता।)

इस एजेंसी के राष्ट्रीय एडवर्टाइजिंग अकाउंटस नेटवर्क के आधारस्तंभ थे। हमारी एजेंसी विज्ञापन के क्षेत्र में बाकी सारी एजेंसियों को मात देकर आगे निकल चुकी है।

(अच्छा!! तो तुम्हारे कहने का मतलब है कि तुम दुनिया के सबसे बड़े, सबसे अमीर और नंबर वन आदमी हो... होगे अमीर लेकिन मुझे तुममें या तुम्हारी दौलत में कोई दिलचस्पी नहीं है। लोगों की नजरों में चाहे तुम अमेरिका के जनरल मोटर्स के मालिक बन जाओ या फिर अमेरिका के राष्ट्रपति, लेकिन मेरी नजरों में तुम वहीं कम अक्ल इंसान हो, जिसे इतना भी एहसास नहीं है कि मेरी रुचि इस बात में है कि मैं कितना बड़ा हूँ, न कि इस बात में कि तुम कितने बड़े हो। तुम्हारी इस कामयाबी के चर्चे सुन-सुनकर मेरे कान पक गए हैं.. ऐसा लग रहा है जैसे मैं दुनिया का सबसे छोटा और महत्त्वहीन व्यक्ति हूँ।)

हम चाहते हैं, कि रेडियो द्वारा अपने ग्राहकों को बेहतरीन सेवाएँ प्रदान की जाएँ।

(तुम चाहते हो!! ओह शिट् यार!! तुम जैसे झूठे मक्कार और धोखेबाज इंसान के मुँह से ऐसी बातें शोभा नहीं देती। तुम जैसा स्वार्थी इंसान जिसे अपने बारे में ही सोचने से फुर्सत नहीं, वह दूसरों के बारे में कैसे सोच सकता है। तुम क्या चाहते हो या अमेरिका का राष्ट्रपति क्या चाहता है... इसमें मुझे कोई दिलचस्पी नहीं है। मुझे मतलब है तो सिर्फ अपने आपसे.... और मैं वही करता हूँ जो मुझे अच्छा लगता है। लेकिन बदकिस्मती से तुमने अपने इस बकवास ख़त में मेरे फायदे लायक कोई बात नहीं लिखी है।)

इसलिए क्या आप कंपनी का नाम साप्ताहिक स्टेशन की जानकारी अपनी विशेष सूची में जोड़ेंगे? बुद्धिमतापूर्ण बुकिंग टाईम के लिए विस्तृत जानकारी एजेंसी के लिए उपयोगी सिद्ध होगी।

(क्या कहा? विशेष सूची। अरे!! तुमने सोच भी कैसे लिया कि मैं तुम्हारी इस बकवास सी कंपनी का नाम अपनी विशेष सूची में लिखूंगा। शुरू से लेकर अब तक तुम केवल अपनी कंपनी की महिमा का ही गुणगान किए जा रहे हो। ऐसा करते वक्त तुमने यह भी नहीं सोचा कि इससे मेरे स्वाभिमान को कितनी चोट पहुँची होगी और अब तुम मुझसे यह अपेक्षा करते हो कि मैं तुम्हारी कंपनी का नाम अपनी विशेष सूची में लिखूं। नहीं, कदापि नहीं। और

तो और, तुमने इस घटिया से आग्रह पत्र के साथ "कृपया' लिखने का कष्ट भी नहीं किया। इतनी सारी गलतियाँ करने के बाद तुम कैसे उम्मीद कर सकते हो कि मैं तुम्हारी बात मानूंगा।)

इस पत्र की तत्काल पावती भेजें और बताएँ कि आप वर्तमान में क्या कर रहे हैं? आशा है कि पारस्परिक सहयोग से हम दोनों को ही लाभ होगा।

(अरे बेवकूफ ! तुम खुद को समझते क्या हो? तुम्हें क्या लगता है कि तुमने ये घटिया-सा बे सिर-पैर का पत्र लिखकर मुझे खरीद लिया है। एक तरफ तो मैं अपने कर्जे और ब्लड प्रेशर को लेकर चिंतित हू और उस पर तुम उम्मीद कर रहे हो कि मैं तुम्हारे पत्र का जवाब भेजू और वह भी तुरंत...... पुअर जोक !!! वैसे तुरंत से तुम्हारा क्या अभिप्राय है? मैं क्या हर वक्त तुम्हारे लिए खाली बैठा रहता हूँ.. मुझे कोई काम-धंधा नहीं है क्या?? मिस्टर, एक बात बता दूँ ... जितने व्यस्त तुम हो...उससे कहीं ज्यादा मैं हूँ। और फिर अगर मैं व्यस्त न भी हूँ तो यह मेरी मर्ज़ी कि मैं तुम्हें पत्र लिखूं या न लिखूं! तुम मुझे बताने वाले होते कौन हो?... पत्र में अब तक तुमने सिर्फ एक बात ढंग की लिखी है कि इससे हम दोनों को लाभ होगा। खैर, जानकर खुशी हुई कि तुमने कुछ तो मेरे नज़रिए से सोचा। परंतु मुझे क्या लाभ होगा, इसके बारे में तो तुमने भी स्पष्ट रूप से कुछ नहीं बताया।)

आपका,
जॉन डो
मैनेज़र, रेडियो डिपार्टमेंट

पुनश्चः ब्लैकविले जनरल से संलग्न रिप्रिंट आपको पसंद आएगा और आप इसे अपने रेडियो स्टेशन पर ब्रॉडकास्ट करवाना पसंद करेंगे।

(आखिरकार, पुनश्च : वाले कॉलम में तुमने कुछ तो ऐसा लिखा जो मेरे काम का है। वैसे इस बात का ज़िक्र तुमने पहले क्यों नहीं किया? कहीं ऐसा तो नहीं कि तुम्हें इन सब बातों का पता ही न हो? नहीं, मुझे नहीं लगता कि इतने बड़े

आदमी होकर भी तुम ऐसी छोटी-मोटी ज़रूरी बातों को जानते नहीं होगे। लेकिन अब इन सब का कोई फायदा नहीं है। क्योंकि ऐसी गलती करने वाला व्यक्ति मेरी नज़रों में किसी गुनहगार से कम नहीं होता। तुम्हें इस बात की चिंता करने की कोई आवश्यकता नहीं है कि हम वर्तमान में क्या कर रहे हैं या क्या करेंगे? हो सके तो अपनी थायरॉइड ग्लैंड में थोड़ी सी आयोडीन मिला लेना।)

बड़े दु:ख के साथ यह कहना पड़ रहा है कि अगर एडवर्टाइजिंग की दुनिया में काम करने वाले लोग ही ऐसी घटिया और बकवास चिट्ठी लिखेंगे तो फिर हम बूचर और ऑटो मैकेनिक जैसे साधारण इंसानों से क्या उम्मीद कर सकते हैं?

यहाँ एक और पत्र है जो एक बड़े फ्रेंट टर्मिनल के सुपरिंटेंडेंट ने हमारे कोर्स के एक स्टूडेंट एडवर्ड वर्मिलन को लिखा था। आप सोच भी नहीं सकते कि उस पत्र को पढ़ने के बाद वर्मिलन पर क्या प्रभाव पड़ा होगा? बेहतर होगा कि पहले आप खुद ही उस पत्र को पढ़ लें ताकि मैं बाद में विस्तारपूर्वक गलतियाँ निकाल सकूं।

झेरेगाज सन्स, इंक. ए.
28 फ्रंट स्ट्रीट,
ब्रुकलिन, न्यूयॉर्क 11201

प्रति : मिस्टर एडवर्ड वर्मिलन

महोदय,

चूंकि हमारे ग्राहक अपना अधिकांश माल शाम को भिजवाते हैं। इसीलिए उस माल को बाहर भिजवाने में हमें काफी दिक्कतों का सामना करना पड़ता है। शाम के वक्त यहां बहुत ज़्यादा भीड़ हो जाती है जिससे हमारे कर्मचारियों को ओवरटाइम करना पड़ता है और ट्रकों को माल की डिलीवरी के लिए निकलने में बहुत देरी हो जाती है। अभी पिछली बार की बात को ही ले लीजिए। 10 नवंबर को आपकी कंपनी ने 510

वस्तुओं का लॉट भेजा था, जो कि शाम को करीब 4:20 पर हमारे पास पहुँचा। इससे माल को उतारने और डिलिवर करने में देरी हो गई। मैं आशा करता हूँ कि आप इस समस्या से निबटने में हमारा सहयोग करेंगे। निवेदन है कि जब कभी आपको माल मिजवाना हो तो कोशिश करें कि आपका ट्रंक हमारे यहां जल्दी पहुँच जाए या फिर आप माल का कुछ हिस्सा सुबह भिजवा दें।

इस तरह की व्यवस्था से आपको यह लाभ होगा कि आपके ट्रंक जल्दी खाली हो जाएंगे और आपको यह निश्चिंतता भी होगी कि आपका माल सही समय पर उसी दिन रवाना हो जाएगा।

आपका,

जे-बी-सुपरिंटेंडेंट

इस पत्र को पढ़कर मिस्टर टर्मिनल को बहुत हैरानी हुई और उन्होंने इस पत्र की जवाबी कार्रवाई में मुझे एक पत्र लिख कर भिजवाया जिसे मैं उन्हीं के शब्दों में आपको पढ़कर सुनाता हूँ: "उनके पत्र को पढ़कर जहाँ एक तरफ मुझे उन पर तरस आ रहा था, वहीं दूसरी तरफ गुस्सा भी आ रहा था। पत्र की शुरुआत में उन्होंने अपनी जिन समस्याओं का रोना रोया, उनमें मेरी ज़रा भी दिलचस्पी नहीं थी। फिर उन्होंने हमसे सहयोग माँगा जो कि पूर्णतः अनुचित था, क्योंकि हम ग्राहक हैं और ग्राहकों की माँगों को पूरा करना उनका सर्वप्रथम कर्तव्य है। अगर वे अपने कार्यों के लिए हमसे सहयोग माँगेंगे तो हमें उनसे काम करवाने का क्या फायदा? सबसे आखिर में उन्होंने लिखा था कि अगर हम सहयोग करेंगे तो इससे हमें यह फायदा होगा कि हमारा माल उसी दिन तत्काल रवाना हो जाएगा।

अर्थात् जिस बात में हमारी सबसे ज़्यादा रुचि थी उसने उसे पत्र के सबसे आखिर में लिखा जिससे पत्र का सकारात्मक प्रभाव पड़ने की बजाय नकारात्मक प्रभाव पड़ा।

चलिए, अब हम देखते हैं कि इस पत्र में हम कैसे और क्या बदलाव कर सकते हैं? ज़्यादा समय न गंवाते हुए हम हेनरी फोर्ड की महत्त्वपूर्ण हिदायत "सामने वाले के नजरिए को समझना और किसी खास घटना को अपने और सामने वाले के नज़रिए से देखने का प्रयास करना" का ध्यान रखेंगे।

मैंने इस पत्र को एक दूसरे तरीके से लिखा है। हो सकता है कि यह बहुत ज़्यादा अच्छा न हो, लेकिन पहले वाले पत्र से बेहतर ज़रूर है। बाकी आखिरी फैसला आप पाठकों पर छोड़ता हूँ।

मिस्टर एडवर्ड वर्मिनल,

ए. झेरेगाज सन्स, इंक.

28 फ्रंट स्ट्रीट, बुकलिन, न्यूयॉर्क

आपकी कंपनी के साथ हमारा पिछले चौदह साल का रिलेशन है। आपको हमारी सेवाएँ बेहद पसंद आईं... इसके लिए हम तहे दिल से आपके आभारी हैं। आप सब के प्रेम और विश्वास को देखते हुए हमने तय किया है कि हम आपको इससे भी बेहतर और तीव्र सेवाएँ प्रदान करें जिससे कि आपको अत्यधिक लाभ के अवसर प्राप्त हों। परंतु इसके लिए आपके सहयोग की आवश्यकता होगी.... आशा है कि आप हमारे अनुरोध को सहमति प्रदान करेंगे। दरअसल एक दिक्कत है जिसे लेकर हम आपसे सहयोग चाहते हैं। आपके ट्रक शाम को देरी से माल लेकर यहां पहुँचते हैं तो हमारे लिए उसी वक्त माल को डिलिवर करना मुमकिन नहीं हो पाता, क्योंकि हमारे कई दूसरे ग्राहक भी शाम को देर से अपना माल भिजवाते हैं। जाहिर सी बात है कि इससे यहां बहुत भीड़ हो जाती है। परिणामस्वरूप आपके ट्रकों को यहां पर बेवजह ज्यादा देर तक रुके रहना पड़ता है और इससे कई बार माल की डिलीवरी करने में भी देरी हो जाती है।

आपके शुभचिंतक होने के नाते आपको नुक्सान से बचाना हमारा पहला मुख्य कर्तव्य है। अतः अगर आप माल सुबह के समय पहुँचा दें तो इससे आपके ट्रक भी जल्दी खाली हो जाएँगे और आपका माल भी बिना

किसी देरी के उपभोक्ताओं के पास पहुँच जाया करेगा जिससे हमारे कर्मचारी भी आपके बनाए मैकरॉनी और नूडल्स का आनंद लेने के लिए जल्दी घर पहुँच जाया करेंगे।

वैसे आपका माल कभी भी आए, हमें कोई परेशानी नहीं। आपको शीघ्रतम-शीघ्र सेवाएँ प्रदान करने में हमें बहुत खुशी होगी।

आप बहुत व्यस्त होंगे। इसीलिए कृपया इस पत्र का जवाब देने का कष्ट न करें।

आपका,

जे- बी-सुपरिंटेंडेंट

बारबरा एंडरसन जो कि न्यूयॉर्क के एक बैंक में कार्यरत थी. अपने बच्चे की स्वास्थ्य संबंधी समस्याओं के कारण न्यूयॉर्क छोड़कर फीनिक्स, एरिजोना में शिफ्ट होना चाहती थी। वह हमारे कोर्स में बताए गए सिद्धांतों से बहुत प्रभावित थी। इन्हीं सिद्धांतों को प्रयोग में लाते हुए उसने फीनिक्स के बारह बैंकों को एक पत्र लिखा जो कि निम्न प्रकार है:

डियर सर,

आपके बैंक की लोकप्रियता के सामने शायद मेरे दस वर्ष का अनुभव बहुत कम होगा। परंतु मुझे बताते हुए खुशी हो रही है कि मैं न्यूयॉर्क की बैंकर्स ट्रस्ट कंपनी में ब्रांच मैनेज़र के वर्तमान पद तक आते-आते कई महत्त्वपूर्ण पदों पर काम कर चुकी हूँ। जिस कारण मुझे बैंकिंग के सभी पहलुओं जैसे क्रेडिट, लोन, टेलर और प्रशासन का काफी अच्छा ज्ञान है।

मैं मई में फीनिक्स में रहने के लिए आ रही हूँ और मुझे यकीन है, कि मैं आपके बैंक के विकास और लाभ में अपना उचित योगदान दे सकती हूँ। उम्मीद है कि आप मुझे मेरी सेवाएँ देने का एक मौका अवश्य देंगे।

धन्यवाद,

बारबरा एल. एंडरसन

आपको क्या लगता है मिसेज़ एंडरसन को इस पत्र का क्या जवाब मिला होगा? क्या उन्हें नौकरी मिल गई होगी? जी हां, बारह में से ग्यारह बैंकों ने तत्काल ही उन्हें इंटरव्यू लेटर भेजा। क्योंकि मिसेज़ एंडरसन ने पत्र में अपनी किसी माँग का उल्लेख नहीं किया था, बल्कि उन्होंने बैंक की मदद करने की पेशकश की थी। इस दौरान उन्होंने अपना पूरा ध्यान उनकी इच्छाओं पर दिया, न की अपनी इच्छाओं पर। बैंक मिसेज़ एंडरसन की व्यवहार कुशलता से इतना अधिक प्रभावित हुआ कि उन्होंने मिसेज़ एंडरसन को पहले की अपेक्षा अधिक सैलरी की पेशकश भी की। इसके अतिरिक्त मिसेज़ एंडरसन के पास कई विकल्प थे, वे नौकरी के लिए अपनी पसंद का बैंक चुन सकती थी।

आपको हज़ारों सेल्समैन निराश, हताश और अपर्याप्त वेतन का शिकार फुटपाथों पर घूमते मिल जाएंगे। उनकी बेरोज़गारी का एक खास कारण है- उनकी सीमित सोच। क्योंकि वे हमेशा यही सोचते हैं कि उन्हें किस चीज की जरूरत है? यह कभी नहीं सोचते कि दूसरे लोग क्या चाहते हैं? थोड़ी सी समझदारी दोनों की समस्या सुलझाने में लाभदायक हो सकती है। अगर सेल्समैन अपने माल या सेवाओं के बारे में हमें पूरी जानकारी दें और बताएं कि इनसे लोगों को क्या फायदा होगा तो उन्हें अपना सामान बाहर बेचने जाने की जरूरत ही नहीं पड़ेगी... हम अपने आप उनका सामान खरीदेंगे। इसके अलावा जब भी वे अपना सामान बेचें तो इस तरह से प्रतिक्रिया न दें जिससे कि ग्राहक को यह लगे कि उन्हें सामान बेचा जा रहा है, बल्कि उन्हें यह लगना चाहिए कि वे सामान खरीद रहे हैं।

बहुत से सेल्समैन अपने प्रॉडक्ट को लेकर इतने उत्साहित होते हैं कि परिस्थितियों को ग्राहक के नज़रिए से न देख पाने की गलती कर बैठते हैं। मैं आपको इसका एक स्पष्ट उदाहरण बताता हूँ: पिछले कई सालों से मैं अपने परिवार के साथ ग्रेटर न्यूयॉर्क की एक छोटी सी फॉरेस्ट हिल्स कॉलोनी में रहता था। एक दिन जब मैं अपने ऑफिस की तरफ जा रहा था तो रास्ते में मेरी मुलाकात एक रियल एस्टेट ऑपरेटर से हुई जो कि बरसों से उसी इलाके में प्रॉपर्टी डीलर का काम कर रहा था। उसे फॉरेस्ट हिल्स की काफी अच्छी

जानकारी थी। मैंने उसे रोका और पूछा कि मेरा घर किस चीज़ से बना है... मैटल, लैथ से या हॉलो टाइल से। लेकिन उसने बेरुखी से जवाब दिया कि उसे नहीं मालूम। फिर उसने बताया कि यह जानकारी मुझे फॉरेस्ट हिल्स गार्डन एसोसिएशन से मिल सकती है जो कि मैं पहले से ही जानता था। अगले दिन मुझे उसका पत्र मिला। क्या उसने पत्र में मुझे मनचाही जानकारी दी? अगर वह चाहता तो एक मिनट में मुझे सारी जानकारी ला कर दे सकता था परंतु उसने ऐसा करना ज़रूरी नहीं समझा। पत्र में उसने मुझसे आग्रह किया कि मैं उससे अपना बीमा करवा लूं।

दरअसल मेरी मदद करने का उसका कोई इरादा नहीं था। वह पत्र भी उसने केवल अपना मतलब निकालने के लिए लिखा था। मैं उसका अभिप्राय अच्छे से समझ गया था इसीलिए मैंने भी उसे भाव नहीं दिया।

बर्मिंघम, अलाबामा के जे. हॉवर्ड ल्यूकास ने हमें एक ही कंपनी के दो सेल्समैन्स के बारे में बताया जिन्होंने एक ही तरह की स्थिति में अलग-अलग तरह से काम किया।

"कई साल पहले मैं एक कंपनी में मैंने जमेंट कॉपरेटर के रूप में काम करता था। हमारे ऑफिस के नजदीक ही एक काफी बड़ी बीमा कंपनी का डिस्ट्रिक्ट हेडक्वार्टर था। कंपनी वालों ने इलाकों को एजेंटों में बॉट रखा था। हमारी कंपनी भी दो एजेंटों के हिस्से में आई, जिनमें से एक का नाम कार्ल और दूसरे का जॉन था।"

"एक सुबह कार्ल हमारे ऑफिस आया और बातों-बातों में हूँ ही उसने अपनी बीमा कंपनी का जिक्र करते हुए बताया कि उसकी कंपनी ने हाल ही में एक नई बीमा पॉलिसी शुरू की है जो एक्ज़ीक्यूटिव्ज़ के लिए फायदेमंद साबित हो सकती है। जब हमने उससे डिटेल में जानकारी माँगी, पहले तो उसने थोडा टाल-मटोल किया और फिर कहा कि अभी डिटेल्स आने में वक्त लगेगा। इस तरह वह बात को आधी-अधूरी छोड़कर भाग गया।"

"उसी दिन, जब हम कॉफी ब्रेक के बाद वापिस ऑफिस लौट रहे थे तो जॉन रास्ते में मिला। उसने दूर से ही मुझे आवाज लगाई और कहाँ, 'ल्यूक, जरा ठहरो। मेरे पास आप सब लोगों के लिए एक बढ़िया खबर है जिसे सुनकर आप सबका दिल बाग-बाग हो जाएगा।" उसने उत्साहित होकर बताया कि उसकी कंपनी ने एक बेहतरीन बीमा पॉलिसी शुरु की है। बीमा पॉलिसी का नाम सुनकर मुझे कार्ल की बात याद आ गई। वह भी किसी बीमा पॉलिसी का ज़िक्र कर रहा था। फिर जॉन ने कहा कि क्यों न हम भी उसके पहले ग्राहक बन जाएँ। उसने हमें कवरेज की सारी जानकारी दी और बताया कि यह पॉलिसी अभी नई है, इसीलिए मैं कल ही ऑफिस से इसकी सारी जानकारी ला कर आपके दे दूँगा। तब तक हम सारी औपचारिकताएं पूरी करके और आवेदन पर हस्ताक्षर करके कंपनी को भिजवा दें, ताकि कंपनी व्यक्तिगत रूप से अपनी सारी जानकारी दे सके। हालांकि हमारे पास पॉलिसी की पर्याप्त जानकारी नहीं थी, लेकिन जॉन के उत्साह और रोमाँच को देखकर हमारा उस पर विश्वास बढ़ गया था। अगले दिन जब हमें पूरी जानकारी मिली तो यह ज्यादातर जॉन की बताई जानकारी के मुताबिक ही थी। हम जॉन की निष्ठा और लगन से बहुत प्रभावित हुए। इसका परिणाम यह हुआ कि हमारे ऑफिस का प्रत्येक व्यक्ति उसका ग्राहक बन गया।

कार्ल अगर चाहता तो हमें यह पॉलिसी बेच सकता था, परंतु उसने ऐसा नहीं किया। क्योंकि उसमें पॉलिसी के प्रति हमारी इच्छा-शक्ति को जागृत करने की क्षमता नहीं थी या फिर आप कह सकते हैं कि उसने ऐसा करने का प्रयास ही नहीं किया।

प्रसिद्ध वकील और अमेरिका के महान् बिज़नेसमैन ओवेन डी. यंग ने एक बार कहा था, जो लोग खुद को दूसरों की जगह रखने में सक्षम होते हैं और जो दूसरों के दिलो-दिमाग में चल रही प्रतिक्रिया से भली-भांति परिचित होते हैं, उन्हें अपने भविष्य की चिंता करने की कोई आवश्यकता नहीं होती।

इस पुस्तक का केवल एक गुण आपके करियर को आसमान की बुलंदियों तक ले जा सकता है और वह है- "दूसरों के नजरिए से सोचना। परिस्थितियों

को दूसरे व्यक्ति के नज़रिए से देखने का यह मतलब नहीं कि आप सामने वाले का शोषण करना चाहते हैं। बल्कि यह एक स्वार्थरहित समझौता है, जिसमें न तो किसी को नुकसान होता है और न ही आपको फायदा। मिस्टर वर्मिनल ने पत्र में लिखे सुझावों पर अमल किया जिससे उसे और सुपरिंटेंडेंट दोनों को लाभ हुआ। बैंक और मिसेज़ एंडरसन दोनों को ही उस पत्र से लाभ हुआ। बैंक को एक कार्यकुशल कर्मचारी मिल गया और मिसेज़ एंडरसन को एक अच्छी नौकरी बीमा पॉलिसी में कंपनी वालों ने जॉन को मिस्टर ल्यूकास के बीमे का पर्याप्त कमीशन दिया और मिस्टर ल्यूकास को भी एक सुरक्षित बीमा पॉलिसी मिल गई। इस प्रकार सब ने आपसी सहयोग से फायदा प्राप्त किया।

माइकल वारविक रोड आइलैंड में इस कंपनी का टेरिटरी सेल्समैन है। माइक की दिली ख्वाहिश थी कि अपने जिले का नंबर वन सेल्समैन बने, परंतु एक सर्विस स्टेशन के कारण उसे आगे बढ़ने का मौका नहीं मिल रहा था। इस स्टेशन का मालिक एक वृद्ध व्यक्ति था और अपने पुराने दकियानूसी विचारों के कारण वह इसके आधुनिकीकरण के लिए राजी नहीं हो रहा था। स्टेशन की खस्ता हालत के कारण बिक्री निरंतर घटती जा रही थी।

माइक जब भी स्टेशन के आधुनिकीकरण की बात करता तो मैनेज़र उसे अनसुना कर देता। कई प्रयासों और लंबी चर्चाओं के बाद जब समस्या का कोई हल नहीं निकला तो माइक ने मैनेज़र को अपने इलाके का सबसे नया शेल स्टेशन दिखाने का फैसला किया।

नए स्टेशन की व्यवस्था और सुविधाओं से मैनेज़र बहुत खुश हुआ। कई महीनों बाद जब माइक उससे मिलने गया तो उसके आश्चर्य का कोई ठिकाना न रहा। मैनेज़र ने अपने कई स्टेशनों का आधुनिकीकरण करवा लिया था जिससे उसकी आमदनी पहले की अपेक्षा कई गुना बढ़ गई थी। धीरे-धीरे सारे जिले में स्टेशनों का नवीनीकरण हुआ और माइक अपने जिले का नंबर वन स्पॉट ब्वॉय बन गया। खयाली पुलाव और मनगढ़ंत कहानियाँ गढ़ने से बेहतर है अपने लक्ष्य को ध्यान में रखते हुए कोई उचित कदम उठाया जाए।

माइक की दृढ प्रतिज्ञा ने उसे उसका मकसद पूरा करने में सहायता की जिससे उन दोनों को फायदा हुआ।

व्यक्ति के लिए ज्ञान की बातें केवल पढ़ना या सुनना ही अनिवार्य नहीं होता, बल्कि जब तक वह इस ज्ञान को अपने दैनिक जीवन में अपना न ले तब तक उसका सारा ज्ञान अधूरा और निरर्थक होता है। अधिकाशंतः विद्यार्थी स्कूलों में जाते हैं और वर्जिल पढ़ना सीख लेते हैं या फिर कैलकुलस के रहस्य जान लेते हैं परंतु वे यह कभी नहीं जान पाते कि उनका मस्तिष्क काम कैसे करता है। प्रोफेसर ओवरस्ट्रीट का कहना है कि किसी काम को करने से पहले सामने वाले व्यक्ति में काम करने की प्रबल इच्छा-शक्ति जागृत करना बहुत आवश्यक है।

हमारे ट्रेनिंग कोर्स का एक स्टूडेंट अपने बच्चे की तबीयत को लेकर बहुत परेशान था। बच्चा न तो वह ठीक ढंग से खाता-पीता था और न ही खेलता-कूदता था जिस कारण उसका वजन दिन-प्रतिदिन गिरता जा रहा था। बाकी के दूसरे माता-पिता की तरह उसके माता-पिता भी हर समय उसे डांटते-फटकारते और अपनी-अपनी ख्वाहिशें उस पर थोपते रहते। 'मम्मी चाहती है कि तुम यह खाओ' और 'पापा चाहते हैं कि तुम जल्दी से बड़े हो जाओ'। इन बातों का बच्चे की मानसिकता पर बहुत बुरा प्रभाव पड़ा और वह डरा-सहमा सा रहने लगा।

क्या किसी ने बच्चे से जानना चाहा कि वह क्या चाहता है? क्या किसी ने उसकी मासूम इच्छाओं पर ध्यान दिया? नहीं। किसी ने बच्चे की बातों को गंभीरता से नहीं लिया।

कोई भी अक्लमंद इंसान तीन साल के छोटे बच्चे से यह उम्मीद कतई नहीं रखेगा कि वह अपने तीस साल के पिता के नज़रिए को समझ पाए। यही भूल उसके पिता ने की। ट्रेनिंग क्लास में मानव-व्यवहार के सिद्धांतों का अध्ययन करने के बाद उसे अपनी गलती का एहसास हुआ। उसे ज्ञात हुआ कि किसी दूसरे की इच्छा को अपनी इच्छा बनाना बहुत आसान है, लेकिन अपनी इच्छा को किसी दूसरे की इच्छा बनाना बहुत मुश्किल है।

फिर उसने स्वयं का नज़रिया बदला और एक पिता की तरह सोचना शुरू कर दिया जिससे उसके लिए समस्या का समाधान ढूंढना बहुत आसान हो गया। बच्चे के पास एक तिपहिया साइकिल थी और उसे अपने घर के सामने सड़क पर साइकिल चलाना बहुत पसंद था। उसके पड़ोस में एक बड़ा बच्चा रहता था। जो अक्सर उसकी साइकिल छीन कर खुद चलाने लगता। छोटा और कमजोर होने के कारण बच्चा उसका विरोध न कर पाता और रोने लगता। फिर वह अपनी माँ के पास जाकर उसकी शिकायत करता और माँ उस बड़े बच्चे से साइकिल छुड़वा कर दे देती। ऐसा लगभग रोज होता जिससे बच्चे को घर से बाहर निकलने में भी डर लगने लगा था।

बच्चे का मन बहुत ही कोमल, सरल और निष्कपट होता है, जिसे समझना बहुत आसान है। थोड़ा सा प्रेमपूर्ण व्यवहार ही उसको आपकी तरफ आकर्शित करने में सहायक हो सकता है। कई बार उस लड़के की बदमाशी देखकर बच्चे को गुस्सा आ जाता और मन करता कि उसके मुँह पर जोर का घूंसा दे मारूं। उसके पिता उसकी इस मनोदशा से भली-भांति परिचित थे। एक दिन उसने उसे बुलाया और गोद में बिठाकर इधर-उधर की बातें करनी शुरू कर दी। उसने उसे समझाया कि अगर वह सही ढंग से खाना खाएगा तो उसमें बहुत सारी ताकत आ जाएगी और जिससे कि वह उस गुंडे को पीट कर अपना बदला ले सकेगा। अपने पिता की प्रेमपूर्वक समझाई गई बातें ब्रुकलिन के दिमाग में अच्छी तरह से बैठ गई और फिर उसने जल्दी से जल्दी ताकतवर बनने के लिए अपनी माँ के बताए अनुसार खाना खाना शुरू कर दिया। पालक, हरी सब्जियाँ, फल-दूध जैसी चीजों को देखकर जहाँ पहले वह नाक- मुँह चिढ़ाया करता था, अब वही सब उसका पसंदीदा खाना बन गया क्योंकि वह जल्दी से बड़ा होना चाहता था ताकि वह अपने अपमान का बदला ले सके और अपने अधिकारों की रक्षा कर सके।

एक समस्या के समाधान के बाद माता-पिता ने उसकी दूसरी समस्या पर ध्यान दिया। बच्चे की रात को बिस्तर गीला करने की आदत थी। वह रात को अपनी दादी के साथ सोता था। सुबह जब दादी उठती तो बैड की चादर के

साथ-साथ उसके कपड़े भी गीले होते। फिर वह बच्चे को उठाती और कहती, "जॉनी, देखो, तुमने आज फिर बिस्तर में सू-सू कर दिया।"

इस पर वह जवाब देता, "नहीं, दादी। मैंने सू सू नहीं किया। आपके कपड़े गीले हैं तो आपने ही किया होगा।"

बच्चे की यह आदत उसके माता-पिता को बिल्कुल भी पसंद नहीं थी। उनके लाख समझाने, डांटने, चीखने-चिल्लाने और बार-बार उसे शर्मिंदा करने से भी उसकी यह आदत नहीं छुट रही थी। उनके सामने एक बड़ा सवाल था कि बच्चे के मन में बिस्तर गीला न करने की इच्छा कैसे पैदा करें? काम मुश्किल था, मगर असंभव नहीं। फिर उन्होंने इस समस्या को भी पहली वाली समस्या की तरह सुलझाने का फैसला किया।

उन्होंने बच्चे की हरकतों पर बारीकी से नज़र रखनी शुरू कर दी और कुछ ही दिनों में वे उसकी पसंद-नापसंद से अच्छी तरह वाकिफ हो गये। बच्चे को अपनी दादी की तरह नाइटगाऊन पहनना पसंद नहीं था, बल्कि वह तो अपने पापा की तरह पजामा पहन कर बड़ा बनना चाहता था। दूसरी बात वह अपना अलग बिस्तर चाहता था। दादी उसकी रात की हरकतों से परेशान हो गई थी इसीलिए उन्होंने बच्चे से वायदा किया कि अगर वह रात को बिस्तर गीला करने की आदत छोड़ देगा तो वह उसे नया पजामा दिला देगी और उसके लिए नया बैड भी लगवा देगी।

दोपहर बाद उसकी माँ उसे एक डिपार्टमेंटल स्टोर ले गई और सेल्सगर्ल को इशारा करते हुए बोली, "यह छोटे महाशय अपने लिए कुछ शॉपिंग करना चाहते हैं। क्या आप इनकी मदद करना पसंद करेंगी?"

सेल्सगर्ल बच्चे की तरफ देखकर मुस्कुराई और बोली, "कहिए यंग मैन, मैं आपकी क्या सेवा कर सकती हूँ?"

अपने लिए "यंग मैन" का संबोधन सुनकर वह छाती चौड़ी करके खड़ा हो गया और बोला, "मुझे अपने लिए एक बैड खरीदना है।"

उसकी माँ ने चुपके से एक बिस्तर पहले ही पसंद कर लिया था। इसीलिए उसने सेल्सगर्ल को आँख के इशारे से बिस्तर दिखाया और बच्चे को इसे पसंद करवाने के लिए कहा। सेल्सगर्ल ने बच्चे को वह बिस्तर दिखाया और इसकी खूबियाँ गिनाने लगी। ब्रुकलिन उसकी मीठी-मीठी बातों से सहमत हो गया।

अगले दिन बिस्तर उसके घर पहुँच गया। शाम को जब उसके पिता ऑफिस से घर लौटकर आए तो ब्रुकलिन खुशी से दौड़ता हुआ दरवाजे पर गया और बोला, "डैडी! डैडी! ऊपर आओ, देखो मेरा नया विस्तर आ गया। मैंने इसे खरीदा है। अब में बड़ा हो गया हूँ, इसलिए अब मैं अलग सोया करूंगा।"

पिता ने बिस्तर देखा और चार्ल्स श्वाब की सलाह का पालन करते हुए उसने बिस्तर की दिल खोलकर तारीफ की और बधाई देते हुए पूछा, "अच्छा, अब यह बताओ कि तुम इस नये बिस्तर को गीला तो नहीं करोगे?"

बच्चे ने उत्साहित होकर कहाँ, "अरे नहीं! अपने नये बिस्तर को गीला करने का तो सवाल ही नहीं उठता।" बच्चे ने अपना वादा निभाया चूंकि इससे उसकी इच्छा और गर्व जुड़ा हुआ था। उसने अपने लिए अपनी पसंद का नया बिस्तर खरीदा था और अपना नया पायजामा पहन कर सोया था। दरअसल उसे अपने आप में एक बड़े आदमी के व्यक्तित्व की झलक नज़र आने लगी थी।

के. टी. डचमैन एक टेलीफोन इंजीनियर थे। उनकी तीन साल की बेटी नाश्ता करने में बहुत नखरे करती थी। डचमैन बिना कोई जबरदस्ती किए उसे खुद-ब-खुद खाना खाने के लिए राजी करना चाहते थे, परंतु उन्हें समझ नहीं आ रहा था कि वे उसके मन में खाने की इच्छा पैदा कैसे करें?

बच्चे नकलची बंदर होते हैं, यह बात तो आप सब अच्छे से जानते हैं। इस छोटी बच्ची को भी अपनी माँ की नकल करने में बड़ा मजा आता था। इसीलिए एक दिन डचमैन ने उसे किचन में कुर्सी पर बिठा दिया और उसे खुद

अपना नाश्ता बनाने दिया। थोड़ी देर बाद जब उसके पिता किचन में आए तो बच्ची ने उत्साहित होकर कहाँ, "देखो, डैडी आज मैं अपना नाश्ता खुद बना रही हूँ।"

इस तरह उस दिन उसने बिना किसी डांट-डपट के दो बार नाश्ता किया, क्योंकि उसकी नाश्ता बनाने में बहुत रुचि थी। इसी रुचि ने उसे महत्वपूर्ण होने का अहसास दिलाया।

विलियम विन्टर का मानना था, "आत्म-अभिव्यक्ति मानवीय व्यक्तित्व की सबसे बड़ी आवश्यकता है।" इस मनोवैज्ञानिक सूत्र को अपने बिज़नेस में लागू करने का सबसे आसान और कार्यकारी तरीका है कि जब कभी हमारे दिमाग में कोई बढ़िया विचार आए तो इसे अपने विचारों के रूप में लोगों के सामने पेश करने की बजाय कोई ऐसा उपाय करें जिससे कि सामने वाले के दिमाग में वही विचार अपने आप आ जाए। अपने विचार सबको प्रिय होते हैं, इसलिए आपको उन्हें अपनी बात मनवाने के लिए बाध्य भी नहीं करना पड़ेगा और आपका मतलब भी निकल जाएगा।

जिस व्यक्ति में दूसरों के मन में प्रबल इच्छा-शक्ति जागृत करने की क्षमता होती है, वह दुनिया का सबसे कामयाब इंसान होता है।

सिद्धांत - 3

सामने वाले व्यक्ति में प्रबल इच्छा जगाएँ।

खंड दो

लोगों का चहेता बनने के छः तरीके

1

हर जगह अपना स्वागत कैसे कराएं?

मनुष्य का स्वभाव उसके हर मर्ज की दवा होता है। अगर व्यवहार अच्छा हो तो लोगों को अपनी तरफ खींचता है, लेकिन अगर बुरा हो तो अपनों को भी बेगाना बना देता है। यह एक ऐसी कला है, जिसमें व्यक्ति के दिल का उसके दिमाग से सीधा संपर्क होता है, जिससे वह अपने भले-बुरे में फर्क करना सीख जाता है। कई लोग अपने बुरे स्वभाव के कारण दूसरों के नज़दीक नहीं जा पाते और ऐसे में उनके दिमाग में केवल एक ही सवाल उठता है कि लोगों का दिल कैसे जीता जाए? मेरे हिसाब से किसी का दिल जीतना कोई बड़ी बात नहीं है और न ही इसके लिए आपको किसी तरह के किताबी ज्ञान की ज़रूरत है.... आवश्यकता है तो बस दोस्त बनाने वाली तकनीक सीखने की। अरे... अरे! घबराइए मत। यह कोई विज्ञान का फार्मूला नहीं है, जिसे आपको याद करना पड़ेगा, बल्कि एक व्यावहारिक प्रक्रिया है, जिसके लिए आपको केवल अपनी सोच और व्यवहार को बदलना है। उदाहरण के लिए: किसी आते-जाते व्यक्ति से उसका हाल-चाल पूछें, लोगों के में सुख-दुःख में उनका साथ निभाएं, उनकी मुश्किलों को समझने का प्रयास करें और जब कभी सामने वाला किसी मुसीबत में हो तो हाथ बढ़ाकर उसकी मदद करें। फिर देखना, आपको दस फुट दूर से आता देखकर वह पूछ हिलाने लगेगा। जैसे ही नजदीक आकर आप उसे पुचकारेंगे तो वह झट से आपसे लिपट जाएगा और प्यार-मोहब्बत की बातें करने लगेगा। यह छल-कपट रहित प्रेम की वह लहर है जो एक दिल से दूसरे दिल तक बहती है और अपने मार्ग में आने वाली सब नफरतों को धोकर पावन कर देती है।

चलिए अब आपको एक ऐसा सच बताता हूँ जिससे आप शायद अब तक अनजान हैं। वैसे तो प्राणी जगत में हर किसी को जीवित रहने के लिए अपना निर्वाह खुद करना पड़ता है। जैसे कि इंसान पैसा कमाकर अपना परिवार चलाता है, गाय दूध देती है तो बदले में उसे चारा मिलता है, मुर्गी अंडे देती है और चिड़ियाँ गाना गाती है... ऐसे बहुत से उदाहरण मिल जाएँगे लेकिन एक जानवर ऐसा है जो जीवित रहने के लिए कोई काम नहीं करता, लेकिन फिर भी सबका चहेता होता है ....जी हां, हम बात कर रहे हैं कत्ते की। कुत्ता, एक ऐसा जानवर जो आपको अथाह प्रेम देता है, परंतु बदले में आपसे कुछ नहीं लेता।

जब मैं छोटा था तो मुझे भी कुत्तों से बहुत लगाव था। हर रोज़ गली में घूमते आवारा कुत्तों के पीछे दौड़ता, उन्हें खाना खिलाता और वह भी मुझे देखकर खुशी से पूंछ हिलाने लगते। मेरे इसी शौक को देखते हुए एक दिन मेरे डैडी बाज़ार से मेरे लिए एक पीले बालों वाला पिल्ला लाए। कुछ दिनों में ही वह इस कदर मुझसे हिल-मिल गया मानों सालों से मेरे साथ हो। हर दोपहर करीब साढ़े चार बजे वह आँगन में बैठ जाता और मेरे आने की राह तकता। जैसे ही मेरी स्कूल बस का हॉर्न सुनाई देता तो दौड़ा चला आता और मुझसे लिपट जाता। कभी मेरे पैरों को चाटता तो कभी हाथों को..... मैं भी पूरे जोश से उससे गले मिलता मानो सालों के बिछुड़े दोस्त हों। मैं प्यार से उसे टिपी बुलाता था। उसे अपना यह नाम बहुत पसंद था... हिलाने लगता। जब भी सुनता तो पूंछ हिलाने लग जाता।

पांच साल तक टिपी मेरा सबसे अच्छा दोस्त रहा। फिर एक रात बहुत भयानक हादसा हुआ जिसने मेरे जीवन की सबसे बड़ी खुशी... मेरे टिपी को हमेशा-हमेशा के लिए मुझसे छीन लिया। उस रात डिनर के बाद मैं और टिपी बाहर आँगन में खेल रहे थे कि अचानक मौसम खराब हो गया और बादल गरजने लगे। मैं और टिपी अंदर जा ही रहे थे कि तभी आसमानी बिजली एकदम से टिपी पर आ गिरी और मेरी आँखों के सामने उसने तड़प-तड़प कर

दम तोड़ दिया। टिपी की मौत ने मुझे अंदर तक हिला दिया था। कई दिनों तक मैं उसकी तस्वीर हाथों में लिए रोता रहता, लेकिन छोटा था इसीलिए कुछ एक महीनों में सब ठीक त्यों बनी रही।

टिपी, तुम बहुत मासूम और वफादार थे। जानवर होते हुए तुम्हें मानव व्यवहार की पूरी समझ थी। क्योंकि प्रकृति ने तुम्हें एक ऐसा वरदान दिया था जिससे तुममें अनजान लोगों को भी अपना बनाने की अद्भुत शक्ति थी। यह एक सार्वभौमिक सत्य है, कि यदि आप चाहते हैं कि दूसरे लोग आप में रुचि लें तो आपको भी उनमें रुचि लेनी होगी। दूसरे लोगों में रुचि लेकर आप दो महीनों में इतने ज्यादा दोस्त बना सकते हैं, जितने कि आप दो साल में भी नहीं बना पाऐंगे।

कई बार लोग दूसरे लोगों का ध्यान अपनी तरफ आकर्षित करने की होड़ में एक के बाद एक गलतियाँ करते चले जाते हैं, जिसका परिणाम सदैव नकारात्मक रहता है। याद रखें कि लोगों की दिलचस्पी हमेशा अपने आप में होती है। लोगों का ध्यान अपनी तरफ खींचने के लिए आवश्यक है कि आप में कुछ विशेष खूबियां हों जिससे कि वे परस्पर आपकी तरफ खींचे चले आएं।

न्यूयॉर्क टेलीफोन कंपनी ने एक विशेष सर्वे किया जिसका उद्देश्य यह जानना था कि लोग टेलीफोन पर होने वाली बातचीत में किस शब्द का प्रयोग से पता चला कि सबसे ज़्यादा बार बोले जाने वाला शब्द "मैं" था। 500 चर्चाओं सबसे ज़्यादा बार यही शब्द आया। आपको यकीन नहीं होगा, मगर यह सच है.... में "मैं" शब्द 3900 बार बोला गया।

प्राचीन काल से ही मनुष्य स्वयं को महत्व देता आ रहा है। उसके इसी व्यक्तित्व के कारण उसमें अहंकार और स्वार्थ की भावना का जन्म होता है। अगर आप केवल लोगों को प्रभावित करने के लिए या फिर उनकी खुद के प्रति रुचि जगाने की कोशिश करेंगे तो सच्चे और अच्छे दोस्त बनाने में कभी सफल नहीं हो पाऐंगे।

एक बार मैंने न्यूयॉर्क विश्वविद्यालय से लघुकथा लेखन का एक कोर्स किया। एक दिन कॉलेज में एक प्रसिद्ध पत्रिका के संपादक आए और उन्होंने करीब एक-डेढ घंटे तक हमारी क्लास ली और अपने कई यादगार अनुभवों को साझा किया। उन्होंने बताया कि वे किसी भी पुस्तक की केवल कुछ पंक्तियां पढ़कर ही लेखक की लोगों के प्रति प्रतिक्रिया व्यक्त कर सकते हैं कि वह लोगों को पसंद करता है या नहीं। यदि उसकी लेखन कला में जरा सी भी स्वार्थवृत्ति नज़र आएगी तो लोग उसकी किताब उठाकर कूड़ेदान में फेंक देंगे क्योंकि वे हमेशा यही चाहते हैं कि लेखक की प्रत्येक रचना उनके नज़रिए को ध्यान में रखकर लिखी जाए।

उन्होंने अपने भाषण में बार-बार एक ही बात पर जोर दिया कि सफल कहानीकार बनने के लिए आपको दूसरों में रुचि लेनी होगी।

हॉवर्ड थर्स्टन अपने समय के माने हुए जादूगर थे। ब्रॉडवे में उनका आखिरी शो होना था। मैं उनका बहुत बड़ा प्रशंसक था इसीलिए शो देखने का आखिरी मौका नहीं गंवाना चाहता था। पिछले चालीस सालों से वे दुनिया के लगभग हर क्षेत्र में घूमे और अपने मैजिक-मायाजाल का प्रसार किया। उनके रहस्यमयी जादू ने दर्शकों को दांतों तले उंगली दबाने पर मज़बूर कर दिया था। लोग दूर-दूर से उनका शो देखने आए हुए थे। इस मैजिक शो से उन्हें करीब बीस लाख डॉलर का मुनाफा हुआ।

मैं उनकी सफलता से इतना प्रभावित हुआ कि शो के अंत में उनसे मिलने उनके केबिन में जा पहुँचा और उनसे उनकी कामयाबी का राज़ पूछा। बताया कि मैजिक का उनकी शिक्षा के साथ कोई संबंध नहीं था क्योंकि वे उन्होंने बचपन में ही अपने घरवालों से झगड़ा करके घर छोड़कर भाग गये थे। रहने के लिए कोई ठिकाना नहीं था इसीलिए मालगाड़ियों में छिपते-छिपाते यहां-वहाँ जाते, भूसे के ढेर पर सोते और घर-घर जाकर खाने के लिए भीख माँगते थे। जिंदगी के थपेड़े खा-खा कर रेल की पटरियों के आस-पास लगे विज्ञापनों से उन्होंने पढ़ना सीखा।

मैंने उनसे पूछा, "क्या उन्हें जादू का सबसे अधिक ज्ञान है?" तो उन्होंने बताया, "नहीं, मैं कोई जन्मजात जादूगर नहीं हूँ, बल्कि मैं भी तुम सब की तरह एक आम आदमी हूँ। मैजिक पर सैकड़ों पुस्तकें लिखी जा चुकी हैं और कम से कम पचास लोग उनके जितना जादू जानते हैं। परंतु मेरे पास ऐसी दो चीजें थी जो बाकी दूसरे लोगों के पास नहीं थी। पहली यह कि मुझमें अपने व्यक्तित्व को स्टेज पर बेचने की क्षमता थी। मानवीय व्यवहार कला में निपुण होने के कारण मैं दर्शकों के मनोभावों से भली-भांति परिचित था। इसलिए प्रोग्राम से पहले मैं अपने प्रत्येक सीन, प्रत्येक मुद्रा, आवाज़ की लहर और आँखों की हरकत का अच्छे से रिहर्सल कर लेता था। दूसरे मैं लोगों की वास्तविक रुचियों में दिलचस्पी लेता था। प्रायः कई जादूगरों की दर्शकों के प्रति विपरीत राय होती है। उनकी नज़रों में थियेटर में बैठे लोग मूर्ख होते हैं, जिन्हें आसानी से बेवकूफ बनाया जा सकता। परंतु मेरी धारणा समाज कल्याण के पक्ष में है इसलिए मैं ऐसा कोई भी दृश्य नहीं करता जिससे मानव समाज को हानि पहुँचे। हर बार स्टेज पर जाते हुए मैं स्वयं से यही कहता हूँ, "मैं इन दर्शकों का बहुत-बहुत आभारी हूँ, जिन्होंने मुझ पर विश्वास दिखाया और अपना मूल्यवान समय मुझे दिया। इन्हीं के विश्वास और कृपा कारण मेरी रोजी-रोटी अच्छे से चलती है। मैं कोशिश करूंगा कि इनका ज्यादा से ज्यादा मनोरंजन कर सकूं ताकि उन्हें अपने पैसे की पूरी कीमत वसूल हो जाएं।"

चलिए, अब मैं आपको पेनसिल्वेनिया के नॉर्थ वॉरेन में रहने वाले जॉर्ज डाइक का किस्सा सुनाता हूँ। उन्होंने अपनी जिंदगी के तीस साल एक सर्विस स्टेशन पर काम करने में बिताए और फिर अपने काम से रिटायरमेंट ले ली। रिटायरमेंट के बाद काफी समय तक बेकार बैठे रहने के कारण मिस्टर डाइक जिंदगी से उकता से गए। फिर एक दिन उन्होंने कुछ नया करने का प्लान बनाया। संगीत का शौक उन्हें बचपन से ही था। इसलिए उन्होंने मशहूर संगीतज्ञों की जीवनियाँ पढ़नी शुरू कर दी और साप्ताहिक संगीत सम्मेलनों में उनके मित्र बन गए। मिस्टर डाइक भी सामने वाले की बातों में पूर्णरूप से भाग

लेने लगे। उनके विनम्र और दोस्ताना व्यवहार के कारण कई संगीतज्ञ रुचि लेते थे। दरअसल उनमें कुछ सीखने की चाह थी जो धीरे-धीरे उन्हें संगीतज्ञों के करीब लिए जा रही थी। हालांकि उन्हें संगीत का कुछ ज्यादा अच्छा ज्ञान तो नहीं था, मगर फिर भी उन्होंने छोटी-मोटी संगीत प्रतियोगिताओं में हिस्सा लेना शुरू कर दिया। उनकी इस छोटी सी शुरुआत ने कुछ ही महीनों में उन्हें पूर्वी अमेरिका में मशहूर बना दिया। संगीतप्रेमी "अंकल जॉर्ज" किन्जुआ काऊंटी के संगीत के नाम से जानने लगे। मेरी अंकल जॉर्ज से बात हुई, तो वे बहत्तर साल के थे और अपने जीवन के पल का आनंद ले रहे थे। दूसरे लोगों में रुचि लेने की कला के ज्ञान के कारण उन्होंने अपने लिए एक ऐसे वक्त में नया जीवन खोज लिया था जब अधिकांश लोग अपना जीवन खत्म हुआ मान लेते हैं।

थियोडोर रूजवेल्ट अपने इसी गुण के कारण बेहद लोकप्रिय थे। यह तक कि उनके नौकर भी उनसे प्रेम करते थे। वैलेट जेम्स ई. एमॉस ने उनकी महानता से प्रभावित होकर उनके जीवन पर एक पुस्तक लिखी 'थियोडोर रूजवेल्ट, हीरो टू हिज वैलेट'। इस पुस्तक में एमॉस ने उनके जीवन की। बहुत ही रोमाँचक घटना का वर्णन किया है:

"राष्ट्रपति रूजवेल्ट हमारे घर के पास ही रहते थे और हमारे उनसे गहरे मैत्रिक संबंध थे। मेरी पत्नी ने बॉब व्हाइट कभी नहीं देखा था। एक दिन राष्ट्रपति रूजवेल्ट से मुलाकात के दौरान उसने उनसे पूछा कि बॉब व्हाइट कैसा होता है। रूजवेल्ट ने उसे बाँब व्हाइट के बारे मे विस्तारपूर्वक जानकारी दी और चले गए। फिर कुछ समय बाद हमारे टेलीफोन की घंटी बजी। मेरी पत्नी ने फोन उठाया तो यह रूजवेल्ट का था। उन्होंने उसे बताया कि उनकी खिड़की के बाहर बॉब व्हाइट है और वह खिड़की खोल कर इसे देख सकती थी। इस तरह रूजवेल्ट लोगों की छोटी-छोटी खुशियों का पूरा ध्यान रखते थे। वे जब भी हमारे घर के सामने से गुजरते तो चाहे हम उन्हें दिखाई दें या न दें लेकिन उनकी आवाज़ हम तक ज़रूर पहुँच जाती थी "ओह, एनी"? या

"ओह जेम्स!!" उनका यह दोस्ताना अभिवादन हमें बहुत पसंद था। अब आप ही बताइए कि इस तरह के मालिक को कौन कर्मचारी पसंद नहीं करेगा? और कौन दोस्त उनसे दूर रह पाएगा?

एक दिन प्रेसिडेंट टैफ्ट और उनकी पत्नी कहीं बाहर गए हुए थे और पीछे से रुजवेल्ट व्हाइट हाऊस पहुँच गए। रूजवेल्ट छोटे-बड़े और ऊंच-नीच की भावना से कोसों दूर थे और तथ्य का प्रमाण इस बात से मिलता है कि उन्होंने व्हाइट हाउस के सभी कर्मचारियों को उनके नाम से बुलाया। यहां तक की बर्तन माँजने वाली नौकरानियों को भी।

जब उनकी नज़र कुक एलिस पर गई तो उन्होंने उससे पूछा, "क्या अब तुम कॉर्न ब्रेड बनाती हो?" एलिस ने कहा, "सर, कभी-कभार नौकरों के भी लिए बनाती हूँ, परंतु साहब लोग नहीं खाते।"

"वो सब बेवकूफ हैं!! उन्हें अच्छे खाने की ज़रा भी समझ नहीं है। तुम चिंता मत करो, जब मैं प्रेसिडेंट से मिलूंगा तो उन्हें समझा दूँगा," रूज़वेल्ट ने कहा।

थोड़ी देर बाद एलिस प्लेट में कॉर्न ब्रेड लेकर आई जिसे रूज़वेल्ट ने पूरे स्वाद लेकर खाया और जाते समय लॉन में काम कर रहे मालियों और मज़दूरों का भी अभिवादन किया।

महत्त्वहीन दिखने वाले लोगों में रुचि लेने की यही प्रवृति चैटहेम न्यू जर्सी के सेल्स रिप्रेजेंटेटिव एडवर्ड एम. साइक्स में भी थी। अपनी इसी प्रवृत्ति के कारण वे अपने व्यापार को सफल बनाने में कामयाब हुए। वे बताते हैं, "कई साल पहले मैं जॉनसन एंड जॉनसन कंपनी के एजेंट के रूप में ग्राहकों से मिलने मैसेच्यूसेट्स जाया करता था। हिंगहैम की केमिस्ट शॉप के साथ हमारा काफी अच्छा लेन-देन था। मैं जब भी इस स्टोर में जाता तो माल का ऑर्डर लेने से पहले वहाँ काम करने वाले सोडा क्लर्क और सेल्स क्लर्क से हाथ मिलाता और दो-चार इधर-उधर की बातें करता। एक दिन जब मैं ऑर्डर

लेने के लिए मालिक के पास गया तो उसने बताया कि अब वह जॉनसन एंड जॉनसन कंपनी के साथ कोई व्यापार नहीं करना चाहता, क्योंकि वे अपनी गतिविधियों को फूड और डिस्काउंट स्टोर्स पर केंद्रित कर रहे हैं जिससे उनकी दवाई की दुकान को घाटा हो रहा है। इतने सालों के व्यापारिक संबंध टूटने की वजह से मैं बहुत निराश हुआ और काफी देर तक यहां-वहाँ घूमता रहा। आखिरकार मैंने फैसला किया कि मैं वापस स्टोर मालिक के पास जाउंगा और माल की विशेषता बताते हुए पुनः ऑर्डर लेने का प्रयास करूंगा।"

"जब मैं वापस लौटा तो हर बार की तरह सोडा क्लर्क और सेल्स क्लर्क से हाथ-हैल्लो किया और फिर मालिक से मिलने चला गया। जैसे ही ऑफिस में दाखिल हुआ तो उसने मुस्कुरा कर मेरा स्वागत किया और बिना कोई सवाल-जवाब किए पहले की अपेक्षा ज्यादा ऑर्डर दिया। मैं हैरानी से एकटक उसे ताकता रहा और पूछा कि कुछ समय पहले तक तो वह बिल्कुल भी ऑर्डर नहीं दे रहा था, तो अब ऐसा क्या हो गया कि उसने दोगुना ऑर्डर दे दिया। उसने अपने सेल्स कर्मचारियों की तरफ इशारा किया और कहा , "तुम्हारे जाने के बाद यह सोडा क्लर्क मेरे पास आया और कहा कि आप उन गिने-चुने सेल्समैनों में से एक हैं जो मालिक के अलावा दूसरे कर्मचारियों से भी बात करने की चाहत रखते हैं। उसने तुम्हारी खासियत बताते हुए कहा कि अगर किसी सेल्समैन के साथ व्यापार करना है तो तुम से अच्छा और बेहतर सेल्समैन कोई नहीं हो सकता। मैं उनकी बातों से इतना ज्यादा प्रभावित हुआ कि को तुम्हें ज़्यादा ऑर्डर देने से रोक ही नहीं पाया। और दरअसल एक सेल्समैन का बिना किसी स्वार्थ के दूसरे लोगों में रुचि लेना एक बहुत ही महत्त्वपूर्ण गुण है और मैं इसे कदापि नज़रअंदाज़ नहीं कर सकता था।"

मैं अपने व्यक्तिगत अनुभव से जानता हूँ कि अगर हम किसी व्यक्ति में सचमुच दिलचस्पी लेते हैं, तो वह चाहे कितना ही प्रसिद्ध या व्यस्त क्यों न हो, हमारी तरफ ध्यान ज़रूर देगा। इसका प्रत्यक्ष उदाहरण है एक छोटी सी कहानी जो अब मैं आपको सुनाने जा रहा हूँ- कई साल पहले मैंने ब्रुकलिन

इंस्टीटयूट ऑफ आर्ट्स एंड साइंसेज में कथा-लेखन का एक कोर्स शुरू किया। जहाँ हमने कई महान् हस्तियों जैसे कि कैथलीन नॉरिस, फैनी हर्स्ट, इडा टारबेल, अल्बर्ट पेसन टारहयून और रूपर्ट हयूज को ब्रुकलिन आकर अपने अनुभव शेयर करने का आमंत्रण दिया। पत्र में हमने उन्हें बताया कि हम उनके आर्टिकल्स को बहुत पसंद करते हैं और उनकी सफलता के रहस्य को जानना और सीखना चाहते हैं। उनको भेजे जाने वाले प्रत्येक पत्र पर कम से कम एक सौ पचास विद्यार्थियों के हस्ताक्षर थे। इसके साथ हमने यह भी लिख दिया कि व्यस्तता के कारण शायद आपके लिए भाषण तैयार करना आसान न हो इसीलिए हमने अपने आधार पर पूछे जाने वाले प्रश्नों की सूची भी पत्र के साथ लगा दी ताकि वे अपने जीवन और काम की तकनीक के आधार पर सवालों का सही-सही जवाब दे सकें। उन्हें हमारा सुझाव इतना ज्यादा पसंद आया कि वे अपना सारा काम बीच में ही छोड़कर ब्रुकलिन आए और हमारी क्लास में अपने विचारों को प्रस्तुत किया।

एक साधारण मजदूर से लेकर राष्ट्रपति तक, हम सब में एक सामान्य विशेषता होती है कि हम सभी अपने प्रशंसकों को बहुत पसंद करते हैं। उदाहरण के तौर पर जर्मनी के शासक कैसर को ही ले लें। प्रथम विश्वयुद्ध में हुए खून-खराबे को लेकर सारी दुनिया क्षुब्ध थी और ऐसे में जर्मनी की जनता में उसके प्रति रोश की लहर फैल गई और उसे अपनी जान बचाने के लिए हॉलैंड भागना पड़ा। लोग हाथ धो कर उसकी जान के पीछे पड़े थे। अगर वह कुछ और दिन वहाँ रुकता तो वे शायद उसके चिथड़े-चिथड़े कर देते या फिर उसे जिंदा जला देते। जब वह सारी दुनिया की नफरत की आग में जल रहा था, तो ऐसे में एक छोटे से बच्चे के प्यार के दो शब्दों ने उसकी बेजान हो चुकी जिंदगी को फिर से जीने की एक राह दिखाई। उस छोटे से बच्चे ने कैसर को एक पत्र भेजा जिसमें उसने लिखा कि दूसरे लोग उसके बारे में चाहे जो भी सोचें, मगर उसकी नज़रों में विल्हेम कैसर ही जर्मन का सम्राट है और हमेशा रहेगा। इस पत्र में छुपे प्यार और विश्वास को देखकर उसका मन आत्मविभोर हो उठा और उसने तुरंत ही अपने आदमियों को भेज कर उस बच्चे को मिलने

के लिए बुलवा भेजा। बच्चा आया और साथ में उसकी माँ भी आई। बच्चे की मासूमियत भरी बातों ने सम्राट का दिल जीत लिया और उसकी उसकी माँ से शादी कर ली। दरअसल छोटे बच्चे में लोगों का दिल जीतने का अद्भुत गुण था और उसकी इसी कला ने सम्राट को वश में कर लिया था।

मेरी एक बहुत पुरानी और खास आदत है कि मैं अपने सारे दोस्तों के जन्मदिन याद रखता हूँ। हालांकि मेरी स्मरण शक्ति इतनी तीव्र तो नहीं है कि इतनी सारी तारीखें याद रख पाऊं, लेकिन फिर भी उनके सामने मैं इस तरह से दिखावा करता हूँ जैसे कि मुझे उनका जन्मदिन याद हो गया है, परंतु जैसे ही वे पीठ घुमाते हैं, मैं तुरंत ही उसका नाम और सारी जानकारी एक नोट बुक में लिख लेता हूँ। हर साल की शुरूआत में मैं इन सारी तिथियों को अपने कैलेंडर पर नोट करके ऐसी जगह टांग देता हूँ जिससे कि मेरी नजर हर समय इस पर बनी रहे। जैसे ही किसी का जन्मदिन आता है तो मैं तुरंत ही उसे शुभकामनाओं का संदेश भेज देता हूँ। इसका दूसरों पर काफी अच्छा प्रभाव पड़ता है।

दूसरों में दिलचस्पी लेने से न केवल आप लोगों को अपना दोस्त बनाने में सफल हो पाएँगे, बल्कि इससे आपके व्यक्तित्व में भी सुधार आएगा। जब भी आप किसी से मिलें या फोन पर बात करें तो आपके दिल की खुशी चेहरे और जुबान से जाहिर होनी चाहिए ताकि सामने वाले को अहसास हो कि आप उससे बात करके सचमुच में बहुत खुश हो रहे हैं। टेलीफोन कंपनियाँ अपने ऑपरेटरों को यह गुण सबसे पहले सिखाती हैं जिससे लोग उनसे प्रभावित होकर उनकी सेवाओं का भरपूर फायदा उठाएँ। मेडलिन रोज़डेल नामक महिला ने न्यूयॉर्क की नेशनल बैंक ऑफ नॉर्थ अमेरिका पत्रिका में एक पत्र प्रकाशित करवाया जिसमें उन्होंने लिखा था: "मुझे आप सब को बताते हुए बहुत खुशी हो रही है कि मैं आपके स्टाफ से बहुत प्रभावित हूँ। आपके कर्मचारी बहुत ही विनम्र, मददगार और मृदुभाषी हैं। एक लंबे इंतज़ार के बाद जब कोई मधुर आवाज कानों में पड़ती है तो दिल को बहुत सुकून मिलता है।"

"पिछले साल मेरी माँ एक लंबी बीमारी के दौर से गुजरीं। शारीरिक कमज़ोरी के कारण उनका प्रतिदिन सफर करना मुमकिन नहीं था इसलिए डॉक्टर ने उन्हें अस्पताल में ही एडमिट कर लिया। पैसे निकलवाने के लिए मैं अक्सर आपके बैंक में आया करती थी। मैं आपकी एक कर्मचारी मैरी पेट्रसेलो के व्यवहार से बहुत प्रभावित थी। जब भी मैं उनके पास जाती तो वे सबसे पहले मेरी माँ की तबीयत के बारे में पूछतीं। अपने इतने व्यस्त समय में भी उन्होंने मुझमें रुचि दिखाई और मेरी मुश्किल को समझा, इसके लिए मैं तहे दिल से उनकी शुक्रगुजार हूँ।"

इसमें कोई संदेह नहीं कि मिसेज रोजडेल आजीवन उस बैंक की ग्राहक बनी रहेंगी।

न्यूयॉर्क की एक बैंक ने चार्ल्स आर. वॉल्टर्स को एक बहुत बड़ी जिम्मेदारी का काम सौंपा। वाल्टर्स को एक कॉरपोरेशन के बारे में गोपनीय रिपोर्ट तैयार करनी थी। रिपोर्ट तैयार करने के लिए जो जानकारी उसे चाहिए थी वह केवल एक ही व्यक्ति से मिल सकती थी और वह था वहाँ का प्रेसीडेंट। लेकिन किसी प्रेसीडेंट से उसकी कंपनी के बारे में सीक्रेट जानकारी निकलवाना आसान काम नहीं था। जब वाल्टर्स पहली बार उससे मिलने उसके ऑफिस गए तो मीटिंग के दौरान उसकी सेक्रेटरी ने प्रेसीडेंट को सूचित किया कि आज की डाक में कोई भी विदेशी टिकट नहीं आए। यह सुनकर प्रेसीडेंट का चेहरा लटक गया।

जब मैंने उनसे उदासी की वजह पूछी तो उसने बताया, "मेरे पुत्र को डाक टिकट इकट्ठी करने का बहुत शौक है, इसलिए मैं अलग-अलग देशों की डाक टिकट मंगवाकर उसे सरप्राइज देना चाहता हूँ।"

फिर जब वॉल्टर्स ने उससे अपने प्रोजेक्ट संबंधित सवाल पूछे तो प्रेसीडेंट ने उसके सवालों के गोल-मोल जवाब देना शुरू कर दिया। दरअसल वह उसे अपनी कंपनी की जानकारी देने में हिचकिचा रहा था। संक्षेप में कहा जाए तो यह इंटरव्यू व्यर्थ साबित हुआ।

वॉल्टर्स निराश सा घर लौटा और जानकारी प्राप्त करने का नया रास्ता खोजने लगा। एकाएक उसके दिमाग में सेक्रेटरी की बातें, डाक-टिकट और बारह साल का पुत्र इत्यादि घूमने लगा। फिर मुझे याद आया कि हमारा बैंक भी तो विदेशी विभाग डाक-टिकट इकट्ठे करता था और हमारे कार्यालय में तो हर देश से आने वाले पत्रों का संग्रह रहता था।

"अगले दिन मैं फिर से प्रेसीडेंट से मिलने गया और संदेश भिजवाया कि मैं उसके बेटे के लिए बहुत सी विदेशी डाक टिकट लेकर आया हूँ। डाक टिकट की बात सुनकर उसका चेहरा खिल गया और उत्साह में वह स्वयं बाहर आया और हाथ मिलाकर गर्मजोशी से मेरा स्वागत किया, मानो मैं कोई बहुत बड़ा नेता हूँ। जब मैंने डाक-टिकट उसके हाथ में थमाए तो वह बहुत खुश हुआ और बोला, 'हां, तुम्हारा यह तोहफा मेरे बेटे को बहुत पसंद आएगा।"

करीब आधा घंटा डाक-टिकटों के बारे में बातचीत करने के बाद उसने मैं एक दिन पहले मुझे अपने बेटे की तस्वीर भी दिखाई। फिर उसने मेरे लिए चाय-नाश्ता मंगवाया और वह सारी जानकारी खुद-ब-खुद मुझे दी, उससे माँग रहा था। इसके अतिरिक्त उसने अपने स्टाफ को बुलवाया और उनसे पर्याप्त सवाल-जवाब किए। उसने कुछ लोगों से फोन पर भी जानकारी प्राप्त की और कुछ देर बाद सब आंकड़े, तथ्य, रिपोर्ट मेरे हाथों में थमा दी। यह सब होना मेरे लिए किसी चमत्कार से कम नहीं था।

ऐसा ही एक और उदाहरण है:

फिलाडेल्फिया के सी. एम. नापले कई सालों से एक बड़े चेन स्टोर को माल बेचने की कोशिश कर रहे थे। परंतु वह चेन स्टोर किसी बाहर के डीलर से माल मंगवाता था और इस सारे माल को नाफ्ले के ऑफिस के पास बने गोदाम में स्टोर करके रखा जाता था। उनकी इस हरकत से नापले चिढ़ जाते और उन्हें बुरा-भला बोलते।

हैरानी की बात यह थी कि नापले आज तक उन्हें कोई भी माल बेचने में सफल नहीं हो पा रहे थे जबकि उनका माल दूसरी कंपनियों के माल से कई गुणा बेहतर था।

एक दिन ट्रेनिंग क्लास के दौरान उन्होंने अपनी समस्या मुझे बताई। फिर मैंने उन्हें एक सुझाव दिया जिससे वे अपने मकसद में कामयाब हो सकते थे। हमने अपनी क्लास में एक वाद-विवाद प्रतियोगिता का आयोजन किया जिसका विशय था- चेन स्टोर्स से देश को फ़ायदे और नुकसान।

मैंने नापले को चेन स्टोर के पक्ष में बोलने को मना लिया हालांकि वह चेन स्टोर के खिलाफ था लेकिन मेरी बात को टाल न सका। इस विषय में संक्षिप्त जानकारी प्राप्त करने के लिए वे उसी चेन स्टोर के मालिक के पास गए जिससे वे बहुत ज्यादा चिढ़ते थे। नाफ्ले को अंदर आता देख वह आगबबूल हो गया। परंतु नाफ्ले ने उसका गुस्सा शांत करते हुए कहा, 'मैं यहां आपक माल बेचने नहीं आया हूँ, बल्कि आपसे मदद माँगने आया हूँ। फिर उन्होंने वाद-विवाद प्रतियोगिता के विषय में बताया और कहा, "मैं चाहता हूँ कि आप मेरी मदद करें, क्योंकि इसके लाभों के विषय में जितनी महत्वपूर्ण जानकारी आप दे सकते हैं, उतना शायद कोई और न दे सके। मैं यह प्रतियोगिता जीतना चाहता हूँ, परंतु आपकी सहायता के बिना यह मुमकिन नहीं है।

बाकी की कहानी आप नापले के शब्दों में सुनिए

> मैंने उससे अपनी बात कहने के लिए केवल दस मिनट का समय माँगा था। लेकिन वह मेरी बातों से इतना प्रभावित हुआ कि पूरे एक घंटा और सैंतालीस मिनट तक मुझसे बातें करता रहा। फिर उसने मुझे एक एक्जीक्यूटिव से मिलवाया जिसने चेन स्टोर्स पर एक पुस्तक लिखी थी। उसने नेशनल चेन स्टोर एसोसिएशन को फोन करके इस विषय पर पूरी जानकारी की एक रिपोर्ट मंगवाकर मुझे दी। मेरे चेन स्टोर के पक्ष में खड़े होने के बाद उसे विश्वास हो चला था कि चेन स्टोर्स सचमुच में

मानवता की भलाई के लिए कार्य कर रहे थे। मैंने उनकी आँखों में एक विशेष चमक देखी—भरोसे की चमक, खुशी की चमक उसकी बातों ने मेरे सोचने का नजरिया बदल दिया था। जब मैं वापस जाने लगा तो उन्होंने मुझसे हाथ मिलाया और प्रतियोगिता के लिए शुभकामनाएं दी। और इसके बाद उन्होंने मुझे प्रतियोगिता का परिणाम बताने के लिए एक बार फिर से मिलने का आग्रह किया। उनके आखिरी शब्दों को सुनकर मैं बहुत आश्चर्यचकित हुआ... जो कि कुछ इस प्रकार थे, "मैं चाहूँगा कि आप बसंत में मुझसे फिर से मिलें। मैं आपको माल का ऑर्डर देना चाहता हूँ।"

उनका यह बदला हुआ व्यवहार और मुझसे माल खरीदने का आग्रह करना मेरे लिए किसी चमत्कार से कम नहीं था। इतने सालों से मैं उसे माल बेचने की कोशिश कर रहा था। परंतु कभी कामयाब नहीं हो पाया। मगर अब वह खुद-ब-खुद मेरे सामने ईंधन खरीदने का प्रस्ताव रख रहा था। दरअसल इसके पीछे भी एक कारण था- क्योंकि मैंने कोर्स क्लास के सिद्धांतों का पालन करते हुए उसमें और उसकी समस्याओं में रुचि दिखाई थी, इसलिए वह मेरी तरफ आकर्षित हुआ था। लेकिन अगर मैं अगले दस साल तक यह कोशिश करता रहता कि वह मुझमें और मेरे सामान में रुचि लें तो शायद यह संभव ही नहीं हो पाता।

मानवीय संबंधों के सिद्धांतों में एक बात बिल्कुल सच है, कि रुचि का प्रदर्शन सच्चा होना चाहिए। यह एक तरह से टू-वे स्ट्रीट है, जिसमें केवल रुचि प्रदर्शित करने वाले का भला नहीं होना चाहिए, बल्कि उस व्यक्ति का भी भला होना चाहिए जिसमें रुचि ली जा रही है।

मार्टिन गिन्सबर्ग बताते हैं कि एक नर्स द्वारा ली गई विशेष रुचि ने किस तरह उनके जीवन को बदलकर रख दिया:

"मैं करीब दस साल का था और एक अस्पताल के वेलफेयर वार्ड में एडमिट था। उस दिन 'थैंक्सगिविंग डे' था और उसके अगले रोज़ मेरा एक बहुत बड़ा ऑप्रेशन होने वाला था। इतना छोटा होने के बावजूद भी मुझे इस बात का अहसास था कि ऑप्रेशन के बाद मुझे कई महीनों तक बिस्तर में पड़े रहना होगा। दुर्भाग्यवश मेरे पिता की मृत्यु काफी समय पहले ही हो चुकी थी। मैं और मेरी माँ एक छोटे से अपार्टमेंट में रहते थे। उस दिन मेरी माँ मुझसे मिलने नहीं आ पाई।"

"पूरा दिन मेरी आँखें दरवाजे पर गड़ी रहीं कि माँ अब अंदर आएगी. अब अंदर आएगी। इंतजार करते-करते शाम हो गई। अकेलापन, निराशा और डर लगातार मुझे खाए जा रहा था, लेकिन यह सब इसलिए नहीं था कि मैं घबरा रहा हूँ, बल्कि माँ की चिंता मुझे सताए जा रही थी। मैं जानता था कि माँ घर पर अकेली है और मेरे बारे में सोच रही होगी। आज उनके साथ खाना खाने वाला कोई नहीं होगा और न ही उनके पास इतने पैसे होंगे कि वे थैंक्सगिविंग डे के डिनर का खर्चा उठा सके।"

"उनके बारे में सोचते-सोचते मेरी आँखें भर आईं, मगर अपने आंसू छिपाने के लिए मैंने चादर ओढ़ ली चादर के भीतर मैं लगातार सुबकता रहा... मेरे मन में इतनी ज़्यादा पीड़ा थी कि दर्द कब जाने शरीर तक पहुँचा और कराहने की आवाज आने लगी। तभी एक युवा स्टूडेंट नर्स जिसकी ड्यूटी मेरे साथ वाले वॉर्ड में थी, जब वहाँ से गुजरी तो एकाएक मेरी सिसकियों की आवाज़ उसके कानों में पड़ गई। वह आई और मेरे चेहरे पर से चादर उतार कर मेरे आंसू पोंछने शुरू कर दिए। मेरा मन बहलाने के लिए वह मेरे पास बैठ गई और बातें करने लगी। उसने बताया कि नौकरी के कारण वह अपने परिवार वालों के साथ रहने में असमर्थ थी। तभी एकाएक थैंक्सगिविंग डे की बात चली

और उसने मेरे सामने डिनर की पेशकश की। मैं उसके प्रस्ताव को मना नहीं कर पाया और हां कह दिया। कुछ देर बाद वह दो प्लेट खाना लाई जिसमें स्लाइस्ड टर्की, आलू, क्रेनबरी सॉस और आइसक्रीम थी। हालांकि उसकी ड्यूटी शाम चार बजे खत्म हो जाती थी, परंतु उस दिन वह रात 11 बजे तक मेरे पास रुकी और यहां-वहाँ की बातें करके, गेम्स खेलकर मेरा डर कम करने का प्रयास किया। वह तब तक मेरे साथ रही जब तक कि मुझे गहरी नींद नहीं आने लगी।"

तब से आज तक मैं उस थैंक्स गिविंग डे को भूल नहीं पाया।

सिद्धांत - 1
दूसरे लोगों में रुचि लें।

2

तत्काल प्रभावित करने का आसान तरीका

न्यू-यॉर्क में एक डिनर पार्टी चल रही थी। इसमें शहर की जानी-मानी हस्तियाँ आमंत्रित थीं। उन सब में एक ऐसी महिला भी शामिल थी जो अभी-अभी अमीर हुई थी। वह लोगों पर अपनी अमीरी की छाप छोड़ना चाहती थी। इसलिए उसने हीरे-मोती और सोने के आभूषणों को खरीदने में कोई कसर नहीं छोड़ी। उसने वह हथकंडे अपनाए जिससे कि लोग उसकी तरफ आकर्षित हों और उसके बारे में बातें करें, परंतु अपने चेहरे के भावों को बदलने में नाकाम रही। दरअसल, अचानक आई अमीरी ने उसे पूरी तरह से बदल दिया था। हमेशा दूसरों की मदद करने को तत्पर रहने वाली उस महिला के चेहरे पर से आज स्वार्थ और लालच टपक रहा था। वह इस सत्य से पूर्णतया अनजान थी कि चेहरे के भाव, कपड़ों और गहनों से अधिक महत्त्वपूर्ण होते हैं।

एक महत्त्वपूर्ण और बहुत ही खास बातः "हमारे कर्म, शब्दों की तुलना में अधिक तेज़ स्वर में बोलते हैं। एक मुस्कुराहट वह सब कुछ कह देती है जो आप बोलकर कभी नहीं कह पाते।" यही वजह है कि हम कुत्ते जैसे बेज़ुबान जानवर से बहुत प्यार करते हैं। यही बात एक छोटे से बच्चे की मुस्कुराहट पर भी लागू होती है।

क्या आपने कभी अस्पताल में अपनी बारी की प्रतीक्षा करते उदास चेहरों को देखा है? मिसूरी के रेटाउन में पशुचिकित्सक स्टीफन के. स्पॉल ने अपने अस्पताल की एक दिन की घटना बताईः एक दिन उनके चिकित्सालय

में बहुत से मरीज अपने पालतू जानवरों को इंजैक्शन लगवाने आए। सभी मरीजों को दूसरे की अपेक्षा ज़्यादा जल्दी थी। करीब आठ-दस मरीज वेटिंग रूम में बैठे प्रतीक्षा कर रहे थे। सभी एक-दूसरे से अनजान थे इसीलिए कोई आपस में बात नहीं कर रहा था। तभी एक महिला अपने नौ महीने के बच्चे और एक बिल्ली के बच्चे के साथ अस्पताल में आई और वेटिंग रूम में बैठ गई। संयोग से वह उस व्यक्ति के पास बैठी थी जो देरी के कारण अधिक विचलित और परेशान था। बच्चा अपनी माँ की गोद में हाथ-पांव मार रहा था और नीचे उतरने को बेचैन था। वह आदमी बच्चे की गतिविधियों को गौर से देख रहा था। बच्चे ने भी उसकी तरफ देखा और मुस्कुरा दिया। इसके प्रत्युत्तर में उस आदमी को भी मुस्कुराना पड़ा। बच्चा लगातार ऐसा ही करता रहा। वह आदमी उस छोटे से बच्चे से इतना ज़्यादा प्रभावित हुआ कि उसकी माँ से उसके बारे में बात करने लगा और अपने नाती-पोतों के बारे में बताने लगा। कुछ ही समय बाद सारा वेटिंग रूम इस चर्चा में शामिल हो गया जिससे बोरियत और तनाव का माहौल सुखद और आनंदमय वातावरण में बदल गया।"

परंतु ध्यान रहे, मुस्कुराहट झूठी या बनावटी न हो...क्योंकि इससे आपको कोई फायदा नहीं होगा। इससे लोग आप पर तरह-तरह के ताने कसने लगते हैं और पीठ पीछे बुराई करना शुरू कर देते हैं। असली मुस्कुराहट वह है जो सीधे दिल से आती है और लोगों के दिलों को चीरते हुए चली जाती है। ऐसी मुस्कुराहट की तुलना लाखों-करोड़ों डॉलरों से भी नहीं की जा सकती।

न्यूयॉर्क के एक डिपार्टमेंट स्टोर के मैनेज़र ने अपनी स्टोर की कामयाबी की वजह बताते हुए कहा कि वह ऐसे सेल्स क्लर्क को नौकरी पर रखता है जो मनमोहक मुस्कुराहट वाला हो, फिर चाहे वह कम पढ़ा-लिखा हो या किसी नीची जाति से संबंध रखता हो। इससे उसे कोई फर्क नहीं पड़ता। एक कामयाब व्यक्ति वही है जो हर परिस्थिति में खुद को और दूसरों को प्रसन्न रखना जानता है। वह अपनी निजी समस्याओं का प्रभाव कभी अपने काम पर नहीं पड़ने देता।

अमेरिका की टेलीफोन कम्पनियाँ एक विशेष प्रोग्राम "फोन पॉवर" चलाती हैं। इसमें कर्मचारियों को टेलीफोन के प्रयोग द्वारा सेवाएं बेचने का ढंग में साफ-साफ सिखाया जाता है। इसमें उन्हें बताया जाता था कि फोन पर बातें करते समय आप इस तरह मुस्कुराएं कि आपकी मुस्कुराहट आपकी आवाज में सुनाई दे।

रॉबर्ट क्रायर सिनसिनाटी, ओहियो की एक कंपनी में कम्पयूटर डिपार्टमेंट के मैनेज़र थे। अपने मुस्कुराने की योग्यता वाले गुण के कारण ही वह अपनी कंपनी के लिए एक सुयोग्य उम्मीदवार का चुनाव करने में सफल हुए:

"मैं अपने ऑफिस में एक ऐसे व्यक्ति को नौकरी पर रखना चाहता था जो कंप्यूटर साइंस में पीएच. डी. हो। बहुत से इंटरव्यू और आवेदनों को देखने के बाद आखिरकार मुझे एक ऐसा पढ़ा-लिखा युवक मिल ही गया जो परड्यू यूनिवर्सिटी से ग्रैजुएशन की पढ़ाई पूरी करने वाला था। फोन पर हुई बातचीत के दौरान मुझे मालूम पड़ा कि उसे और भी कई बड़ी-बड़ी कंपनियों के ऑफर मिले थे। एक काबिल और होनहार युवक का साथ पाकर मैं बहुत खुश हुआ। कुछ दिनों बाद वह हमारे यहां काम करने लगा तो मैंने उससे पूछा कि उसने इतनी बड़ी और प्रसिद्ध कंपनियों के ऑफर ठुकरा कर हमारी कंपनी में काम करने का फैसला क्यों किया? वह मुस्कुराया और बोला, "शायद इसका कारण यह है कि दूसरी कंपनियों के मैनेज़र मुझसे फोन पर केवल बिज़नेसमैन वाले ठंडे अंदाज़ में ही बात करते थे... उनकी बातों में स्वार्थ की भावना झलकती थी। जबकि आपसे बातचीत के दौरान ऐसा लगा मानो आपको भी मुझसे बात करके उतनी ही खुशी हो रही थी, जितनी कि मुझे हो रही थी। मेरे लिए पैसे से ज़्यादा व्यक्ति की भावनाएं महत्व रखती हैं, क्योंकि इन्हें पैसे में नहीं तोला जा सकता। अगर मैं वहाँ काम करता तो कहीं न कहीं अपने साथ और अपने ईमान के साथ गद्दारी करता। लेकिन आज मुझे अपने लिए फैसले पर गर्व है।"

अमेरिका की एक बहुत बड़ी रबड़ कंपनी के बोर्ड ऑफ डायरेक्टर्स के रमैन का मानना था कि लोगों की सफलता इस बात पर निर्भर करती है कि वे अपने काम को कितने जोश, उत्साह और मजे से करते हैं। जैसे-जैसे उनका जोश उत्साह ठंडा पड़ने लगता है, वैसे ही उनका काम भी ठप्प होना शुरू हो जाता है और वे असफल होने लगते हैं। किसी को अपना बनाने का सबसे आसान और प्रभावशाली तरीका है- मुस्कुराहट। मैंने अपने यहां ट्रेनिंग ले रहे हज़ारों बिजनेसमैन को यही सुझाव दिया कि वे एक सप्ताह हर रोज़ प्रति घंटे किसी न किसी की तरफ देखकर ज़रूर मुस्कुराएं। अब आप पूछेंगे कि इससे क्या होगा? चलिए, अब इससे ही मिलती-जुलती एक और कहानी पढ़ते हैं जो कि न्यूयॉर्क के स्टॉक ब्रोकर विलियम बी. स्टीनहार्ड के निजी अनुभवों से ली गई है। मिस्टर स्टीनहार्ड बताते हैं : "मेरी शादी को अट्ठारह साल हो चुके थे। लेकिन इतने वर्ष बीत जाने पर भी मेरे और मेरी पत्नी के बीच में दो-चार शब्दों से ज़्यादा बातचीत नहीं होती थी और ना ही आज तक मैं कभी उसकी तरफ देखकर मुस्कुराया था। मेरी दिनचर्या निश्चित थी- सुबह उठता और तैयार होकर काम पर चला जाता। इस दौरान मैं कभी उसकी तरफ पलट कर नहीं देखता था। शायद मैं दुनिया का सबसे बोरिंग और निर्दयी पति था। शुरू में तो मेरी पत्नी को हमेशा मुझसे इस बात को लेकर शिकायत रहती थी, मगर फिर उसे भी मेरे रूखे और अडियल स्वभाव की आदत पड़ गई।

मगर जब आपने क्लास में मुस्कुराने और इसके परिणामों पर चर्चा करने की बात की तो मैंने फैसला किया कि मैं भी एक सप्ताह आपकी सलाह का पालन करके देखूंगा। अगले दिन सुबह जब मैं अपने बाल संवार रहा था तो मैंने पहली बार अपने उदास चेहरे को शीशे में देखा और मुस्कुराने का प्रयास किया... पहली बार खुद को मुस्कुराता देख मुझे बहुत अजीब लग रहा था। फिर मैंने खुद से ही बड़बड़ाया, 'बिल, अब तुम पहले वाले गुस्सैल बिल नहीं रहोगे... क्योंकि आज से तुम्हे मुस्कुराना है।' जब मैं नाश्ते की टेबल पर

पहुँचा तो मैंने मुस्कुराते हुए अपनी पत्नी से कहा, “गुड मॉर्निंग, माई डियर स्वीटहार्ट!”

“जैसे कि आपने चेतावनी दी थी कि वह हैरान हो जाएगी, परंतु आपका अंदाजा गलत निकला। क्योंकि वह तो एक दम पागल सी हो गई थी। ऐसा लग रहा था मानो उसे कोई इलक्ट्रिक शॉक लगा हो। जब मैंने उसे बताया कि मैं आगे भी भविष्य में ऐसा ही करूंगा तो वह खुशी से मुझसे लिपट गई और ऐसा करते वक्त उसकी आँखों में आंसू थे।”

“मेरे बदले हुए नज़रिए के कारण दो महीनों में ही हमारे घर में खुशी का माहौल बन गया। इन दो महीनों में हमने जमाने भर की सारी खुशियाँ हासिल कीं, जितनी कि पिछले अट्ठारह साल में नहीं मिली थी।”

“अब मैं जहाँ भी जाता हूँ, उन लोगों से मुस्कुराकर मिलता हूँ जिन्होंने पहले कभी मुझे मुस्काराते हुए नहीं देखा था। ऑफिस के लिए निकलते समय मैं बिल्डिंग के लिफ्टमैन को भी मुस्कुरा कर गुड मॉर्निंग कहता हूँ और ऑफिस पहुँचकर वॉचमैन को भी ‘हैल्लो’ कहता हूँ। मैंने देखा कि हर कोई आने-जाने वाला मेरी मुस्कुराहट के बदले में मुझे मुस्कुरा कर देख रहा है। अगर कोई व्यक्ति किसी मुसीबत में है तो भी मैं उसका मुस्कुरा कर स्वागत करता हूँ जिससे समस्या का आसानी से हल निकल आता है। यह मुस्कुराहट ही है जिसकी बदौलत मैं पहले की अपेक्षा कई गुना ज्यादा दौलत कमा रहा हूँ।”

“मैं लोगों की आलोचना करने की बजाय प्रशंसा और सराहना करने लगा हूँ। जितना संभव होता है सामने वाले के नज़रिए को समझने की कोशिश करता हूँ। इस छोटे से बदलाव से मेरी जिंदगी में एक बहुत बड़ा क्रांतिकारी परिवर्तन आया। अब मैं पहले की अपेक्षा ज्यादा खुश और अमीर हो गया हूँ. क्योंकि मेरे पास दोस्तों और खुशियों की बेपनाह दौलत है जो धन-दौलत और सुख-वैभव से कहीं अधिक महत्व की है।”

यदि आप खुद को खुश रखना चाहते हैं तो इसके लिए किसी वजह को तलाशने की आवश्यकता नहीं है। जब भी उदास या अकेले हों तो सीटी बजाए या कोई गाना गुनगुनाए, इससे आपका मन बहल जाएगा और अकेलापन भी दूर हो जाएगा। प्रसिद्ध मनोवैज्ञानिक और दार्शनिक जेम्स ने इस सच्चाई को दूसरे आसान शब्दों में व्यक्त किया है:

> "हम प्रायः यही सोचते हैं कि हमारे कार्य हमारी भावना का अनुसरण करते हैं, परंतु सत्य तो यह है कि कार्य और भावना एक ही सिक्के के दो पहलू हैं...ये दोनों साथ-साथ चलते हैं। कार्य पर नियंत्रण करके ही भावना को नियंत्रित किया जा सकता है, क्योंकि भावनाएँ अनियंत्रित होती है और बरबस ही व्यक्त हो जाती है। खुश रहने का एक मात्र उपाय यह है कि हम भले ही खुश न हों, पर हमें इस तरह से बोलना या व्यवहार करना चाहिए जैसे कि हम सचमुच खुश हों।

सुख-दुःख जीवन के दो अहम हिस्से हैं। इनका इस बात से कोई संबंध नहीं कि आप कितने अमीर हैं और कितने गरीब हैं। यह व्यक्ति की मानसिक परिस्थितियाँ ही हैं जो उसे दुःख और परेशानी में भी सुख का अनुभव करवाती हैं और कई बार धन-दौलत, सुख-सुविधाएँ होते हुए भी व्यक्ति सुखी अनुभव नहीं करता, क्योंकि लोगों के देखने का नज़रिया अलग-अलग होता है। उष्णकटिबंधीय प्रदेशों की चिलचिलाती धूप में काम करने वाला गरीब किसान भी उतना ही सुखी है, जितना कि बड़े-बड़े देशों में एयर कंडीशंड ऑफिसों में काम करने वाला व्यक्ति।

शेक्सपियर ने कहा था, "कोई भी चीज़ अच्छी या बुरी नहीं होती। यह हमारा नज़रिया है जो उसे अच्छा या बुरा बनाता है।"

लिंकन का मानना था, "लोग उतने ही खुश रहते हैं, जितना खुश रहने का वे निर्णय लेते हैं। इस सच का जीता जागता उदाहरण थे वो अपाहिज

बच्चे जिन्हें मैंने न्यूयॉर्क के लांग आइलैंड रेलरोड स्टेशन की सीढियाँ चढ़ते देखा था। उनके चेहरे की हँसी, आँखों की मस्ती और बुलंद हौसले देख कर लगता नहीं था कि उन्हें अपने अपाहिज होने का ज़रा सा भी पछतावा था। उनकी जिंदादिली से प्रभावित होकर मैं उत्सुकतापूर्वक उनके इंचार्ज के पास गया और इस विषय पर बातचीत की। तब उन्होंने बताया, "हां, यह सच है कि जब किसी बच्चे को यह पता चलता है कि अब उसे सारी जिंदगी लंगड़ा ही रहना पड़ेगा तो उसके दिल को गहरा सदमा पहुँचता है। परंतु समय बीतने के साथ-साथ उसके दिल के जख्म भी भर जाते हैं और वह इसी अधूरेपन को अपनी तकदीर मान कर खुश रहने लगता है।"

उन छोटे-छोटे हंसते-मुस्कुराते चेहरों ने मुझे जिंदगी की उस नई सच्चाई से रूबरू करवाया जिनसे मैं आज तक अनजान था।

मैक्सिको की सीनोरा मारिया गॉन्जालेज एक व्यस्त रहने वाली महिला थी। उसे लोगों का हँसी-मजाक करना बिल्कुल भी पसंद नहीं था। हमेशा अपने केबिन में काम करती रहती और केवल जरूरत पड़ने पर सीमित शब्दों में ही दूसरों से बात करती थी। दूसरे स्टॉफ के लोग उसे देखकर मुँह बनाते और तरह-तरह की बातें करते। फिर एक दिन जब वह ऑफिस में दाखिल हुई तो खुशी का माहौल मातम में बदल गया... चेहरों पर से हँसी गायब हो गई और सब चुपचाप अपने-अपने काम में लग गए। वह बिना कुछ बोले अपने केबिन में चली गई। अंदर जाकर उसने अपने आप से एक सवाल किया, "क्या मैं इतनी बुरी हूँ कि लोग मुझसे डरते हैं? क्या मैं इंसानियत के मायने भूल गई हूँ।" उसे अपनी गलती का अहसास हुआ और उसने फैसला किया, "आज से मैं खुद को बदल दूँगी और सब लोगों के साथ दोस्ती और प्यार के नए रिश्ते की शुरूआत करूंगी।" अगली बार जब मिसेज़ मारिया उनसे मिली, तो उसने मुस्कुरा कर पूछा, "हैल्लो, कैसी हैं आप?" उसके प्यार से बोले चार शब्दों का तत्काल असर हुआ। जवाब में सामने वाले भी मुस्कुराए और एक

दोस्ताना माहौल बन गया। इस तरह धीरे-धीरे उसका ऑफिस के सभी लोगों से परिचय होता गया और अब वह स्वयं अपने केबिन से बाहर निकलकर उनसे बातचीत करने को आतुर रहती थी।

चीन में एक बहुत समझदार व्यक्ति थे। उन्हें दुनियादारी की अच्छी-खासी समझ थी। उनकी एक कहावत बहुत लोकप्रिय है : "जिस व्यक्ति के पास हँसता-मुस्कुराता चेहरा न हो, उसे दुकान कभी नहीं खोलनी चाहिए।"

मुस्कुराहट सद्भावना का संदेशवाहक है। आपकी एक मुस्कान लाखों उदास, जिंदगी से निराश, लोगों के लिए आशा की किरण बन सकती है। जब कोई अपने बॉस, ग्राहकों, माता-पिता या बच्चों के कारण किसी तनाव या परेशानी में होता है तो ऐसे में आपकी एक मुस्कुराहट उसकी सारी मुश्किलें दूर कर जीने की एक नई राह दिखाती है।

न्यूयॉर्क के एक डिपार्टमेंट स्टोर ने क्रिसमस के अवसर पर अपने ग्राहकों को विज्ञापनों के माध्यम से एक घरेलू मगर महत्त्वपूर्ण फिलॉसफी बताई क्रिसमस पर मुस्कुराहट का मूल्य:

यह फ्री मिलती है, मगर होती बहुत मूल्यवान है।

1. जिन्हें यह मिलती है वे वास्तव में बहुत समृद्ध हो जाते हैं, परंतु जो देते हैं वे कभी गरीब नहीं होते।
2. यह एक पल में हो जाती है, परंतु इसकी याद्दाश्त लंबे समय तक कायम रहती है।
3. कोई भी इतना अमीर नहीं कि इसके बिना जी सके और ना ही कोई इतना गरीब है कि इसका लाभ न उठा सके।
4. जहाँ एक तरफ यह घर में सुख लाती है, वहीं दूसरी तरफ बिज़नेस में सद्भावना भरती है।
5. यह जिंदगी से थके लोगों के लिए रोशनी की किरण है।

6. इसे खरीदा या चुराया नहीं जा सकता और ना ही उधार लिया जा सकता है, न ही यह भीख में मिलती है क्योंकि इसका तब तक कोई मोल नहीं जब तक कि इसे किसी दूसरे को नहीं दिया जाता और क्रिसमस की भीड़ में हमारे कुछ सेल्समैन अगर इतने थके हुए हों कि आपको मुस्कुराहट न दे पाएं तो क्या आप उन्हें अपनी मुस्कान देने का कष्ट करेंगे?

क्योंकि मुस्कुराहट की ज़रूरत उस व्यक्ति को सबसे ज्यादा होती है। जिसके पास देने के लिए मुस्कान नहीं बचती।

सिद्धांत - 2
मुस्कुराएँ।

3
अगर आप यह नहीं करते, तो आप मुश्किल में हैं

1898 में रॉकलैंड काउंटी में एक बहुत दुखद घटना घटी। 1898 में तो पिता की इकलौती संतान की एक लंबी बीमारी के बाद मृत्यु हो गई। आस-पड़ोस के लोग उसकी शवयात्रा में जाने की तैयारी कर रहे थे। जिम फार्ले एक लंबे सफर से आया था। जब उसे बच्चे की मृत्यु का पता चला तो वह भी उस बदनसीब दंपत्ति के शोक में शामिल होने को तैयार हो गया। जाने से पहले वह अपने घोड़े को घुड़साल में बाँधने चला गया। कई दिनों से हो रही बर्फबारी के कारण ज़मीन बर्फ से ढकी हुई थी और चारों तरफ ठंडी हवाएं चल रही थी। घोड़ा भी सफर से थका-माँदा था इसलिए जब वह एकदम से पानी के नाले में से गुजरा तो मस्ती मस्ती में अचानक पीछे मुड़ गया और अपने दोनों अगले पैर हवा में उठा लिए और जोर से जिम फार्ले की छाती पर दे मारे। एकाएक हुए आघात से जिम वहीं चित्त हो गया। एक ही दिन में उस छोटे से गाँव में एक के बदले दो शवयात्राएँ निकलीं।

जिम फार्ले अपने पीछे अपनी पत्नी और तीन बच्चों को छोड़ गए थे। उसका सबसे बड़ा बेटा जिम दस वर्ष का था, जो अपने परिवार का पेट भरने के लिए ईंट के भट्ठे पर काम करने लगा। आर्थिक तंगी के कारण वह बहुत कम स्कूल गया था। परंतु अपनी स्वाभाविक मिलनसार प्रवृत्ति के कारण उसमें लोगों का दिल जीतने की अद्भुत कला थी। अपने इन्हीं गुणों के कारण

वह राजनीति में चला गया और समय बीतने के साथ-साथ उसने लोगों का नाम याद रखने की असामान्य प्रतिभा विकसित कर ली।

हालांकि वह कभी हाई स्कूल भी नहीं गया था, लेकिन फिर भी चार कॉलेजों ने उसे सम्मानजनक उपाधियों से विभूषित किया और शीघ्र ही वह एक डेमोक्रेटिक नेशनल कमेटी का चेयरमैन और पोस्टमास्टर जनरल ऑफ द युनाइटेड स्टेट्स बन गया।

एक बार मुझे जिम फार्ले का इंटरव्यू लेने का मौका मिला। मैंने उनसे उनकी सफलता का राज पूछा तो उन्होंने जवाब दिया, "कड़ी मेहनत।" उनका जवाब सुनकर मेरी हंसी छूट गई और कहाँ, "आप मज़ाक बहुत अच्छा करते हो।"

इस पर उन्होंने मुझसे पूछा कि फिर मेरी नज़रों में उनकी सफलता का रहस्य क्या है? मैंने जवाब दिया, "मैंने सुना है कि आपको दस हज़ार लोगों के नाम याद हैं।"

"नहीं, आपने गलत सुना है। मुझे दस हजार नहीं, बल्कि पचास हजार लोगों के नाम याद हैं।"

नाम याद रखने की इसी काबिलियत की वजह से फार्ले ने फ्रँकलिन डी. रूजवेल्ट को अमेरिका का प्रेसीडेंट बनाया। इस कला को विकसित करने की कहानी भी बहुत अद्भुत है। इसकी शुरुआत तब हुई जब जिम एक सेल्समैन के रूप में काम करता था। वह जब भी किसी नये व्यक्ति से मिलता तो उसका पूरा नाम-पता, घर-परिवार, बिजनेस और राजनीतिक विचारों के बारे में सारी जानकारी ले लेता। उसमें एक खासियत थी, वह प्रत्येक बात को इतने ध्यान से सुनता कि बात उसके दिमाग में बैठ जाती थी। फिर अगली बार जब वह उस व्यक्ति से मिलता, तो उससे हाथ मिलाते वक्त उसके परिवार के सारे सदस्यों का हाल-चाल पूछ लेता... यहां तक कि यह भी पूछ लेता कि उसके बगीचे में लगे फूल-पौधे कैसे हैं? उसकी तीव्र यादाशत के कारण लोग उसे बेहद पसंद करते थे।

रूजवेल्ट का चुनाव अभियान प्रारंभ होने के कई महीने पहले जिम फार्ले ने पश्चिमी और उत्तर-पश्चिमी राज्यों के सैकड़ों लोगों को पत्र लिखे और उन सब से व्यक्तिगत तौर पर मिले। अपनी यात्रा के दौरान उसने लोगों से दिल खोलकर बातचीत की और उनका सही मार्गदर्शन किया। फिर वापस लौटने पर उसने हर उस व्यक्ति को पत्र लिखा जिससे वह अपनी पिछली यात्रा के दौरान मिला था।

जिम इस तथ्य को जानते थे कि ज्यादातर लोग दूसरों के नामों की अपेक्षा अपना नाम सुनने में अधिक दिलचस्पी लेते हैं। किसी का नाम याद रखना और सही ढंग से उसका उच्चारण करना अपनेपन की निशानी है। जबकि किसी को भूल जाना या किसी के नाम की गलत स्पेलिंग लिख देना बेगानेपन और लापरवाही की निशानी है, जिसका ख़ामियाजा आपको जिंदगी भर भुगतना पड़ सकता है। ऐसे बहुत से नाम होते हैं जिनका उच्चारण कठिन होने के कारण उन्हें याद रखना मुश्किल हो जाता है। कई बार हम इनका सही उच्चारण सीखने की मेहनत छोड़कर इसे नज़रअंदाज़ करना शुरू कर देते हैं या फिर उस व्यक्ति को उसके उपनाम से बुलाने लगते हैं। एक बार सिड लेवी की मुलाकात निकोडेमस पैपेडुलॉस से हुई। नाम मुश्किल होने के कारण ज़्यादातर लोग उसे 'निक' कहकर बुलाते थे। लेकिन लेवी ने उससे मिलने से पहले उसके नाम का सही उच्चारण सीखने के लिए बहुत मेहनत की और जब वे निक से मिले तो उन्होंने उसका पूरा नाम लेकर अभिवादन किया, "गुड ऑफ्टरनून, मिस्टर निकोडेमस पैपेडुलॉस।" निक की आँखें फटी की फटी रह गईं...उसे अपने कानों पर विश्वास नहीं हो रहा था। काफी देर तक तो उसके मुँह से आवाज़ भी नहीं निकली। आखिरकार आँखों में आंसू भरकर बोले, "मिस्टर लेवी, मैं पिछले पंद्रह साल से यहां रह रहा हूँ, पर आज तक किसी ने मेरा पूरा नाम लेने की कोशिश नहीं की। यहां तक कि मैं भी अपना वास्तविक नाम भी भूल चुका था। लेकिन आप पहले व्यक्ति हैं जिन्होंने मेरा पूरा और सही नाम लेकर मुझे बुलाया है।"

एन्ड्रयू (कारनेगी को स्टील जगत का संस्थापक माना जाता है, परंतु वास्तविकता तो यह थी कि वे स्टील के बारे में बहुत कम जानते थे। वे मानवीय व्यवहार कुशलता से भली-भांति परिचित थे। उनमें एक अदभुत संगठन शक्ति थी। अपनी इसी ताकत के बल पर उन्होंने लाखों लोगों का नेतृत्व करने में सफलता पाई। दस साल की उम्र में उन्होंने जान लिया था कि लोगों को अपना नाम सुनना बहुत पसंद है और उन्होंने इस जानकारी का उपयोग अपनी मंजिल पाने के लिए किया। जब वे स्कॉटलैंड में थे तो उन्होंने एक मादा खरगोश को पाला। थोड़े समय बाद खरगोश ने बहुत से छोटे-छोटे खरगोशों को जन्म दिया। आस-पड़ोस के बच्चे इनसे खेलकर बहुत खुश होते थे। परंतु गरीब होने के कारण एन्ड्रयू के पास उन्हें खिलाने के लिए ज्यादा कुछ नहीं था। तभी उनके दिमाग में एक शानदार विचार आया। उन्होंने अपने पड़ोस के सारे बच्चों को इकट्ठा किया और कहा कि अगर वे उसके खरगोशों को खाना खिलाएंगे तो वह अपने खरगोशों के नाम उनके नामों पर रख देगा।

कारनेगी की यह योजना कामयाब हुई।

उसके कई साल बाद कारनेगी ने अपने व्यापार में भी इसी मनोविज्ञान का प्रयोग किया और करोड़ों डॉलर कमाए। वे पेनसिल्वेनिया रेलरोड को स्टील की पटरियाँ बेचना चाहते थे। परंतु उस वक्त जे. एडगर थॉमसन, पेनसिल्वेनिया रेलरोड के प्रेसिडेंट थे जो कि बहुत जिद्दी और अड़ियल व्यक्ति थे। एन्ड्रयू ने बुद्धिमता का प्रयोग करते हुए पिट्सबर्ग में एक बड़ी स्टील मिल बनाई और उसका नाम "एडगर थॉमसन स्टील वर्क्स" रखा।

अब आप बताएं जब पेनसिल्वेनिया रेलरोड को स्टील की पटरियों की ज़रूरत पड़ी होगी तो मिस्टर थॉमसन ने इन्हें कहां से खरीदा होगा? जवाब बिल्कुल आसान है... एन्ड्रयू कारनेगी से। क्योंकि वह कारनेगी की सोच से बहुत प्रभावित था और उसकी भावनाओं का सम्मान करता था।

कारनेगी की सेंट्रल ट्रांसपोर्टेशन कंपनी और जॉर्ज पुलमैन की स्लीपिंग कार कंपनी में प्रतियोगिता चल रही थी। दोनों ही कंपनियाँ पैसिफिक रेलरोड

से टेंडर प्राप्त करने की होड़ में लगातार अपनी कीमतें घटाती जा रही थीं। धीरे-धीरे ये दोनों बर्बादी की कगार पर जा रही थीं। व्यापार की बिगड़ती हालत को देखकर कारनेगी और पुलमैन दोनों युनियन पैसिफिक के बोर्ड ऑफ डायरेक्टर्स से मिलने न्यूयॉर्क पहुँचे। जब दोनों की सेंट निकोलस होटल में मुलाकात हुई तो कारनेगी ने बड़ी चालाकी से बात को संभालते हुए कहा, "मिस्टर पुलमैन, क्या आपको नहीं लगता हम दुनिया के सामने अपनी मूर्खता साबित कर रहे हैं?"

"आप कहना क्या चाहते हैं?" पुलमैन ने कुलबुला कर पूछा।

"मतलब यह है कि अगर हम दोनों प्रतियोगिता की बजाय आपसी सहयोग से मिल-जुल कर काम करें, तो हमें लाखों-करोड़ों का फायदा हो सकता है" कारनेगी ने अपना सुझाव पेश किया। पुलमैन ने ध्यान से कारनेगी की पूरी बात सुनी और पूछा, "आप इस नई कंपनी का नाम क्या रखेंगे?"

"पुलमैन पैलेस कार कंपनी" कारनेगी ने स्पष्ट जवाब दिया। कारनेगी की बात सुनकर पुलमैन की चेहरे पर रौनक छा गई और तुरंत ही कहा , "आप मेरे कमरे में आइए, बैठकर विस्तार से बात करते हैं।" इस तरह एक छोटी सी चर्चा ने एक विशाल औद्योगिक इतिहास की नींव रखी।

कारेन कर्श, कैलिफोर्निया के रान्चो पैलोस वर्डीस की फ़्लाइट अटेंडेंट थी। उसने खाली समय में अपने केबिन में बैठे यात्रियों के नाम याद रखने की आदत डाल ली। इसके बाद जब भी वह उनकी सेवा करने जाती तो उनका नाम लेना नहीं भूलती थी। परिणामस्वरूप, यात्रियों ने उसकी सेवा की तारीफ न केवल उसके मुँह पर की, बल्कि एयरलाइन से भी की। एक यात्री ने तो यह तक कह दिया, "आज के बाद मैं टी. डब्लयू. ए. एयरलाइन के सिवा किसी दूसरी एयरलाइन से यात्रा नहीं करूंगा।"

दरअसल लोग चाहे छोटे हो या बड़े हर एक को अपने नाम पर बहुत गर्व होता है और वे किसी भी कीमत पर इसे जिंदा रखना चाहते हैं। यहां तक कि बड़े-बड़े लोग अपने नाम को अमर बनाए रखने के लिए संगीतकारों,

लेखकों और कलाकारों को आर्थिक सहायता देने से भी नहीं चूकते, ताकि उनकी रचनाएँ उनके नाम पर समर्पित हो जाएं। ऐसे लोग मंदिरों, मस्जिदों, अनाथालयों, पुस्तकालयों और संग्रहालयों में दान करके अपने कर्मों को सुधारने और वंश चलाने में यकीन रखते हैं। उदाहरण के लिए न्यूयॉर्क की पब्लिक लाईब्रेरी में एस्टर और लेनॉक्स कलेक्शन हैं, तो मेट्रोपॉलिटन म्यूजियम में बेंजामिन आल्टमैन और जे. पी. मॉरगन के कलेक्शन है। दुनिया की लगभग हर चर्च में आपको ऐसे दानी महापुरूषों के नाम खिड़कियों, पत्थरों या मूर्तियों पर लिखे हुए मिल जाएँगे। कई विश्वविद्यालयों और कैंपस की इमारतों पर उन महादानियों के नामों की सूची लगी होती है जिन्होंने उन्हें बनवाने के लिए आर्थिक सहयोग दिया होता है।

नाम याद रखना कोई ज्यादा मुश्किल बात नहीं होती। बस थोड़ा समय एकाग्र मन से इन्हें दोहराना पड़ता है, ताकि ये अच्छी तरह से दिलो-दिमाग में बैठ जाएँ। परंतु अधिकतर लोग आलसी होते हैं इसीलिए वे न तो मेहनत करते हैं। और न ही उचित समय देते हैं ... मगर आवश्यकता पड़ने पर बहाना बनाने से कभी नहीं चूकते कि वे बहुत व्यस्त हैं।

फ्रैंकलिन डी. रूज़वेल्ट व्यस्त होते हुए भी थोड़ा समय निकालते और अपने आस-पास के सभी लोगों का नाम याद रखते। इस संबधित एक नज़ीर लीजिए: मिस्टर रूज़वेल्ट पैर में लकवे के कारण किसी सामान्य कार का प्रयोग नहीं कर सकते थे। इसलिए क्राइस्लर ऑरगेनाइज़ेशन ने उनकी सुविधा को ध्यान में रखते हुए उनके लिए एक ख़ास तरह की कार बनाई। डब्लयू. एफ. चैम्बरलेन और उसका एक मैकेनिक इस कार के साथ व्हाइट हाऊस पहुँचे। वे वहाँ गए तो थे प्रेसिडेंट रूज़वेल्ट को इस असामान्य उपकरणों वाली कार को चलाना सिखाने। परंतु रूजवेल्ट ने उल्टा उन्हें ही लोगों से व्यवहार कैसे किया जाए का पाठ सिखा कर भेज दिया। विस्तृत जानकारी के लिए मेरे पास चैम्बरलेन का पत्र है जिसे मैं आप सबको उन्हीं की जुबानी सुनाना पसंद करूंगाः

"जब मैं व्हाइट हाऊस पहुँचा तो प्रेसिडेंट बेहद प्रसन्न मूड में थे। मेरी हिचकिचाहट दूर करने के लिए उन्होंने मुझे मेरे नाम से बुलाया और कार के बारे में जानकारी लेते हुए अपनी रुचि ज़ाहिर की। कार में एक विशेष गुण था। यह हाथों से नियंत्रित होती थी। इसे देखने के लिए वहाँ बहुत से लोगों की भीड़ जमा हो गई, तारीफों के पुल बाँधने लगे, 'यह बहुत शानदार है। एक बटन दबाने पर ही चल देती है और कोई मेहनत भी नहीं करनी पड़ती। यह बहुत बढ़िया है, मगर मुझे चलाना नहीं आता। लेकिन जब कभी फुर्सत मिलेगी तो इसके प्रत्येक हिस्से को खोलकर देखूंगा कि यह कैसे काम करती है।"

प्रेसीडेंट के सारे सहयोगियों और मित्रों ने कार की बहुत तारीफ की। फिर रूजवेल्ट ने मेरा हौसला बढ़ाते हुए कहाँ, मिस्टर चैम्बरलेन, आपन जितने समय और प्रयासों से यह कार बनाई है वह काबिले तारीफ है। सचमुच... यह बहुत बढ़िया है। उन्होंने गाड़ी के रेडिएटर, रियर-व्यू शीशे घड़ी, स्पॉटलाइट, ड्राइवर सीट, डिग्गी की बनावट इत्यादि सब चीजों की बहुत तारीफ की। दूसरे शब्दों में कहा जाए तो उन्होंने हर उस चीज पर ध्यान दिया जिसे बनाने में मैंने कड़ी मेहनत की थी। एक-एक करके उन्होंने कार की सारी विशेषताएँ गिना दीं।"

"मेरे साथ एक मैकेनिक भी आया था जो कि बहुत शर्मीले स्वभाव का था। वैसे तो मैंने प्रेसीडेंट से उसका परिचय पहले ही करवा दिया था, परंतु लोगों की भीड़ के कारण कोई खास बातचीत नहीं हो पाई थी। रूजवेल्ट ने इतने शोर में उसका नाम केवल एक बार ही सुना था। प्रेसीडेंट से विदा लेकर जब हम जाने लगे तो उन्होंने हमें रोका और मैकेनिक से हाथ मिलाकर उसकी पीठ थपथपाई और उसका नाम लेकर उसे धन्यवाद कहा। रूजवेल्ट के शब्दों में इतना अपनापन और प्यार था कि हमारी सारी मेहनत सफल हो गई।

"न्यूयॉर्क से लौटने के कुछ दिन बाद मुझे एक पॉर्सल मिला। जब खोलकर देखा तो उसमें प्रेसिडेंट का फोटोग्राफ था जिस पर उनके ऑटोग्राफ भी थे। यह उपहार मेरे लिए दुनिया की सारी दौलत से बढ़कर था। लेकिन एक बात मेरी समझ से बाहर है कि इतने व्यस्त होने के बावजूद भी उन्होंने मेरे

लिए समय कैसे निकाला? खैर, जो भी हो... उन्होंने मुझे धन्यवाद के काबिल समझा मेरे लिए यही बहुत था।"

लोगों से सद्भावना प्राप्त करने का यह सबसे सरल और महत्त्वपूर्ण तरीका है, परंतु दुर्भाग्यवश ऐसे बहुत कम लोग हैं जो इन्हें अपने जीवन में लागू कर पाते हैं। हम अक्सर जब भी किसी अनजान व्यक्ति से मिलते हैं, तो दो-चार मिनट बात करते हैं और फिर घर पहुँचने तक उसे भूल जाते हैं। यह कला राजनीति के क्षेत्र में बहुत महत्त्वपूर्ण है। चुनाव अभियान के शुरूआती दौर में सभी राजनेता अपने मतदाताओं के नाम याद करने का भरसक प्रयत्न करते हैं। फ्रांस के सम्राट नेपोलियन तृतीय का दावा था कि वे अपने राजकीय कर्तव्यों के बावजूद अपने संपर्क में आने वाले प्रत्येक व्यक्ति का नाम याद रखते थे। उनकी नाम याद करने की तकनीक बहुत आसान थी। वे प्रत्येक व्यक्ति का नाम पूछते और पूरी चर्चा के दौरान बार-बार उसका नाम दोहराते। इस दौरान वह उस व्यक्ति के चेहरे के साथ-साथ उसके हावभाव भी अपने दिमाग में बिठा लेते थे। लेकिन अगर कभी कोई नाम उन्हें अच्छी तरह से सुनाई न देता या फिर समझ नहीं पाते, तो वे उससे दोबारा पूछते हुए कहते, 'माफ कीजिएगा, मैं आपका नाम ठीक से सुन नहीं पाया। क्या आप दुबारा बताने की कृपा करेंगे?" और अगर नाम सुनने में कुछ अटपटा लगता तो फिर वे उससे यह भी पूछ लेते थे, "इसे लिखा कैसे जाता है?"

मुझे पता है कि आपको यह सब पढ़ कर हँसी आ रही होगी, लेकिन सच्चाई यही है। दरअसल उनका कहना था कि व्यक्ति को किसी काम को सही ढंग से करने में कोई शर्म या हिचकिचाहट नहीं होनी चाहिए। नेपोलियन इस कला में दो कदम आगे थे। वे अपने कानों के साथ-साथ आँखों को भी खुला रखते थे। वे व्यक्ति के नाम को कागज़ पर लिख लेते और तब तक दोहराते रहते जब तक कि उन्हें यह याद न हो जाए। माना कि इस काम में थोड़ी मेहनत तो अवश्य लगती है, परंतु इसका परिणाम बहुत बढ़िया निकलता है। इमर्सन का कहना था, "अच्छे मैनर्स के लिए छोटे-मोटे त्याग तो करने ही पड़ते हैं।"

यह तकनीक केवल राजनेताओं या बिजनेसमैन के लिए ही नहीं, बल्कि सामान्य नागरिकों के लिए भी लाभप्रद साबित हो सकती है। इंडियाना में जनरल मोटर्स में काम करने वाला कर्मचारी केन नॉटिंघम प्रायः कंपनी के कॅफेटेरिया में ही लंच किया करता था। जब भी वह लंच करने आता तो एक बात नोटिस करता कि काउंटर के पीछे काम करने वाली महिला के चेहरे पर हमेशा त्यौरियां चढ़ी रहती थीं। क्योंकि वह दो घंटे से लगातार सैंडविच बनाती थी और काम करते-करते थक जाती थी। केन ने काऊटर पर जाकर अपने लिए एक सैंडविच का ऑर्डर दिया। उसने फटाक से हैम को तराज़ू में तौला और फिर उसने लेट्यूस की एक पत्ती आलू की थोड़ी सी चिप्स डालकर सैंडविच बेरूखी से मेरे हाथ में थमा दी। मैं कॉर्नर में बैठ कर इसे खाने लगा और लगातार उस महिला को घूरता रहा।

"अगले दिन फिर मेरे साथ ऐसा ही हुआ। वही महिला, वही त्यौरियां और वही चिड़चिड़ापन। मैं ऑर्डर देने गया और मुस्कुरा कर बोला, 'हैल्लो युनिस कैसी हो?' इतना सब सुन कर उसके तो होश ही उड़ गए। फिर उसने उत्साहित होकर ढेर सारा हैम, लेट्यूस की तीन-चार पत्तियां और प्लेट भर आलू की चिप्स और एक बड़ा सा सैंडविच मेरे हाथ में दिया और मुस्कुरा कर देखने लगी।"

दरअसल नाम ही वह जादुई छड़ी है जो किसी अकड़ू, गुस्सैल और स्वार्थी इंसान को बदल सकती है। नाम ही किसी के व्यक्तित्व की पहचान और उसके व्यक्तित्व का प्रतीक है। जब हम किसी का नाम लेकर किसी स्थिति का सामना करते हैं तो हमारे कहे शब्द सामने वाले व्यक्ति के लिए महत्त्वपूर्ण हो जाते हैं। यह सिद्धांत सभी पर एक समान असर करता है फिर चाहे वह किसी कंपनी का सीनियर एक्ज़ीक्यूटिव हो या फिर किसी होटल का मामूली सा नौकर।

सिद्धांत - 3

याद रखें किसी व्यक्ति का नाम उसके लिए सबसे महत्त्वपूर्ण और मधुरतम शब्द होता है।

4

अच्छा वक्ता बनने का आसान तरीका

लोगों के साथ वक्त बिताना किसे अच्छा नहीं लगता... और अगर वे लोग आपके क़रीबी हों तो बात ही अलग है! कुछ समय पहले दोस्तों ने एक ब्रिज पार्टी रखी और मुझे भी आमंत्रित किया। मुझे ब्रिज खेलना नहीं आता था, लेकिन अगर जाने से इंकार करता तो शायद उन्हें अच्छा नहीं लगता, इसीलिए अनमने मन से पार्टी में चला गया। वहाँ मुझे अपने जैसी एक और महिला मिली जो ब्रिज खेलना नहीं जानती थी। वह मुझे पहले से ही जानती थी क्योंकि किसी समय में मैं लॉवेल थॉमस का मैनेज़र रह चुका था और बतौर सहयोगी उनके साथ यूरोप की सैर भी कर चुका था। उसने उत्सुकतावश पूछा, “मिस्टर कारनेगी यूरोप में आप कौन-कौन सी रोमाँचक जगहों पर घूमे हैं?”

एक छोटी सी जान-पहचान से बात शुरू हुई और धीरे-धीरे खिंचते हुए विशाल रूप ले गई। जहाँ बाकी लोग आपस में हँसी-ठिठोली और बिज़नेस की बातें कर रहे थे, वहीं हम दोनों एक कोने में सोफे पर बैठे गुफ्तगू करने में व्यस्त थे। उसने मुझे बताया कि वह और उसका पति अभी-अभी अफ्रीका की यात्रा से लौटे हैं। “अफ्रीका! अरे वाह! कितना मजेदार सफर रहा होगा। अफ्रीका घूमना मेरी दिली तमन्ना रही है, लेकिन वक्त ही नहीं मिलता। पिछली बार जब मिस्टर थॉमस के साथ गया था तो चौबीस घंटे अल्जियर्स में ही रुकना पड़ा... सो उस तरफ जाने का कभी मौका ही नहीं मिला। आप बताएं, आप वहाँ की रंगीन वादियों की सैर करके आई हैं या फिर मेरी तरह ऐसे ही खाली हाथ लौट आयीं? वैसे मुझे आपसे ईर्ष्या हो रही है! चलिए, अब आप अफ्रीका के अपने रोमाँचक अनुभव सुनाइए।”

इसके बाद ज्यों ही उस महिला ने बोलना शुरू किया तो पूरे पैंतालीस मिनट नॉन-स्टॉप बोलती चली गई और मैं किसी गुलाम की तरह खामोश बैठा उसकी बातें सुनता रहा। उसने एक बार भी मुझसे यह नहीं पूछा कि मैं कहां-कहां गया था या मैंने क्या-कुछ देखा था। सच कहूँ तो मेरा अनुभव कहता है कि उसे मुझमें या मेरी बातों में कोई दिलचस्पी ही नहीं थी। वह तो सिर्फ एक श्रोता की तलाश में थी, जो बिना कोई किन्तु परंतु किए उसकी बातों को सुन सके।

आपको क्या लगता है? क्या उस महिला का व्यवहार असामान्य था? नहीं, बिल्कुल नहीं। क्योंकि दुनिया में ज्यादातर लोग इसी तरह के होते हैं। उदाहरण के तौर पर आपको एक किस्सा सुनाता हूँ: न्यूयॉर्क में एक प्रकाशक की डिनर पार्टी में मैं एक प्रसिद्ध बॉटनिस्ट से मिला। हालांकि पहले कभी मैंने किसी बॉटनिस्ट से बात नहीं की थी और न ही कभी इन सब में रुचि ली थी। परंतु उस दिन पहली बार जाने क्यों मुझे उनकी बातें बहुत दिलचस्प लग रही थीं। वे पेड़-पौधों की दुनिया के बारे में रोचक बातें बता रहे थे। उनकी बातें जादू-सा असर कर रही थीं और मैं मंत्रमुग्ध-सा सुने जा रहा था। उन्होंने मुझे इनडोर गार्डनिंग के बारे में बहुत से नए-नए नुस्खे बताए। मेरे घर में भी एक छोटा सा गार्डन था जिसे मेरी पत्नी या माली ही देखते थे। उनकी बातें सुनकर मेरे मन में भी बागवानी का ख्याल उमड़ने लगा। इसीलिए मैं ध्यान से उनकी सारी बातें सुनने लगा। पार्टी में करीब पचासों लोग थे, परंतु मैंने सभी को नज़रअंदाज़ करते हुए सिर्फ उसी बॉटनिस्ट से घंटों बातें की।

बातों-बातों में आधी रात हो गई और सामाजिकता का पालन करते हुए मैंने सबसे विदा ली और घर चला आया। मेरे जाने के बाद वह बॉटनिस्ट मेजबान के पास गया और उसने मेरी जी भर कर प्रशंसा की तारीफ में उसने मुझे एक बहुत प्रेरक व्यक्ति और रोचक वक्ता के खिताब से नवाजा।

रोचक वक्ता? यह शब्द सुनकर मैं थोड़ा सकुचाया, क्योंकि मैंने तो उसके सामने ज्यादा बोला ही नहीं था, तो मेरे वक्ता होने का तो सवाल ही नहीं उठता था। और वैसे भी अगर मैं चाहता तो भी कुछ नहीं कह सकता था। क्योंकि

बॉटनी के बारे में मुझे कुछ पता नहीं था। परंतु मैंने उनकी बातों को मन लगा कर सुना और शायद उन्हें मेरी रुचि का अहसास हो गया था। इस तरह किसी की बात सुनना अपने आप में एक प्रशंसाजनक बात है।

पार्टी से विदा लेने से पहले मैंने उनका धन्यवाद किया और कहा, "आपके साथ बातचीत करके बहुत अच्छा लगा और काफी कुछ सीखने को भी मिला। काश! मेरे पास भी ऐसा ज्ञान होता।" इस तरह उन्होंने मुझे एक अच्छा वक्ता समझ लिया जबकि मैं तो सिर्फ एक अच्छा श्रोता था जो उन्हें बातचीत करने के लिए प्रोत्साहित कर रहा था।

चार्ल्स डब्लयू. इलियट ने सफल बिज़नेस की परिभाषा कुछ इस तरह दी है- "दूसरों की बात को ध्यानपूर्वक सुनना ही सफल बिजनेस है... इससे बड़ी चापलूसी कोई हो ही नहीं सकती।"

इलियट स्वयं सुनने की कला में बहुत बड़े विशेषज्ञ थे। उनका सुनना सिर्फ मौन नहीं, बल्कि एक तरह की गतिविधि थी जिसमें सीधे तनकर बैठ जाते और हाथों को गोद में रखकर... अगूंठों को एक-दूसरे के ऊपर लपेटने के सिवा उनके शरीर में कोई हरकत नहीं होती थी। वे वक्ता को कानों के साथ-साथ आँखों से भी सुनते। इंटरव्यू देने वाला व्यक्ति खुद-ब-खुद समझ जाता था कि सामने वाला उसकी बातों को पूरी तरह समझ चुका है।

सुनने की कला एक ऐसा शस्त्र है जिसके सामने बड़े से बड़ा आलोचक भी नर्म पड़ जाता है। सबसे अहम बात तो यह है कि सामने वाले को अपनी पूरी बात कह लेने दें फिर चाहे वह आग ही क्यों न उगल रहा हो। ऐसा ही कुछ एक ग्राहक ने टेलीफोन कंपनी वालों के साथ भी किया, परंतु टेलीफोन वालों ने धैर्य से उस व्यक्ति का सामना किया और मुश्किल का हल निकाला। दरअसल एक ग्राहक टेलीफोन सेवा से पूरी तरह असंतुष्ट था। जब भी टेलीफोन कंपनी वाले उसे पिछले बिलों के भुगतान के बारे में सूचित करने के लिए फोन करते, तो वह उन्हें बहुत बुरा-भला कहता और तरह-तरह की धमकियाँ देता। इस बार तो उसने हद ही कर दी...उसने फोन कंपनी को जड

से उखाड़ देने की धमकी दे डाली। उसने अख़बारों में उनके खिलाफ जहर भरे लेख प्रकाशित करवाए और अदालत में टेलीफोन कंपनी के विरुद्ध कई केस भी दायर किए। मामले की गंभीरता को देखते हुए न्यूयॉर्क टेलीफोन कंपनी को सूचित किया गया कि उन्हें उस व्यक्ति से बातचीत करके मामले को सुलझाना है और बिलों का भुगतान भी प्राप्त करना है।

आखिरकार कंपनी के सबसे योग्य और ट्रबलशूटर को इस गुस्सैल व्यक्ति को शांत करने का कार्यभार सौंपा गया और उसे उस ग्राहक का इंटरव्यू लेने के लिए भेज दिया। उसने शांत मन और स्थिर दिमाग से ग्राहक की सारी बातें सुनी और उसे अपना गुस्सा निकालने का पूरा मौका दिया। इस दौरान वह ग्राहक की "हां में हां" मिला कर उसके प्रति सहानुभूति जताता रहा।

ट्रबलशूटर जब वापस कंपनी पहुँचा तो उसने सबको आपबीती सुनाई: "जब मैं पहली बार उससे मिला तो उसने करीब तीन घंटे लगातार अपने मन की भड़ास निकाली और मैंने उसकी बातों को यथासंभव सुना। पूरे प्रकरण के दौरान मेरी उससे चार बार मुलाकात हुई। इन सारी मुलाकातों में मैंने उसे खूब अच्छी तरह से समझा और उससे दोस्ती की। उसने अपना खुद का एक संगठन बनाया जिसका नाम 'टेलीफोन सब्स्क्राइबर्स प्रोटेक्टिव एसोसिएशन' था। मैं उसके इस संगठन का पहला और आखिरी सदस्य हूँ, हालांकि वह इस तथ्य से अनजान है कि ऐसा कोई संगठन वास्तव में है ही नहीं।

मैंने उसकी हर बात को मन लगाकर सुना और उसके साथ पूरी हमदर्दी जताई। आज तक किसी टेलीफोन प्रतिनिधि ने उसकी बात को इस तरह से नहीं सुना था। मैंने उसे अपने मकसद के बारे में कुछ नहीं बताया था। परंतु आखिरी मीटिंग में मैंने सब कुछ अच्छे से निपटा लिया और उसे पिछले सारे बिलों का भुगतान करने को राजी भी कर लिया। इसके अतिरिक्त उसने कोर्ट से अपने सारे केस और शिकायतें वापस ले ली और समाचार पत्र में एक माफीनामा भी लिखवा दिया।

हालांकि वह खुद को एक बहुत बड़ा धर्मयोद्धा मानते थे और जनाधिकारों की रक्षा के लिए कुछ भी करने को तैयार थे। दरअसल वे खुद को महत्वपूर्ण अनुभव करवाना चाहते थे और उन्हें महत्वपूर्ण होने का एहसास चिल्लाने और शिकायत करने से मिलता था। लेकिन जैसे ही कंपनी के प्रतिनिधि ने उसे और उसकी बातों को महत्व देना शुरू कर दिया तो उसकी सारी शिकायतें दूर हो गई।

सफल बातचीत के रहस्य को समझने के लिए आपको कहीं बाहर जा कर अध्ययन करने की आवश्यकता नहीं है, बल्कि यह सब आपको अपने घरेलू जीवन में ही सीखने को मिल सकता है। उदाहरण के लिए, बड़े-बड़े डिपार्टमेंट स्टोर अपनी बिक्री बढ़ाने और ग्राहकों को आकर्षित करने के लिए स्टोर को बढ़िया तरीके से सजाते हैं, विज्ञापन देते हैं और ग्राहकों की सेवा के लिए क्लर्कों को नौकरी पर रखते हैं। परंतु कई बार क्लर्क के अच्छा श्रोता न होने के कारण वे ग्राहकों की बात को बीच में ही काट देते हैं, उनसे बहस करते हैं। उनके इस व्यवहार से क्लकों का कोई नुकसान नहीं होता, क्योंकि उन्हें तो अपनी तनख्वाह मिल ही जाती है, परंतु इसका दोगुना नुकसान मालिक को उठाना पड़ता है- एक तो अच्छा ग्राहक हाथ से निकल जाता है और दूसरा दुकान की इमेज़ भी खराब होती है।

ऐसे ही एक बार शिकागो का डिपार्टमेंट स्टोर अपना कई साल पुराना ग्राहक गंवाते-गंवाते बचा। मिसेज हेनेरिटा डगलस हर साल उस स्टोर से हजारों डॉलर का सामान खरीदती थीं। उस दिन भी मिसेज़ डगलस ने स्पेशल सेल से एक कोट खरीदा और जब घर आकर पहन कर देखने लगीं तो लाइनिंग थोड़ी सी खुली हुई थी। वे अगले दिन स्टोर में गई और सेल्सगर्ल से कोट बदलने का अनुरोध किया। लेकिन सेल्सगर्ल ने उनकी शिकायत सुनने से इंकार कर दिया और कहा, यह स्पेशल सेल है... जो सामान आपने एक बार खरीद लिया, उसे तो आपको रखना ही होगा फिर चाहे यह किसी भी हालत में क्यों न हो। अगर इसकी सिलाई उधड़ी हुई है तो इसमें हमारा कोई दोष नहीं, बल्कि यह आपकी गलती है। आपको खरीदते समय ध्यान से देखना चाहिए था। इसके अलावा उसने बदतमीजी से बात करते हुए उन्हें दीवार पर

लगे नोट की तरफ इशारा कर के दिखाया जिस पर लिखा था :"बिका हुआ सामान वापस नहीं होगा।"

"परंतु यह तो पहले से ही खराब था.. अभी कल शाम ही तो इसे लेकर गई हूँ मैंने तो अभी तक इसका इस्तेमाल भी नहीं किया" मिसेज़ डगलस ने शिकायत की।"

आप चाहे इसे कल लेकर गई हों या एक घंटा पहले, यह जानने की हमें कोई आवश्यकता नहीं। हमारी दुकान से सामान एक बार गया तो बस गया फिर उसकी हम कोई गारंटी नहीं लेते। आपके लिए अच्छा होगा कि फालतू की बहस न करें और चुपचाप यहां से चली जाएं क्लर्क ने उनकी बात काटते हुए कहा।

क्लर्क और सेल्सगर्ल की जली कटी बातें सुन कर मिसेज़ डगलस आग-बबूला हो गईं। जैसे ही वह स्टोर से बाहर निकलने लगीं तो अचानक डिपार्टमेंट मैनेज़र से मुलाकात हो गई जो कि पुराने ग्राहक होने के कारण उन्हें सालों से जानता था। उन्होंने मिसेज़ डगलस से खैर-खबर पूछी और बातचीत करने लगा। तब मिसेज़ डगलस ने उसे कोट वाला पूरा किस्सा सुनाया।

मैनेज़र ने ध्यानपूर्वक उनकी बात सुनी और कोट की जाँच की और कहा "मैम, स्पेशल सेल का सामान इसलिए वापस नहीं होता क्योंकि हम सीजन के आखिर में अपना सामान बेचकर इसे खत्म करना चाहते हैं। परंतु अगर सामान खराब हो तो उस पर यह नियम लागू नहीं होता। ग्राहकों से धोखा करना हमारे नियमों के विरुद्ध है। अतः अगर आप चाहें तो हम इसकी सिलाई करवा सकते हैं या फिर आप कहें तो हम आपका पैसा वापस कर सकते हैं।"

अब आप ही सोचिए, दोनों के व्यवहार में कितना अंतर था! अगर मैनेज़र वहाँ न आया होता तो शायद उनका एक स्थायी ग्राहक हमेशा-हमेशा के लिए उनके स्टोर से चला गया होता। मिसेज़ डगलस मैनेज़र की बात से इस कदर प्रभावित हुई कि उनका गुस्सा तुरंत ही गायब हो गया और उन्होंने उस कोट के बदले में एक की बजाय दो कोट खरीदे।

सुनने की कला घर पर भी उतनी ही महत्त्वपूर्ण है जितनी कि बिज़नेस में। न्यूयॉर्क में रहने वाली मिली एस्पोसिटो को आधी-अधूरी बातें सुनना पसंद नही था। वह प्रत्येक व्यक्ति को उसकी बात कहने का मौका देतीं और फिर कोई उचित कदम उठाती थीं। जब उसके बच्चे उससे कुछ कहना चाहते तो वह ध्यान से उनकी बात सुनती थी। एक शाम वह अपने बेटे रॉबर्ट के साथ बगीचे में बैठी खेल रही थी और उसकी उल्टी-सीधी बातों के जवाब दे रही थी। अचानक रॉबर्ट ने कहा, "माँ, मुझे पता है कि आप मुझसे बहुत प्यार करती हैं।

नन्हें रॉबर्ट के मुँह से यह सब बातें सुनकर मिसेज़ एस्पोसिटो को बहुत अच्छा लगा। उसने रॉबर्ट को गले से लगा लिया और कहा, "हां बेटा, मैं सचमुच तुमसे बहुत प्यार करती हूँ। लेकिन आज तुमने अचानक यह कैसे महसूस किया?"

"मैं जानता हूँ कि आप मुझसे प्यार करती हैं, क्योंकि आप मेरी हर बात ध्यान से सुनती हैं। मैं जब भी कुछ कहता हूँ तो आप अपना सारा काम-धाम छोड़कर मेरी बात सुनने लगती हैं।"

डेटमर वूलन कंपनी, टेलरिंग व्यवसाय का सामान डिस्ट्रीब्यूट करने वाली विश्व की सबसे बड़ी कंपनी थी। इस कंपनी को अपने एक ग्राहक से कुछ पैसे वसूलने थे, परंतु ग्राहक पैसे देने को तैयार नहीं था। क्रेडिट डिपार्टमेंट वालों ने उससे कई बार भुगतान करने के लिए अनुरोध किया। एक दिन गुस्से में उसने अपना बोरिया-बिस्तरा बांधा और शिकागो आ पहुँचा। अगली सुबह गुस्से से बड़बड़ाता हुआ डेटमर वूलन कंपनी के संस्थापक जूलियन एफ. डेटमर के ऑफिस में आ धमका और चिल्लाते हुए बोला, "मैं न तो आपका कोई बिल चुकाऊंगा और न ही भविष्य में आपकी कंपनी से कोई व्यापार करूंगा।" उसकी आवाज में हिंसा साफ झलक रही थी। मिस्टर डेटमर में सारी बातों को अपने शब्दों में बयान किया है:

मैं धैर्यपूर्वक उसकी बातें सुनता रहा। एक बार तो मन किया कि उसे उसकी बदतमीजी का मुंहतोड़ जवाब दूँ, लेकिन फिर यह सोच कर चुप्प हो गया कि ऐसा करने से मुझमें और उसमें फर्क क्या रहेगा !! और वैसे भी मुझे लड़ाई-झगड़ा करना बिल्कुल भी पसंद नहीं है। इसलिए मैंने उसके दिल के गुबार को निकल जाने देना ही बेहतर समझा। कुछ देर बाद, जब वह बोल-बोल कर थक गया तो मैंने उसे एक कुर्सी पर बिठाया और पीने के लिए पानी दिया। फिर शांति से कहा, 'मिस्टर डेटमर, मैं आपका बहुत बड़ा आभारी हूँ कि आप अपनी बात बताने के लिए इतनी दूर शिकागो तक आए। हमारे क्रेडिट डिपार्टमेंट की वजह से आपको जितनी भी तकलीफ उठानी पड़ी उसके लिए मैं तहेदिल से आपसे माफी माँगता हूँ। ऐसी छोटी-मोटी नाराजगी हमारे बिज़नेस के लिए घातक सिद्ध हो सकती हैं, अतः बेहतर होगा कि आप शांतिपूर्वक हमारी कंपनी की खामियाँ बताइए क्योंकि जितना आप इन्हें बताने के लिए उत्सुक हैं, उससे कहीं ज्यादा मैं इन्हें सुनने को बेताब हूँ।"

"मेरी बातें सुनकर उसे बहुत आश्चर्य हुआ। उसे उम्मीद नहीं थी कि मैं उससे इस तरह का व्यवहार करूंगा। शायद वह थोड़ा निराश भी हुआ. क्योंकि वह तो मुझे दो-चार कड़वी बातें सुनाने के लिए शिकागो आया था, जबकि मैं उससे बहस करने की बजाय उसका धन्यवाद कर रहा था। मैंने उससे हमदर्दी जताते हुए कहा, "मैं आपकी भावनाओं को समझ सकता हूँ। अगर आपकी जगह मैं होता, तो शायद मैं भी यही करता। चूंकि अब वह हमसे माल खरीदने का इच्छुक नहीं था इसीलिए मैंने उसे कई दूसरे बढ़िया वूलन स्टोर्स के नाम सुझा दिए।"

"हमारे रिलेशन पहले इतने अच्छे थे कि जब कभी वह शिकागो आता तो हम आम तौर पर एक साथ ही लंच किया करते थे। उस दिन भी मैंने उसे लंच के लिए आमंत्रित किया। हालांकि उसका आने का मन तो नहीं था, लेकिन मेरा आग्रह टाल नहीं सका और आने को राजी हो गया। परंतु लंच के बाद जब हम वापस ऑफिस लौटे तो वह पूरी तरह से बदल चुका था। दरअसल वह मेरी अच्छाई और धैर्य से इस कदर प्रभावित हुआ कि उसने

पहले से कई गुना ज्यादा माल का ऑर्डर दे दिया और पिछले सारे बिलों का भुगतान भी तुरंत ही कर दिया। इस तरह अगले बाईस साल तक मेरी कंपनी और उसके बीच मैत्रीपूर्ण संबंध बने रहे।

सालों पहले, एक छोटा सा गरीब डच बालक जिसे पढ़ने का बहुत शौक था अपने परिवार की आर्थिक सहायता के लिए स्कूल के बाद एक बेकरी शॉप की खिड़कियों धोने का काम किया करता था। उसकी मेहनत से खुश होकर बेकरी शॉप का मालिक उसे एक-आधा सेंट रोजाना मेहनताने के रूप में दे देता था। खाली समय में वह सड़कों पर गिरे कोयले के टुकड़ों को इकट्ठा करता ताकि अपने घर का चूल्हा जला सके। यह बालक एडवर्ड बॉक था और जो बचपन में मुश्किल से छह साल ही स्कूल जा पाया था लेकिन स्कूल छूटने के बाद भी उसकी पढ़ाई की लगन कभी खत्म नहीं हुई। यह उसकी लगन का नतीजा था कि एक दिन उसकी गिनती अमेरिकी पत्रकारिता के इतिहास में सर्वाधिक कामयाब संपादकों की सूची में की जाने लगी। यह सब कब और कैसे हुआ, यह बहुत लंबी कहानी है, परंतु आपकी जानकारी के लिए हम कुछ तथ्यों को पेश कर रहे हैं ताकि आप भी उसके जीवन से प्रेरित होकर अपने जीवन के सफल मुकाम को हासिल कर पाएं।

आर्थिक तंगी के चलते तेरह साल की आयु तक पहुँचने के बाद बॉक का स्कूल जाना छूट गया और वे वेस्टर्न यूनियन में बतौर ऑफिस ब्वॉय काम करने लगे। परंतु शिक्षा की लौ उनके मन में ज्यों की त्यों जलती रही। उन्होंने मन ही मन खुद को शिक्षित करने का प्रण लिया जिसके लिए उन्हें बहुत सी यातनाएँ सहन करनी पड़ीं। यदि बॉक को ऑफिस के काम से कहीं बाहर आना-जाना होता तो वे ज़्यादातर पैदल ही सफर करते और किराए के लिए मिले पैसों को बचा लेते। दिन में तीन टाइम खाने की बजाय दो टाइम ही खाना खाते... इस तरह बचे हुए पैसों से उन्होंने महान लोगों की जीवनियों का एनसाइक्लोपीडिया खरीदा। फिर उन्होंने एक ऐसा आश्चर्यजनक काम किया जिसके बारे में शायद किसी ने पहले कभी सोचा नहीं था। उन्होंने उन सब विद्वानों को पत्र लिखा जिनकी जीवनियां उन्होंने पढ़ी थीं। पत्र में उन्होंने उन

सब से उनके बचपन के बारे में बताने का अनुरोध किया। बॉक अच्छे श्रोता थे इसीलिए लोग उन्हें बहुत पसंद करते थे।

कुछ ही महीनों में चौदह साल का यह अदना सा वेस्टर्न यूनियन ब्वॉय देश के महान लोगों से पत्र-व्यवहार करने वाला दुनिया का सबसे प्रसिद्ध मैसेंजर बन गया। उसकी इस सूची में राल्फ वॉल्डो इमर्सन, ओलिवर वेंडेल होम्स, लांगफेलो, मिसेज अब्राहिम लिंकन, लुइसा मे एल्कॉट, जनरल शेरमैन और जेफरसन डेविस शामिल थे। बॉक न केवल इन सब से पत्र-व्यवहार करता, बल्कि छुट्टियां बिताने उनके घर भी जाता । इस अनुभव ने उसके आत्मविश्वास को पहले की अपेक्षा बढ़ा दिया था। और यह सब सिर्फ इस कारण संभव हुआ क्योंकि उसने पुस्तक में दिए सिद्धांतों को अपने वास्तविक जीवन में लागू किया था ।

कई अति महत्वपूर्ण लोगों ने मुझे बताया कि उन्हें अच्छे वक्ताओं की तुलना में अच्छे श्रोता अधिक पसंद हैं, क्योंकि सुनने की कला बहुत दुर्लभ है। और यह हर किसी में मिलना संभव नहीं। ऐसे श्रोताओं में आश्चर्यजनक सहनशीलता होती है जो लोगों को बरबस अपनी तरफ आकर्षित करती है।

लेकिन अगर आप चाहते हैं, कि लोग आपको देखकर मुँह बनाएँ, पीठ पीछे आपकी हँसी उड़ाएँ और आपसे नफरत करें तो इसका बहुत आसान और अचूक तरीका है न तो ज़्यादा देर तक किसी को बोलने दें और न ही किसी की बड़-बड़ को ज्यादा वक्त तक सुनें। हमेशा अपनी बात करें। जब भी आपके मन में दूसरों के प्रति कोई विचार आए तो सामने वाले की बात खत्म करने की प्रतीक्षा किए बिना फटाक से अपनी बात कहें और जितना संभव हो दूसरों पर अपने विचार थोंपने का प्रयास करें। फिर देखिए, मंज़र बिल्कुल अलग होगा। लोग आपसे बात करना तो क्या, देखना भी पसंद नहीं करेंगे भले आप कितने भी महान व्यक्ति क्यों न हो।

दरअसल ऐसे लोगों को उबाऊ लोगों की श्रेणी में रखा जाता है। ऐसे उबाऊ लोग जो अपने अहंकार के नशे में चूर दूसरों को कुछ नहीं समझते

और हर समय अपना ही राग अलापते रहते हैं। कोलंबिया यूनिवर्सिटी के प्रेसिडेंट डॉ. निकोलस मरे बटले ने ऐसे लोगों के बारे में टिप्पणी करते हुए कहा है, “जो लोग केवल अपने बारे में ही सोचते हैं या अपने बारे में ही बातें करते हैं, वे बुरी तरह अशिक्षित होते हैं फिर चाहे वे कितने ही पढ़े-लिखे क्यों न हो।”

अगर आप अच्छा वक्ता बनना चाहते हैं तो ध्यान से सुनने की आदत डालें। लोगों की बातों में दिलचस्पी लें उनसे ऐसे सवाल पूछें जिनका जवाब देने में उन्हें बहुत मज़ा आए। लोगों की प्रशंसा या सराहना करने से कभी न चूकें और उन्हें उनकी उपलब्धियों के बारे में बताकर प्रोत्साहित करें।

याद रखें, लोगों को जितनी रुचि आप में या आपकी समस्याओं में है उससे कहीं गुना ज्यादा रुचि उन्हें अपने आप में है। चीन में अकाल से मरने वाले लाखों लोगों के दुःख से ज़्यादा उन्हें अपने दाढ़ के दर्द की परवाह है। अफ्रीका में आए जबर्दस्त भूकंप में मरने वाले लोगों के दर्द से ज़्यादा दर्द उन्हें अपने गर्दन के फोड़े से होता है। अतः अगली बार जब भी चर्चा करें तो इस बात का ध्यान अवश्य रखें कि आपकी बातों से दूसरों की भावनाएं आहत न हों।

सिद्धांत - 4

अच्छा श्रोता बनें। दूसरों को खुद के बारे में बातें करने के लिए प्रोत्साहित करें।

5
लोगों में दिलचस्पी कैसे जगाएं

थियोडोर रूज़वेल्ट बहुत ज्ञानी थे। जो भी व्यक्ति उनके संपर्क में आता, उनसे प्रभावित हुए बिना न रहता फिर चाहे वह कोई चरवाहा, कोई राजनेता या फिर कोई कूटनीतिज्ञ हो। रूज़वेल्ट को हर तरह के लोगों से बात करने का अनुभव था। अपने इसी गुण से वे लोगों का दिल जीत लेते थे। अब आप सोचेंगे कि एक व्यक्ति इतना सब कुछ एक साथ कैसे कर सकता है? जवाब बिल्कुल आसान है। जब भी रूज़वेल्ट को किसी से मिलना होता तो वे उस व्यक्ति के बारे में सारी जानकारी प्राप्त कर लेते और उसके पसंदीदा विषय पर पहले से ही अध्ययन कर लेते थे।

क्योंकि रूज़वेल्ट जानते थे कि किसी व्यक्ति के दिल का रास्ता उसके पसंदीदा विषयों के बारे में बातें करने से होकर गुजरता है। प्रोफेसर विलियम ल्यॉन फेल्पस ने यह सबक बचपन में ही सीख लिया था जिसके बलबूते पर वह एक सफल निबंधकार बने। चलिए अब उनकी कहानी उन्हीं की जुबानी। सुनते हैं:

"मैं आठ साल का था और तीसरी कक्षा में पढ़ता था। गर्मियों की छुट्टिया आने पर मैं अपनी आंटी लिब्बी लिन्सले के घर रहने चला गया। एक दिन शाम को जब मैं नावों के साथ खेलने में व्यस्त था, तभी एक अधेड़ उम्र का व्यक्ति आंटी से मिलने आया। दोनों लिविंग रूम में बैठे बातें कर रहे थे कि तभी आगंतुक की नजर मुझ पर पड़ी। वह मेरे पास आया और नावों के विषय में बातें करने लगा। उसने मुझे नावों के बारे में बहुत सी नई-नई बातें बताईं जिसे सुनकर मुझे बहुत मजा आया। उनके जाने के बाद मैंने आंटी

से उसकी तारीफ करते हुए कहा, "यह अंकल बहुत अच्छे थे। उन्होंने मुझे बहुत अच्छी-अच्छी बातें बताईं।" इस पर आंटी ने बताया कि वह न्यूयॉर्क का जाना-माना वकील था और उसे समुद्रों और कश्तियों में बिल्कुल भी दिलचस्पी नहीं थी। आंटी की बात सुनकर मेरे बालमन में एक सवाल उठा और मैंने तुरंत ही उनसे पूछा, "अगर उसे नावों में रुचि नहीं थी तो वह इतनी देर से इनके बारे में चर्चा क्यों कर रहा था?"

"क्योंकि वह बहुत समझदार और सभ्य इंसान है। तुम्हें नावों के साथ खेलता देखकर वह समझ गया था कि तुम्हारी दिलचस्पी नावों में है और इसीलिए उसने इस विषय पर तुमसे बात की ताकि तुम्हें खुशी मिले। उसने तुम्हारे लिए खुद को रोचक बनाया.. तभी तुम्हें वह इतना पसंद आया।"

अपनी आंटी की इस बात को विलियम ल्यॉन फेल्पस कभी नहीं भूले।

एडवर्ड एल. कैलिफ़ बताते हैं- "एक सुबह मैं ऑफिस जाने के लिए तैयार हो रहा था कि तभी मेरा बड़ा बेटा मेरे पास आया और बताया कि उसके स्कूल का कैंप यूरोप ट्रिप पर जा रहा था। उसका यूरोप घूमने जाने का बहुत मन था, लेकिन पैसे की तंगी के कारण मेरे लिए उसे घूमने भेजना संभव न था। उसका उदास चेहरा सारा दिन मेरी आँखों के आगे घूमता रहा। तभी दिल में ख़्याल आया कि यदि कंपनी का प्रेसिडेंट मेरे बेटे के ट्रिप का सारा खर्चा उठा लें तो मेरी सारी मुश्किल आसान हो जाएगी, लेकिन समझ में नहीं आ रहा था कि उनके साथ बात करूं तो कैसे करूं?"

"किसी तरह हिम्मत करके मैं उनके ऑफिस जा पहुँचा। इसे संयोग कहिए या फिर कुदरत का कोई करिश्मा, मेरे वहाँ जाने से कुछ समय पहले उन्होंने दस लाख डॉलर का एक चैक काटा था जो कि किसी कारण कैंसल हो गया था और मैंने ऑफिस के बाहर लोगों को आपस में चैक के बारे में बात करते हुए सुन लिया था।"

"मुझे बातचीत का मुद्दा मिल गया था। इसलिए मैं जल्दी से उनके ऑफिस में घुसा और अंदर जाते ही सबसे पहले उनसे दस लाख डॉलर के बैंक के बारे में पूछताछ करना शुरू कर दी। दस लाख डॉलर का चैक! मुझे विश्वास नहीं होता! मैंने अपनी जिंदगी में कभी किसी को इतनी बड़ी रकम

का चैक काटते नहीं देखा। परंतु मेरी दिली ख्वाहिश है कि मैं इस चैक को देखूं ताकि घर जाकर अपने बच्चों को बता सकूं कि मैंने सचमुच में इतनी बड़ी रकम का चैक देखा है। मेरी बात सुनकर उन्होंने खुशी-खुशी चैक दिखा दिया। फिर मैंने उनसे इस चैक के बारे में पूरी जाँच-पड़ताल

मिस्टर कैलिफ़ ने मुलाकात की शुरूआत में स्काउट्स, यूरोप ट्रिप या अपनी ख्वाहिश के बारे में कोई बात नहीं की, बल्कि वे उस चीज़ में दिलचस्पी ले रहे थे, जिसमें सामने वाले की खुशी थी।

"प्रेसिडेंट काफी प्रसन्नचित थे। कुछ देर बातचीत के बाद उन्होंने मुझसे पूछा, 'अच्छा, आप मुझसे क्यों मिलना चाहते थे?' मैंने हिचकिचाते हुए अपनी ख़्वाहिश उनके सामने जाहिर की, लेकिन मन में थोड़ी शंका भी थी कि कहीं वे मना न कर दें।"

"मगर हैरत तब हुई जब उन्होंने न केवल मेरी बात मानी, बल्कि मुझे मेरी माँग से ज़्यादा दिया। मैंने उनसे अपने एक बच्चे को यूरोप भेजने की अपील की थी, परंतु उन्होंने मेरे पांचों बच्चों और मुझे यूरोप भेजने का बंदोबस्त कर दिया। यही नहीं, उन्होंने हमें एक हजार डॉलर का चैक भी दिया जिससे कि हम वहाँ आराम से मस्ती कर सकें। इसके अलावा यूरोप में हम सबका एक हफ़्ते रुकने का प्रबंध भी करवा दिया। उन्होंने अपनी कंपनी के ब्रांच मैनेज़र को पत्र लिखा और हमारी सारी सुख-सुविधाओं का ध्यान रखने का आदेश दिया। इसके बाद वे खुद दो दिन के लिए पेरिस आए और हमें पेरिस की सैर करवाई।

आप में से कई लोगों के मन में यही सवाल होगा, क्या यह तकनीक बिजनेस में भी लाभकारी साबित होगी? आइए, यह जानने के लिए हम डुवरनॉय एंड सन्स के हेनरी जी. डुवरनॉय की आपबीती सुनते हैं:

मिस्टर डुवरनॉय की न्यूयॉर्क में बेकिंग की होलसेल फर्म थी और वह दुकानों पर माल सप्लाई करने का काम किया करते थे। वे पिछले करीब चार सालों से एक बड़े होटल को अपना माल सप्लाई करने की कोशिश कर रहे थे, लेकिन कामयाब नहीं हो पाए। वे हर सप्ताह होटल के मैनेज़र से मिलने जाते,

मगर मैनेज़र हर बार कोई न कोई बहाना बनाकर वहाँ से खिसक जाता। परंतु मिस्टर डुवरनॉय ने हिम्मत न हारी। उसने मैनेज़र का पीछा करना शुरू कर दिया। मैनेज़र जहाँ-जहाँ जाता, मिस्टर डुवरनॉय भी पीछे-पीछे वहीं पहुँच जाते। यहां तक कि मिस्टर डुवरनॉय ने उस होटल में कमरा तक बुक करवा लिया था जहाँ वह मैनेज़र रहता था। ऐसा करने का उनका सिर्फ एक मकसद था... वह अपने व्यापार को बढ़ाना चाहते थे और इसके लिए उन्हें किसी बड़ी फर्म का सहयोग मिलना जरूरी था। मिस्टर डुवरनॉय चाहते तो किसी दूसरी फर्म में भी कोशिश कर सकते थे, परंतु उन्हें यकीन था कि एक न एक दिन वे ज़रूर कामयाब होंगे। और यही आत्मविश्वास उनकी कामयाबी की पहली सीढ़ी बना।

मिस्टर डुवरनॉय ने मैनेज़र को प्रभावित करने का दूसरा उपाय सोचा। उसने अपना पूरा ध्यान मैनेज़र की दिलचस्पी जानने में लगाया। फिर उन्हें पता चला कि मैनेज़र अमेरिका के किसी होटल ग्रीटर्स ऑफ अमेरिका नामक एक एक्ज़ीक्यूटिव्ज़ सोसाइटी का प्रेसिडेंट है।

अगली बार जब मिस्टर डुवरनॉय उससे मिलने गए तो उन्होंने मैंनेजर से ग्रीटर्स संस्था के बारे में बातें करना शुरू कर दिया। ग्रीटर्स का नाम सुनते ही मैंनेजर के चेहरे पर इस तरह रौनक आ गई मानों सारे जहाँ का ताज उसी के सिर आ टिका हो। वह करीब एक-डेढ़ घंटे तक मिस्टर ड्वरनॉय से ग्रीटर्स के बारे में चर्चा करता रहा। उसकी आवाज़ में एक नया जोश और उत्साह झलक रहा था और इस बार उसे कहीं बाहर जाने की जल्दी भी नहीं थी। जब मिस्टर डुवरनॉय उनसे विदा लेकर जाने के लिए खड़े हुए तो मैनेज़र ने उनसे अपनी सोसाइटी का मैम्बर बनने की पेशकश की। मिस्टर डुवरनॉय ने बिना समय गवाए उनके ऑफर को स्वीकार कर लिया और खुशी-खुशी वहाँ से चले आए।

उस बातचीत के दौरान उन्होंने मैनेज़र से ब्रेड के ऑर्डर के बारे में कोई जिक्र नहीं किया। परंतु कुछ दिनों बाद उसके पास होटल से किसी स्टीवर्ड का फोन आया और उसने मिस्टर डुवरनॉय को माल का सैंपल लेकर पहुँचने को कहा।

जब मैं होटल पहुँचा तो स्टीवर्ड ने गर्मजोशी से मिस्टर डुवरनॉय का स्वागत किया और कहा, "मुझे यह तो नहीं पता कि आपने हमारे मालिक पर क्या जादू किया है? लेकिन वे आपसे बहुत प्रभावित हैं और हर समय आपकी ही बातें करते रहते हैं।"

स्टीवर्ड की बात सुनकर मिस्टर डुवरनॉय बहुत खुश हुए। अब ज़रा सोचिए, बिज़नेस हासिल करने के लिए मिस्टर डुवरनॉय को क्या-क्या नहीं करना पड़ा। उसने अपनी जिंदगी के चार साल एक ही कोशिश में लगाए। जिसका फल उसे देर-सवेर ही सही मगर मिला। लेकिन अगर वह मैनेज़र की रुचि जानने का कष्ट न उठाता तो पता नहीं कितने साल और उसे इस तरह धक्के खाते रहना पड़ता।

हैजर्सटाऊन के एडवर्ड ई. हैरीमेन ने आर्मी से रिटायरमैंट लेने के बाद मैरीलैंड की कंबरलैंड वैली में रहने का निश्चय किया। लेकिन दुर्भाग्यवश उस क्षेत्र में नौकरियों के अवसर बहुत कम थे जिस कारण उन्हें जीवन-यापन में बहुत दिक्कत हो रही थी। थोड़ी बहुत कोशिशों के बाद उसे पता चला कि आर. जे. फंकहाउजर उस इलाके में बहुत सी कंपनियों का मालिक था। लेकिन थोड़ा सनकी-मिज़ाज होने के कारण लोग उससे मिलने से घबराते थे। दरअसल वे गरीबी को मात देकर इस मुकाम तक पहुँचे थे इसीलिए गरीबों से नफरत करते थे। मिस्टर हैरीमैन ने उनके जीवन का बहुत बारीकी से अध्ययन किया। चलिए आगे की दास्तां उन्हीं की ज़ुबानी सुनते हैं:

"उसके बारे में अध्ययन करने पर पता चला कि उसकी ज़्यादातर रुचि धन और सत्ता में थी। उसकी एक सेक्रेटरी जो उसके प्रति पूर्णरूप से समर्पित थी, उन्हें सामान्य लोगों से दूर रखने में उनकी मदद करती थी। जाहिर सी बात थी कि मेरा मिस्टर फंकहाउजर तक पहुँचना बहुत मुश्किल था। इसीलिए मैंने सेक्रेटरी को ही पुल बनाकर मंजिल तक पहुँचने का फैसला किया। मैंने सेक्रेटरी की रुचियों और लक्ष्यों का अच्छे से अध्ययन किया और उससे मिलने चला गया। वह पिछले पंद्रह सालों से मिस्टर फंकहाउजर के लिए काम कर रही थी। जब मैंने उसे बताया कि मेरे पास मिस्टर फंकहाउजर के लिए एक प्रस्ताव है, जिससे उन्हें आर्थिक और राजनीतिक सफलता मिल सकती है। वह बहुत उत्साहित हुई। उसकी मिस्टर फंकहाउजर के प्रति सेवानिष्ठ और

सहयोग की भावना की मैंने दिल खोल कर तारीफ की। मेरी बातों से प्रभावित होकर उसने मेरी और मिस्टर फंकहाउजर की एक मीटिंग फिक्स करवा दी

"सेक्रेटरी ने मुझे फंकहाउजर के बारे में पहले ही सावधान कर दिया था इसलिए मैंने निश्चय किया कि मैं उनसे सीधे नौकरी की पेशकश न करूंगा। जब मैं उसके शानदार ऑफिस में गया तो वह एक बड़ी नक्काशीदार डेस्क के पीछे बैठा था। मुझे देखते ही उसने गरज भरी आवाज़ में कहा, "हां, तो आप क्या कहना चाहते हैं?" मैंने भी थोड़ा सख़्त मगर प्रभावशाली आवाज़ में जवाब दिया, "मिस्टर फंकहाउजर, मैं यहां आपके लिए पैसा कमाने के उद्देश्य से आया हूँ और मुझे यकीन है कि मैं ऐसा अवश्यक पाऊंगा।" मेरे दृढ़ जवाब से वह बहुत प्रभावित हुए। वह उठे और पास आक मेरे कंधे पर हाथ रखकर कहा, "मुझे तुम जैसे हौंसलेपरस्त और हिम्मती लोगों की तलाश है।" फिर उसने मुझे बैठने का इशारा किया। मैंने अपने विचारों और योजनाओं को उनके सामने पेश किया और बताया कि इनसे उनके बिज़ने और व्यक्तिगत सफलता में किस तरह वृद्धि हो सकती है।"

उन्हें मेरी योजनाएं बहुत अच्छी लगी और उन्होंने तुरंत ही मेरे हाथों में अपायंटमेंट लेटर थमा दिया। इस तरह मैं बीस साल से भी अधिक समय तक उनके बिज़नेस का हिस्सा बना रहा और इससे हम दोनों को बहुत लाभ हुआ।

लोगों की रुचियों में दिलचस्पी लेने से दोनों पक्षों को लाभ होता है। हॉवर्ड जेड. हज़िंग ने इस सिद्धांत का प्रयोग कर्मचारी संप्रेषण के क्षेत्र में किया और उन्होंने अपने अनुभव बताते हुए कहा कि उनका प्रत्येक व्यक्ति से बात करने का अलग-अलग और सुखद अनुभव रहा। इसका सबसे बड़ा लाभ यह था कि इस सिद्धांत के पालन से उनके दोस्तों और सहयोगियों का दायरा बढ़ गया था।

सिद्धांत - 5
सामने वाले व्यक्ति की रुचि के विषय में बात करें।

6

किस तरह लोगों को तत्काल आकर्षित करें

एक दिन मैं न्यूयार्क के 33 स्ट्रीट के आठवें माले पर बने पोस्ट ऑफिस में रजिस्ट्री पोस्ट करने जा रहा था तो वहाँ बहुत ज्यादा भीड़ थी। बाकी लोगों की तरह मैं भी लाईन में लग गया और अपनी बारी की प्रतीक्षा करने लगा। मेरी नज़रें एकटक क्लर्क पर टिकी हुई थीं, जो लिफाफों का वजन तौलता उन पर टिकट चिपकाता और फिर पैसे गिनकर रसीद दे रहा था। उसका चेहरा काफी उतरा हुआ था मानो जिंदगी से कोई लगाव ही न हो। खैर, इसमें कोई शक नहीं है, क्योंकि ऐसा बोरियत भरा काम लगातार करते रहने से उसकी या उसके जैसे किसी भी व्यक्ति की ऐसी हालत होना स्वाभाविक है। फिर मेरे मन में एक ख़्याल आया कि क्यों न मैं कुछ ऐसा करूं जिससे क्लर्क के चेहरे पर छाई उदासी मुस्कुराहट में बदल जाए और वह मुझे पसंद करने लगे। लेकिन मुझे इस बात का ध्यान रखना होगा कि मेरे बातों से कहीं वह यह न समझ बैठे कि मैं उसकी चापलूसी कर रहा हूँ। इसके लिए मुझे उसकी सच्ची प्रशंसा करनी होगी...एक ऐसी प्रशंसा जो उसके दिल को छू जाए और जिसके बारे में वह खुद भी जानता हो। "लेकिन इस आदमी में ऐसा क्या है जिसकी में सच्ची तारीफ कर सकूं?" इस सवाल का जवाब है तो बहुत मुश्किल क्योंकि जिन लोगों को हम जानते भी नहीं उनके बारे में जानकारी प्राप्त करना बहुत कठिन काम है। काफी देर तक मैं क्लर्क को ऐसे ही घूरता रहा और तभी मुझे कुछ ऐसा दिखाई दिया जिसकी मैं दिल खोलकर तारीफ कर सकता था।

जैसे ही मेरी बारी आयी मैंने लिफाफा उसके काऊंटर पर रखा और चेहरे पर बड़ी सी मुस्कान और उत्साह से भरकर कहा, “आपके बाल बहुत खूबसूरत हैं... काश! मेरे बाल भी आपके जैसे होते!”

मेरी बात सुनकर पहले तो वह चौंक गया और फिर उसके चेहरे पर एक नई रंगत और मुस्कान आ गई। उसने हल्का-सा मुस्कुराकर विनम्रतापूर्वक कहा, “अब तो ये पहले जितने सुंदर नहीं रहे।” मैंने पलटकर जवाब दिया, “हाँ, मैं मानता हूँ कि ये पहले जितने अच्छे तो नहीं होंगे, लेकिन अब भी आकर्षक हैं।” यह सुनकर वह बहुत खुश हुआ। इस तरह पांच-दस मिनट तक हम दोनों में कुछ दिलचस्प बातें हुईं और फिर मैं वापस आ गया।

मैं दावे से कहता हूँ कि उसे मेरी बातें इतनी अच्छी लगी होंगी कि उसने दिन में दस से पंद्रह बार अपने बालों को संवारा होगा और मेरी बात को याद करके मन ही मन मुस्कुराया होगा। शाम को हँसता-गुनगुनाता घर लौटा होगा और अपनी पत्नी को यह बात बताई होगी। दो-चार दिन तक शीशे के सामने खड़े होकर अपने बालों को तरह-तरह से संवारा होगा और खुद से कहा होगा, “सच में मेरे बाल बहुत सुंदर हैं।”

जब मैंने यह बात ऑफिस में बताई तो लोग मुझे सशंकित नजरों से देखने लगे और कहा, ‘आप उसकी भावनाओं से खेलकर क्या हासिल करना चाहते थे?’

मुझे ऐसी उम्मीद नहीं थी। मैंने सोचा था कि वे सब मेरी भावनाओं को समझेंगे और उनके अजीबो-गरीब रवैये को देखकर मैं दंग रह गया क्योंकि मुझे उनसे आगे चलकर खुद भी लोगों को ऐसी खुशियां देने में हिचकिचाएंगे नहीं। लेकिन उनके व्यवहार ने मेरी सारी उम्मीदों पर पानी फेर दिया था। मैंने गुस्से से कहा “मैं भला उससे क्या हासिल करने की कोशिश करूंगा! अरे मैं तो उसे जानता तक नहीं था। इंसानियत की खातिर अगर मैंने उसके चेहरे पर थोड़ी हँसी ला दी तो क्या गुनाह कर दिया!”

अब मेरा एक सवाल आप सब पाठकों से है: "क्या हम सबको इतना स्वार्थी और मतलब परस्त हो जाना चाहिए कि दूसरों की खुशियों की ज़रा भी परवाह न करें..? क्या दूसरों की मदद करना हमारा कर्तव्य नहीं है..? हमें सिर्फ अपनी ज़रूरतों तक ही सीमित रहना चाहिए? अगर ऐसा है तो हमारी स्थिति उस शरीर की तरह है जो मुर्दा होकर भी जिंदा है। क्योंकि हमारी आत्मा हमारी सोच इस नवयुग में भी पिछड़ी हुई है। ऐसे व्यक्ति का समाज में अस्तित्व न के बराबर है और उसका खत्म हो जाना ही बेहतर है।"

"हाँ, ये सच है कि मैं उससे कुछ हासिल करना चाहता था और मुझे खुशी। है कि जो मैं चाहता था, उसमें मैं पूरी तरह कामयाब रहा। मेरा मकसद उसे मुस्कुराहट प्रदान करना था और इसके बदले में मैंने उससे कोई पैसा या कोई मदद नहीं ली। यह तो एक अपनेपन की भावना है जिससे हम दूसरों को अपनी तरफ आकर्षित कर सकते हैं और उनका दिल जीत सकते हैं। यह वह भावना है जो साल-महीने बीत जाने के बाद भी हमारी यादों में ताजा बनी रहती है जिसका स्मरण आते ही हमारे होंठों पर एक प्यारी सी मुस्कान खिल जाती है।

मानव-व्यवहार इस प्राणी जगत का बहुत ही महत्वपूर्ण नियम है। यदि इसका सही ढंग से पालन किया जाए तो हम हमेशा खुश रहेंगे और हमारे सारे उद्देश्य पूरे हो जाएँगे। लोग हमारी और हमारी उपलब्धियों की तारीफ करेंगे और मित्रता करने के लिए हमारी तरफ आकर्षित होंगे। लेकिन अगर हम गलती से भी इन नियमों को तोड़ने का प्रयास करेंगे तो हम बहुत सी मुश्किलों में फँस जाएंगे और लोगों का हम पर से विश्वास भी उठ जाएगा। यह नियम है हमेशा दूसरे व्यक्तियों को महत्वपूर्ण होने का अनुभव करवाएं।

प्रत्येक व्यक्ति अपने आपको दूसरे लोगों से श्रेष्ठ मानता है। यदि आप चाहते हैं कि दूसरे लोग आपका सम्मान करें, सुख-दुख में आपका साथ दें, आप पर विश्वास करें, आपके कार्यों की प्रशंसा करें, तो आपको भी निस्स्वार्थ भाव से उनकी सेवा करनी होगी और उन्हें वही सब देना होगा जो आप उनसे लोक व्यवहार अपने लिए चाहते हों। मत भूलिए कि प्रत्येक व्यक्ति के दिल

में एक लालसा होती है कि लोग उसकी और उसके कार्यों की तारीफ करें। यह एकमात्र लालसा की भावना इंसानों को जानवरों से अलग करती है और मानव सभ्यता के विकास में योगदान देती है।

ऐसे ही एक बार विस्कॉन्सिन के डेविड जी. स्मिथ के सामने विपरीत परिस्थिति खड़ी हो गई। दरअसल उन्हें एक चैरिटी शो के लिए रिफ्रेशर बूथ मैंने ज करने का कार्यभार सौंपा गया था जिसमें उन्होंने दूसरों की भावनाओं को ठेस पहुँचाए बिना परिस्थितियों को अपने हिसाब से संभाला। चलिए, अब उनकी इस सूझबूझ भरी कहानी को उनके शब्दों में ही सुनते हैं :

चैरिटी शो में संगीत का रंगारंग प्रोग्राम रखा गया था। लोग बड़ी दूर-दूर से इस शो का हिस्सा बनने आए थे। वास्तव में इस शो के प्रबंध का कार्यभार पहले किसी दूसरी संस्था को सौंपा गया था लेकिन लोगों की भीड़ को देखते हुए मुख्याध्यक्ष ने इसकी जिम्मेदारी मेरे सिर डाल दी। मैंने इस शो को सफल बनाने में अपनी पूरी जी-जान लगा रखी थी। रात को जिस पार्क में संगीत समारोह होना था, वहाँ बिजली की सारी सुविधाओं का निरीक्षण करने जैसे ही मैं वहाँ पर पहुँचा तो देखा कि दो बुजुर्ग महिलाएँ रुआंसा मुँह बनाए रिफ्रेशन स्टैंड के पास खड़ी थीं और आपस में बातें कर रही थीं। दरअसल ये वही थीं, जिन्हें पहले इस शो के प्रबंध का कार्य सौंपा गया था। काम हाथ से निकल जाने के कारण वे बहुत उदास थी। मैं स्टैंड की ओट में खड़ा चुपके से उनकी बातें सुन रहा था। उनकी मायूसी देखकर मेरा मन भर आया। में कुछ भी करके उन्हें उनकी खुशी वापस देना चाहता था। अभी मैं सोच ही रहा था कि ऐसा क्या किया जाए जिससे उन दोनों बुजुर्ग महिलाओं की चेहरे की मुस्कान लौट आए कि तभी प्रायोजक समिति की एक सदस्य आई और मेरे हाथ में एक कैशबॉक्स थमा कर चलती बनी।" "कैशबॉक्स हाथ में होना, मतलब सारी सत्ता अपने हाथ में होने जैसा ही था। एक तरफ तो में बहुत खुश था क्योंकि शो की सबसे बड़ी जिम्मेदारी मेरे हाथों में थी, वहीं दूसरी तरफ उन दोनों बूढ़ी महिलाओं को लेकर परेशान भी था। फिर मेरे दिमाग में एक आईडिया आया। मैंने वह कैशबॉक्स रोज के हाथों में दिया

और कहा, "मैडम, शायद मैं पैसे का हिसाब-किताब ठीक से न रख पाऊं... इसलिए बेहतर होगा कि आप यह ज़िम्मेदारी अपने सिर ले लें... मुझे बहुत अच्छा लगेगा।" फिर मैंने जेन से कहा कि यदि आप उन दो लड़कों, जिन्हें रिफ्रेशमेंट देने के लिए नियुक्त किया गया था, को सोडा मशीन चलाना सीखा दें तो उनका सही मार्गदर्शन हो जाएगा। इस तरह पूरी पार्टी मज़ेदार रही। रोज खुशी-खुशी पैसे गिनती रही और जेन लड़कों का मार्गदर्शन करती रही और मैं आराम से संगीत का लुत्फ उठाता रहा।

इस प्रकार मैंने थोड़ी सी समझदारी से रोज और जेन को अपने प्रोजेक्ट का हिस्सा बना लिया, जिससे उन्हें बुरा भी नहीं लगा और मेरी प्रॉब्लम भी आसान हो गई। प्रशंसा एक तरह की जादू की छड़ी है जो नामुमकिन काम को मिनटों में मुमकिन कर सकती है। इसके लिए आपको किसी शुभ मुहूर्त की प्रतीक्षा करने की आवश्यकता नहीं पड़ती। दूसरों की प्रशंसा करने के तो आपको दिन में हजारों मौके मिल सकते हैं. बस इतना सा ध्यान रखिए कि प्रशंसा उतनी ही करें जितनी कि हज़म हो जाए क्योंकि हद से ज़्यादा की गई प्रशंसा बदहज़मी कर जाती है और चापलूसी का रूप धारण कर लेती है।

"कृपया, धन्यवाद और सॉरी" जैसे छोटे-छोटे शब्द रोज़मर्रा की जिंदगी के लिए बहुत अनिवार्य हैं। माना कि प्राणि जगत में इनका कुछ ज़्यादा महत्व नहीं है, लेकिन फिर भी ये शब्द कुछ न कह कर भी बहुत कुछ कह देते हैं और इनसे आपके संस्कारों की भी पहचान हो जाती है। उदाहरण के लिए अगर आप से कोई गलती हो जाए तो आप उस व्यक्ति को "सॉरी" बोलकर अपनी भूल की माफी माँग सकते हैं। यदि किसी से कोई काम निकलवाना हो तो "प्लीज़" बोल कर देखिए, आपका काम बहुत जल्दी और आसानी से हो जाएगा और फिर आप उस व्यक्ति को "थैंक्स" बोल कर उसका धन्यवाद भी करें ताकि आपको आगे कभी कोई काम पड़ने पर उचित सहायता मिल सके।

हॉल केन बीसवीं सदी के प्रसिद्ध उपन्यासकार थे। उनकी पुस्तकें *क्रिश्चियन, द डीम्स्टर, द मैक्समैन* बैस्टसेलर का खिताब जीत चुकी थीं।

दुनिया भर के लोग उनकी एक झलक देखने को तरसते थे। परंतु यदि उनके इससे पहले के जीवन को देखा जाए तो आपको यकीन नहीं होगा कि एक गरीब लुहार का बेटा, जिसे केवल आठ साल तक पढ़ने का मौका मिला हो, वह इतना महान साहित्यकार कैसे हो सकता था। हॉल केन को पुस्तकें पढ़ने का बहुत शौक था। वह अक्सर अपने दोस्तों से किताबें उधार माँग कर पढ़ा करते थे। सॉनेट और बैले, उनका पसंदीदा साहित्य था। उन्होंने दान्ते, गैब्रिएल, रॉसैटी की सारी कविताएँ पढ़ रखी थी। उनकी रचनाओं से प्रेरित होकर उन्होंने रॉसैटी की साहित्यिक उपलब्धियों पर एक लेख भी लिखा। एक लेख ने हॉल केन को लोगों में चर्चा का विषय बना दिया। उसने इस लेख की एक प्रति रॉसैटी को भी भिजवा दी। अपनी प्रशंसा पढ़कर रॉसैटी गदगद हो उठा और उसने पत्न लिख कर हॉल केन को लंदन बुलवा लिया। वहाँ रॉसैटी ने उसके स्वागत में एक छोटी सी पार्टी रखी जिसमें उसने अपनी जान-पहचान के बड़े-बड़े लोगों को बुलाया और सबके सामने हॉल केन की तारीफों के पुल बांधते हुए कहा, "जो व्यक्ति मेरी प्रतिभा को समझ सकता है, वह निश्चित रूप से बहुत प्रतिभावान होगा।" रॉसैटी ने केन को अपना सेक्रेटरी बना लिया और इस छोटी सी घटना ने केन के जीवन को एक नई दिशा प्रदान की। रॉसैटी की प्रेरणा और मार्गदर्शन से उसने अपने नए जीवन की शुरुआत की और अपने कुल का नाम रोशन किया। सच कहा जाए तो हॉल केन को इस बात का ज़रा भी दुःख नहीं था कि वह एक लुहार का बेटा है, बल्कि वह जब भी लोगों से अपना परिचय करवाता तो शान से कहता कि "मैं एक लुहार का बेटा हूँ।"

हम सभी अपने आप को किसी न किसी रूप में महत्वपूर्ण मानते हैं। लेकिन अगर हम व्यक्ति को उसके महत्वपूर्ण होने का अहसास करवा दें, तो शायद हो सकता है कि इससे उसकी जिंदगी पूर्णतः बदल जाए। रोनाल्ड जे. कैलिफोर्निया जो हमारे कोर्स के शिक्षक थे, लेकिन उनका विद्यार्थियों से हमेशा दोस्ताना संबंध रहता था। वे छोटी से छोटी बात को इस तरह उदाहरण देकर

समझाते थे कि यह हमारे मन-मस्तिष्क में बैठ जाती थी। एक बार उन्होंने हमें क्रिस के बारे में बताया जोकि उनका प्रिय शिष्य था : क्रिस एक बहुत ही शांत और शर्मीले स्वभाव का बच्चा था जिसमें आत्मविश्वास की कमी थी। वह बहुत कम बोलता था, लेकिन कई बार ऐसी बात कह जाता जो शायद कोई बड़ा व्यक्ति भी नहीं कह सकता था. दुर्भाग्यवश लोग उस पर या उसकी बातों पर बहुत कम ध्यान देते थे। कोर्स क्लासेज़ के बाद मैं एक एडवांस कोचिंग क्लास भी लगाता था जिसमें बहुत बहुत होशियार और प्रतिभाशाली स्टूडेंट पढ़ने आते थे। एक दिन विद्यार्थियों को सबक पढ़ाने के बाद मैंने उन्हें कुछ सवाल हल करने को दिए। क्रिस मेहनत से अपना काम करने में लगा हुआ था। एक शांत से दिखने वाले इस छोटे से बच्चे में भी लगन की आग धधक रही थी। मैंने उससे पूछा, "क्या तुम मेरी एडवांस क्लास में आना चाहोगे?" यह सुनकर उसका चेहरा खिल उठा और आँसुओं के मोती आँखों से लुढ़क कर गालों पर बहने लगे। फिर उसने लड़खड़ाती सी आवाज़ में पूछा "कौन? मैं मिस्टर रॉलैन्ड? क्या आपको सचमुच लगता है कि मैं आपकी एडवांस क्लास में पढ़ने लायक हूँ?"

"हाँ, क्रिस, तुम बेहद मेहनती और होशियार हो। बस, तुम्हारी मेहनत को लोगों के सामने लाने भर की आवश्यकता है" कहते-कहते रॉलैन्ड की आँखों में भी आँसू आ गए। उस दिन जब क्रिस क्लास से बाहर निकला तो वह खुद को पहले के मुताबिक दो इंच लंबा महसूस कर रहा था। उसने उत्साह भरी चमकती आँखों से मेरी तरफ देखा और जोशीली आवाज़ में कहा, "धन्यवाद, मिस्टर रॉलैन्ड।"

क्रिस के जगे हुए आत्मविश्वास ने मुझमें भी एक नई ताकत जगा दी। मैं उस सबक को कभी नहीं भूल पाऊंगा जो जाने-अनजाने क्रिस के रूप में मुझे सीखने को मिला था - महत्वपूर्ण अनुभव करने की हमारी प्रबल आकांक्षा। इसके बाद मेरे मन में एक ख्याल आया कि क्यों न बाकी लोगों को भी इस अनुभव से परिचित करवाया जाए। इसलिए मैंने एक पोस्टर बनाया जिस पर मैंने बड़े-बड़े अक्षरों में लिखा, "आप महत्वपूर्ण हैं।" फिर इस पोस्टर को मैंने

अपनी क्लासरूम में सामने की दीवार पर टाँग दिया ताकि विद्यार्थियों का ध्यान प्रायः इस तरफ रहे और उन्हें एहसास दिलाता रहे कि वह महत्वपूर्ण हैं।"

यह बात सोलह आने सही है। प्रत्येक में ऐसे बहुत के गुण होते हैं जो उन्हें आप से अलग करते हैं। जरूरत है तो बस उस तरीके की जिससे आप उन्हें जता सके कि आपको उनके महत्व का या फिर उनके अनुभव का अहसास है और आप पूरे दिल से उनका सम्मान करते हैं।

दूसरी तरफ एक नकारात्मक पहलू भी है जिसके मुताबिक लोग अपने के लिए बहस का सहारा लेते हैं, जबकि उनमें न तो ऐसा कोई गुण होता है और न ही कोई क्षमता। घमंड के बहुत से रूप हैं। जैसे- रूप का घमंड, बच्चों का घमंड जमीन-जायदाद का घमंड इत्यादि। इन सब का घमंड जब इंसान के सिर चढ़कर बोलता है तो बड़े-बड़े इनके सामने आँसू बहाने लगते हैं।

मिस्टर आर अपनी पत्नी के साथ लॉन्ग आइलैंड उसके रिश्तेदारों से मिलने गए। उन्हें बहुत कम बोलने की आदत थी। इसीलिए उनकी पत्नी ने उन्हें अपनी एक बूढ़ी चाची के साथ बातें करने बिठा दिया और खुद अपने बाकी के रिश्तेदारों से मिलने चली गई। मिस्टर आर. हमारे कोर्स में बतौर शिक्षक काम करते थे। उन्हें वापस आने पर क्लास में प्रशंसा के सिद्धांतों और उनके परिणामों के विषय पर भाषण देना था। वहीं बैठे-बैठे उनके मन में विचार आया कि क्यों न प्रशंसा के सिद्धांत को उस वृद्ध महिला पर आजमाया जाए। फिर क्या था। उन्होंने अपनी पैनी नज़र घर में चारों तरफ दौड़ाई और ऐसी किसी वस्तु की खोज करने लगे जिसकी वे सच्ची तारीफ कर सकें।

"आपका घर बहुत पुराना है न?" उन्होंने पूछा। "हाँ, 1890 में बना था," वृद्ध महिला ने जवाब दिया।

"संयोग की बात है, मेरा जन्म भी उसी साल हुआ था उन्होंने हँसते हुए कहा।

"लेकिन कुछ भी कहो, घर है बहुत खूबसूरत... दिल से बनाया गया है। पुराने जमाने के घरों की बात ही अलग थी...और आज देख लो, आज कल

तो सब कुछ बना-बनाया मिलता है, लेकिन उसका फायदा क्या... ज्यादातर माल मिलावट वाला लगा होता है," मिस्टर आर. ने टिप्पणी की।

"तुम बिल्कुल ठीक कह रहे हो, बेटा। नई पीढ़ी के लोगों को ऐसे सुंदर घरों की कदर कहां है? उन्हें तो बस छोटे-छोटे घरौंदे चाहिए जिसमें तीन लोगों के सिवाय चौथा घुस जाए तो सबका दम ही घुट जाए। मैं पूछती हूँ, भला ऐसे घरों का फायदा क्या जिसमें पैर रखने की ही जगह न हो? इन्हें तो बस महंगी-बड़ी गाड़ियों में घूमना है" वृद्ध महिला ने अपना कहना जारी रखा।

"यह घर मेरे सपनों का घर था। मेरे पति ने इसे अपनी मेहनत की कमाई से बनाया था। इसकी एक-एक ईंट में उनका प्यार बसा है। इसलिए यह मुझे अपनी जान से भी ज़्यादा प्यारा है। इसे बनाने का सपना हम दोनों ने मिलकर देखा था। यही वजह है कि मैं अपने बेटों से अलग यहां रहती हूँ। मेरी ख्वाहिश है कि मैं अपनी आखिरी सांस इस घर की चारदीवारी में लूं," वृद्धा की आँखों में आँसू भर आए।

फिर वह अपनी छड़ी के सहारे खड़ी हुई और मिस्टर आर. को अपना घर दिखाने लगी। वृद्धा ने उन्हें वह हर चीज़ दिखाई जिसे वह अपनी यात्राओं के दौरान खरीद कर लाई थी और जिन्हें उसने बरसों तक संजोकर रखा था जैसे-मखमली शाल, सिल्क के पर्दे, पुराने टी-सैट, चश्मे का कवर इत्यादि। मिस्टर आर. ने इन सब की दिल खोल कर सराहना की। घर दिखाने के बाद वह उन्हें अपने गराज में ले गई, जहाँ एक चमचमाती पैकार्ड कार कवर से ढकी खड़ी थी। ऐसा लगता था मानों अभी-अभी शोरूम से लाकर रखी हो।

"यह गाड़ी मेरे पति ने मृत्यु से कुछ समय पहले खरीदी थी। वह इसे मुझे मेरी शादी की सालगिरह पर तोहफे में देना चाहते थे।" लेकिन इससे पहले ही. ..कहते-कहते वृद्धा का गला रूंध गया, "उनकी मौत के बाद मैं इसमें कभी नहीं बैठी। जब भी इसे देखती हूँ तो उनकी याद ताज़ा हो जाती है। बेटा, तुम बहुत भले इंसान हो। अच्छी चीजों की कदर करना जानते हो इसलिए मैं यह कार तुम्हें तोहफे में देना चाहती हूँ।"

“अरे, आंटी, यह आप क्या कह रही हैं। मैं इसे कैसे ले सकता हूँ। मैं आपकी उदारता की प्रशंसा करता हूँ, लेकिन यह सब लेना मेरे ईमान के विरूद्ध है। मैं तो आपका कोई सगा संबंधी भी नहीं हू, फिर मैं इसे कैसे ले सकता हूँ। और वैसे भी आपके अपने बहू-बेटे और रिश्तेदार हैं जो इसके सही हकदार हैं तो आप इसे उन्हें दीजिए। इससे उन्हें भी खुशी होगी और यह आपकी आँखों के सामने भी रहेगी।”

“रिश्तेदार? कौन से रिश्तेदार? यहां तो सब मेरे मरने का इंतज़ार कर रहे हैं ताकि मेरे घर और मेरी कार पर कब्जा कर सकें। लेकिन कुछ भी हो जाए यह कार तो मैं हरगिज़ उन्हें नहीं दूँगी।”

“अगर आप यह कार उन्हें नहीं देना चाहती तो फिर इसे किसी सैकेंड हैंड डीलर को बेच दें, इससे आपको अपने बुढ़ापे के लिए पैसा भी मिल जाएगा।”

“बेच दूँ?” वृद्धा ने चीख कर कहाँ, “कैसी बातें कर रहे हो? तुम्हें क्या लगता है कि मैं इतनी गई-गुजरी हूँ जो चंद पैसों के लिए अपने पति की निशानी बेच दूँगी? नहीं, हरगिज़ नहीं। इसे बेचने की बात तो मैं सपने में भी नहीं सोच सकती। मैं नहीं चाहती कि कोई अजनबी इसमें घूमे। लेकिन तुम एक सच्चे कद्रदान हो, इसलिए मैं यह कार तुम्हें देना चाहती हूँ।”

मिस्टर आर. ने बहुत कोशिश की कि वह उस वृद्धा के कार के तोहफे को अस्वीकार कर दे, परंतु ऐसा संभव न था क्योंकि वह चाह कर भी उसका दिल नहीं दुखाना चाहता था।

झुकी कमर, चेहरे पर झुर्रियां और सफेद बालों वाली उस बुढ़िया का कोई सहारा नहीं था। वह अपने पति की यादों के सहारे दिन काट रही थी। उसे दौलत-शोहरत किसी चीज का लालच नहीं था, बल्कि वह तो थोड़े से आदर और प्रशंसा की भूखी थी। अपने यौवन में वह भी बहुत सुंदर और सुशील थी। उसे भी बाकी औरतों की तरह घूमने-फिरने और साज-सामान खरीदने का शौक था। उसने भी अपने पति के प्रेम की छाया तले न जाने कितने हसीन पल गुजारे होंगे। लेकिन आज जब उसे अपनों के साथ की

ज़रूरत थी तो कोई भी उसके साथ नहीं था। जिस प्रेम और सराहना की उसे चाहत थी, वह उसे कभी नहीं मिला क्योंकि लोगों को उससे नहीं, बल्कि उसकी दौलत से प्रेम था। इस नफरत और घृणा के माहौल में, जब उसे मिस्टर आर. के दो प्यार भरे बोल मिले तो उसे लगा मानो रेगिस्तान में अमृत का झरना मिल गया हो। इसीलिए उसने अपनी कृतज्ञता दिखाने के लिए अपनी पसंदीदा पैकार्ड कार उसे देने का फैसला किया।

ईस्टमैन ट्रांसपेरेंट फिल्म के आविष्कारक थे। उनकी वजह से ही मोशन पिक्चर्स बनना संभव हुआ। वे दुनिया के सफल बिजनेसमैन में से एक थे। इस पर भी उन्हें प्रशंसा की उतनी ही भूख थी जितनी कि आपको या मुझे है। चलिए, अब इसी पर आधारित उनकी एक कहानी पढ़ते हैं:

ईस्टमैन रॉशेस्टर में एक म्यूजिक स्कूल और किलबोर्न हॉल बना रहे थे। दोनों इमारतों में केवल चेयर्स लगने का काम बाकी था। वाइस चेयरमैन चाहते थे कि किसी बढ़िया कंपनी की चेयर्स लगाई जाएं ताकि वहाँ आने वाले दर्शकों पर अच्छा-खासा रौब पड़े। मार्केट में ऐसे बहुत से प्रसिद्ध डिज़ाइनर थे। जो कम दाम पर बढ़िया कुर्सियाँ देने को तैयार थे। लेकिन सुपीरियर सिटिंग कंपनी के प्रेसिडेंट मिस्टर एडमसन अपनी कंपनी के लिए उनसे चेयर्स का ऑर्डर लेना चाहते थे। इसलिए मिस्टर एडमसन ने आर्किटेक्ट को फोन किया और मिस्टर ईस्टमैन से मिलने का समय ले लिया।

जब एडमसन उनके ऑफ़िस पहुँचे, तो आर्किटेक्ट ने उन्हें चेतावनी देते हुए कहा, “मुझे पता है कि आपका यहां आने का मकसद क्या है? परंतु मैं एक बात स्पष्ट कर देना चाहता हूँ कि यदि आपने जॉर्ज ईस्टमैन का पांच मिनट से भी ज़्यादा समय लिया तो यह आपके लिए सही नहीं होगा, क्योंकि वह बहुत अनुशासनप्रिय व्यक्ति हैं और वे अपने काम में एक मिनट की देरी भी बर्दाश्त नहीं करते। मैं अपने जोखिम पर आपको उनसे मिलने की इजाजत दे रहा हूँ। इसलिए उनके केबिन में जाकर बात कहने में ज़्यादा देरी मत करना।”

एडमसन घर से ही कमर कस कर आए थे। ईस्टमैन के ऑफिस में दाखिल होते ही उसकी नज़र कुर्सी पर बैठे ईस्टमैन पर पड़ी जो कि टेबल पर बिखरे कागज़ों के साथ व्यस्त थे। थोड़ी लिखा-पढ़ी के बाह ईस्टमैन ने सामने खड़े एडमसन और आर्किटैक्ट की ओर देखा और खड़े होकर मिस्टर एडमसन की तरफ हाथ बढ़ाया और कहा , "गुड मॉर्निंग, कहिए मैं आपकी क्या सेवा कर सकता हूँ?"

आर्किटैक्ट ने उन दोनों का आपस में परिचय करवाया और बाहर चला गया। मिस्टर एडमसन ने बातचीत शुरू करते हुए कहा, "मैंने बाहर काफी समय तक आपके ऑफिस का मुआयना किया... सच में, यह बहुत बढ़िया बना हुआ है। हालांकि मैं खुद एक इंटीरियर डिजाईनर हूँ, लेकिन इतना सुंदर ऑफिस मैंने कभी नहीं देखा। हर एक चीज़ इतने उम्दा तरीके से डिज़ाईन की गई है कि मन कर रहा है, अभी जाकर उस डिजाईनर का हाथ चूम लूं। मैं तो इस पर से नजरें ही नहीं हटा पा रहा हूँ। ऐसे शानदार ऑफिस में काम करने को किसका मन नहीं करेगा।"

जॉर्ज ईस्टमैन की छाती फूलकर चौड़ी हो गई और बोला, "थैंक यू मिस्टर एडमसन आज आपने मुझे सालों पुरानी बात याद दिला दी। मेरा ऑफिस सचमुच बहुत सुंदर है। जब यह नया-नया बना था तो मुझे इसमें काम करने में बहुत मज़ा आता था। लेकिन बिजनेस की परेशानियों में इतना उलझा कि इसकी तरफ देखना ही भूल गया था।"

एडमसन ने एक पैनल को छुआ और पूछा, "यह इंग्लिश ओक है न? थोड़ी महंगी होती है मगर लगभग इटेलियन ओक जैसी ही है।" "हाँ, यह इम्पोर्टेड इंग्लिश ओक है। दरअसल मेरा एक दोस्त लकड़ी विशेषज्ञ है, उसी ने इसे पसंद किया था ईस्टमैन ने जवाब दिया।"

एडमसन ने कमरे में घूमते हुए सारे सामान का अच्छे से निरीक्षण किया और सराहना करते हुए एक खिड़की के सामने जाकर खड़े हो गए। मिस्टर जॉर्ज ने उन सारी समाज सेवी संस्थाओं का वर्णन किया जिनके द्वारा वे जन-

हित कार्यों में योगदान देते थे जैसे कि: युनिवर्सिटी ऑफ रोशेस्टर, जनरल हॉस्पिटल, होम्योपैथिक हॉस्पिटल, फ्रैंडली होम, चिल्ड्रंस हॉस्पिटल इत्यादि। एडमसन ने उनके आदर्शवादी व्यक्तित्व की बहुत तारीफ की।

एडमसन ने ईस्टमैन से उसकी कामयाबी का राज पूछा, तो ईस्टमैन ने उसे अपनी गरीबी से भरी जिंदगी की सारी दास्तान सुनाई और बताया कि किस तरह उनकी विधवा माँ एक बोर्डिंग हाऊस चलाती थी, जबकि वे एक बीमा कंपनी में क्लर्क के छोटे से पद पर कार्यरत थे। गरीबी से दुःखी होकर उन्होंने संकल्प किया कि वे इतना पैसा कमाएंगे कि उनकी माँ को कहीं काम करने की जरूरत ही नहीं पड़ेगी। मिस्टर एडमसन उनकी बातों को बहुत ध्यान से सुन रहे थे। फिर ईस्टमैन ने उसे अपनी ड्राई फोटोग्राफिक प्लेट्स को लेकर अपनी प्रयोगशाला में जुटे रहते। कई बार तो उन्हें सोने तक का समय भी बारे में भी बताया कि किस तरह वे सारा दिन ऑफिस में काम करते और रात में भी समय नहीं मिलता था। कभी-कभी तो वे बहत्तर घंटे लगातार काम में लगे रहते कि खाने-पीने की सुध तक न रहती।

आर्किटेक्ट ने एडमसन को ईस्टमैन के ऑफिस में घुसने से पहले धमकी दी थी कि उनकी मुलाकात पांच मिनट से ज्यादा नहीं चलनी चाहिए, परंतु दो घंटे से अधिक समय होने को आया था लेकिन उनकी बातें खत्म होने का नाम ही नही ले रही थी।

ईस्टमैन ने एडमसन को बताया, "पिछली बार जब मैं जापान घूमने गया तो वहाँ मुझे कुछ कुर्सियाँ बहुत पसंद आईं और मैंने उन्हें अपने घर पर रखने के लिए खरीद लिया। मैंने उन्हें बाहर गार्डन में लगा दिया। सूरज की तेज धूप की वजह से उनका सारा पेंट उतर गया, परंतु मेरा उनसे लगाव कम न हुआ। फिर एक दिन मैं बाजार से नया पेंट लाया और खुद अपने हाथों से उन कुर्सियों पर पेंट किया। क्या आप मेरी पेंट की हुई कुर्सियों को देखना चाहेंगे? अगर आप चाहें तो मेरे साथ लंच के लिए घर चल सकते हैं, वहीं पर मैं आपको कुर्सियाँ भी दिखा दूँगा और बातें भी हो जाएंगी।

ईस्टमैन उसे अपने साथ घर ले गया, जहाँ उन दोनों ने एक साथ लंच किया। लंच के बाद मिस्टर ईस्टमैन ने उसे वे कुर्सियाँ दिखाई जिन्हें वे जापान से खरीद कर लाए थे। माना इस वक्त उनकी कीमत कुछ भी नहीं थी लेकिन ईस्टमैन के लिए वह दुनिया के सभी ख़ज़ानों से कहीं बढ़कर थी, क्योंकि उसने खुद इन्हें पेंट किया था।

फिर बातों-बातों में एडमसन ने मिस्टर ईस्टमैन के सामने अपने ऑर्डर का प्रस्ताव रखा जो कि 90,000 डॉलर का था। ईस्टमैन ने बिना कोई आपत्ति जताए खुशी-खुशी इसे स्वीकार कर लिया। इस घटना के बाद वे दोनों गहरे मित्र बन गए और उनकी यह दोस्ती मिस्टर ईस्टमैन की मृत्यु तक चलती रही।

फ्रांस के एक रेस्टोरेंट के मालिक क्लॉड मॉरिस ने भी इस सिद्धांत का प्रयोग किया और अपनी एक बहुत ही होनहार और मेहनती कर्मचारी को नौकरी न छोड़ने के लिए राजी कर लिया। वह महिला कर्मचारी पिछले पाँच सालों से उसके यहां नौकरी कर रही थी। मॉरिस के रेस्टोरेंट में उस वक्त बाईस कर्मचारी थे। लेकिन एक अकेली यही महिला ऐसी थी जो मॉरिस और बाकी सभी कर्मचारियों के बीच की महत्वपूर्ण कड़ी थी। वह मालिक और कुल नौकर की भावनाओं के प्रति पूर्ण रूप से जागरुक थी और दोनों के पक्ष में एक समान आवाज़ उठाती थी। उसकी इसी न्यायप्रियता के कारण मॉरिस उसे बेहद सम्मान देता था। लेकिन जब एक दिन अचानक उस महिला ने अपना इस्तीफा दिया तो मॉरिस के दिल को बहुत धक्का लगा, क्योंकि वह अकेली उसके व्यापार को बाँधे हुए थी। अगर वह चली जाती तो उसका होटल कुछ ही दिनों में बर्बाद हो जाता। मॉरिस को लगता था कि वह अपने सारे कर्मचारियों के प्रति न्यायशील था जबकि यह सत्य नहीं था। उसने उस महिला कर्मचारी से कुछ ज़्यादा ही अपेक्षाएँ लगा रखी थी क्योंकि वह उसकी कर्मचारी कम, बल्कि दोस्त ज्यादा थी। शायद इसी वजह से उस पर मानसिक दबाव बढ़ गया हो और उसने नौकरी से इस्तीफा दे दिया।

मॉरिस ने उसे अपने ऑफिस में बुलाया और कहा, "पॉलेट, मैं बिना पूरी बात जाने तुम्हारा इस्तीफा मंजूर नहीं कर सकता। तुम मेरे और मेरी इस कंपनी के लिए बहुत महत्वपूर्ण हो। इस रेस्टोरेंट की सफलता में हम दोनों का बराबर का हाथ है।" फिर उसने अपने सारे स्टाफ को बुलाया और सबके सामने यही शब्द दोहराए और उसका इस्तीफा नामंजूर कर दिया। अगले दिन वह उसे अपने घर ले गया और अपने परिवार के सामने उसकी सफलता का गुणगान किया। थोड़ी सी प्रशंसा और सराहना ने पॉलेट को अपना इस्तीफा वापस लेने पर विवश कर दिया।

डिजराइली, जिसने सालों-साल ब्रिटिश साम्राज्य पर शासन किया, का कहना था, "लोगों का दिल जीतने का आसान सा तरीका है उनसे उनके बारे में बात करते रहिए, वे घंटों तक आपकी बात सुनते रहेंगे।"

सिद्धांत - 6

सामने वाले व्यक्ति को महत्त्वपूर्ण अनुभव कराएँ।

खंड तीन

लोगों से अपनी बात कैसे मनवाएँ

1

बहस से कोई फायदा नहीं होता

बड़े-बूढों का यह कहना बिल्कुल सही है कि लोगों से बहस करने का फायदा नहीं होता। क्योंकि प्रत्येक व्यक्ति अपने आप में पूर्णतया सही होता है। लेकिन फिर भी जब भी कभी हम कुछ गलत होते देखते हैं तो खुद को रोक नहीं पाते और बिना कुछ जाने-समझे मामले में कूद जाते हैं। मैं बचपन से ही थोड़ा अड़ियल और शरारती था, लेकिन गलत बात सहना मेरे स्वभाव के विरुद्ध था। बिना बात के लोगों की बात में टाँग अड़ाना और लोगों की पैरवी करते फिरना मेरी आदत सी बन गई थी। फिर एक दिन मैंने एक बहुत ही महत्वपूर्ण सबक सीखा जो मेरी आने वाली जिंदगी के लिए लाभदायक सिद्ध हुआ। यह प्रथम विश्वयुद्ध के समाप्त होने के कुछ समय बाद की ही बात है। उस वक्त मैं सर रॉस स्मिथ के ऑफिस में मैनेज़र था। युद्ध के दौरान सर रॉस आस्ट्रेलियाई सरकार की तरफ से समर्थन कर रहे थे। युद्ध के बाद उन्होंने विमान द्वारा आधी दुनिया का हवाई चक्कर लगाया और एक नया कीर्तिमान स्थापित किया। उनकी इस अभूतपूर्व सफलता ने सारे विश्व में सनसनी मचा दी। इंगलैंड की सरकार ने उनकी इस उपलब्धि से खुश होकर उन्हें 'नाइट' की पदवी से सम्मानित किया। कई महीनों तक उनकी कामयाबी के चर्चे विश्व भर के समाचार पत्रों में छपते रहे। एक रात सर रॉस के सम्मान में एक डिनर पार्टी का आयोजन किया गया। उनके सहायक होने के नाते मुझे भी रात्रि भोज का निमंत्रण मिला। चारों तरफ हँसी-खुशी का माहौल था। सब लोग एक-दुसरे को अपने अनुभव सुना रहे थे। तभी मेरी बगल में बैठे एक व्यक्ति

ने एक बहुत हास्यपूर्ण कहानी सुनाई जो कि एक कहावत पर आधारित थी. "हमारे भाग्य का लेखा-जोखा किसी दैवी शक्ति के हाथ में होता है, हम चाहे जितनी भी कोशिश कर लें लेकिन अपने भाग्य को नियंत्रित नहीं कर सकते।"

उस व्यक्ति का कहना था कि यह कोटेशन बाइबल का है, जबकि मैं जानता था कि यह सही नहीं था। क्योंकि मैंने खुद इसे पढ़ा था और यह शेक्सपीयर का कोटेशन था। अतः इसमें संदेह की कोई गुंजाइश नहीं थी कि वह व्यक्ति झूठ बोल रहा था। मैंने अपनी श्रेष्ठता सिद्ध करने के लिए और उसकी बात को झूठ साबित करने के लिए ज़ोर से कहा, "नहीं, तुम झूठ कह रहे हो। यह कोटेशन शेक्सपीयर का है...मैंने खुद इसे पढ़ा है। अगर मेरी बात पर यकीन नहीं होता तो मैं इसका प्रमाण भी दे सकता हूँ।" मेरी बात सुनकर सामने वाला व्यक्ति भी अपनी जिद्द पर अड़ गया। "क्या? शेक्सपीयर का कोटेशन? हो ही नहीं सकता! तुम बकवास कर रहे हो! यह कोटेशन बाइबल का है और यही सच है। तुम बिना मतलब लोगों को गलतफहमी में डाल रहे हो।"

फ्रँक गैमंड, मेरा बचपन का मित्र जो कि उस वक्त मेरे बाईं तरफ बैठा था और हमारी सारी बातें सुन रहा था। गैमंड सालों से लगातार शेक्सपीयर का अध्ययन करता आ रहा था। इसलिए हमने उसी को इस झगड़े का निपटारा करने का काम सौंपा। गैमंड ने दुबारा फिर से हमारी पूरी बात सुनी और टेबल के नीचे से मुझे लात मारते हुए कहा, "डेल, तुम गलत हो, यह सज्जन बिल्कुल सही कह रहे हैं। यह कोटेशन बाइबल का ही है।" गैमंड की बात सुनकर मैं चुप्प हो गया, लेकिन मेरा मन अब भी उसी बात पर कायम था कि वह व्यक्ति झूठ बोल रहा था।

खैर, पार्टी के बाद हम सब अपने-अपने घरों को चल दिए। मेरी आँखों में अभी भी एक ही सवाल था- क्या मैं गलत था? गैमंड गाड़ी ड्राइव कर रहा था और गाना गुनगुनाने में मस्त था। "फ्रँक, तुम जानते थे ना कि वह कोटेशन शेक्सपीयर का है? मैंने मंड को बीच में ही टोका।

"हाँ, तुम शत-प्रतिशत सही कह रहे हो। वह कोटेशन शेक्सपीयर का ही है और हेमलेट नाटक के पाँचवें अंक के दूसरे सीन में आता है उसने जवाब दिया। मगर मेरे प्यारे दोस्त डेल, हम पार्टी में मेहमान बन कर गए थे.... किसी से झगड़ा करने नहीं। हर व्यक्ति अपने आप में सही है... ऐसे में हमें कोई हक नहीं बनता कि हम उसे दूसरों के सामने गलत साबित करके उसकी बेइज्जती करें। उसने तुम्हारी कोई राय नहीं माँगी थी और न ही उसे तुम्हारे सुझाव की ज़रूरत थी। फिर ऐसे में उसके साथ बहस करना बेवकूफी है। मान लो अगर तुम उस झूठा साबित कर भी देते, तो इससे तुम्हें क्या फायदा होता? कुछ फायदा नहीं होता, बल्कि उल्टा वह तुमसे दुश्मनी बना लेता और बदला लेने की ताक में रहता। इसलिए बेहतर है व्यक्ति जो करना चाहता है, उसे वह करने देना चाहिए। मेरी मानो तो इन सब फालतू के विवादों से जितना हो सके. बच के रहो।

गैमंड का यह सबक मेरे लिए बहुत जरूरी था, क्योंकि वाद-विवाद करना या बहस करना मेरा प्रिय शौक था। अपनी जवानी के दिनों में मैं हर बात पर लोगों से बहस किया करता था। छोटी-छोटी बातों में तर्क ढूंढ़ना मेरी आदत बन गई थी। मैं जहाँ भी जाता सवाल पूछना शुरू कर देता, जिससे लोग खुद परेशान होकर वहाँ से चले जाते। स्कूल पास करने के बाद जब मैं कॉलेज गया तो मैंने तर्कशास्त्र को ही अपना पसंदीदा विषय बनाया और कॉलेज में होने वाली प्रत्येक वाद-विवाद प्रतियोगिता में हिस्सा लिया। दरअसल मैं मिसूरी का रहने वाला था और वहाँ के लोगों की एक ख़ासियत है कि वे बहस, प्रतियोगिता और झगड़ों जैसे मामलों में बढ़-चढ़कर हिस्सा लेते हैं। मैं भी दूसरे लोगों की तरह अपनी पहचान बनाना चाहता था। इसलिए मैंने न्यूयॉर्क मैं एक कोचिंग क्लास चलाना शुरू कर दिया जिसमें मैं विद्यार्थियों को तर्क-वितर्क करने और वाद-विवाद करने के नए-नए तरीके सिखाता था। एक बार तो मैंने इस विषय पर एक पुस्तक लिखने की योजना भी बनाई थी, परंतु किसी कारणवश इसे अंजाम तक नहीं पहुँचा पाया। और फिर उसके बाद

मैंने हज़ारों तरह की वाद-विवाद प्रतियोगिताओं में भाग लिया, उन्हें सुना, देखा और फिर इन सब से निकलने वाले परिणामों का गहनता से अध्ययन किया। सब कुछ देखने-समझने के बाद यह नतीजा सामने आया कि बहस एक तरह का जहर है जो व्यक्ति को खत्म कर देता है। इसलिए जितना संभव हो इससे दूर रहो।

बहस एक ऐसा मुद्दा है जिसका कोई परिणाम नहीं निकलता। इसमें व्यक्ति हार कर तो हार ही जाता है, लेकिन जीतने पर भी उसे हार ही मिलती है। अब आप पूछेंगे ऐसा क्यों? क्योंकि मान लीजिए आपने सामने वाले व्यक्ति को गलत साबित कर दिया और अगर आप यह साबित करने में भी कामयाब हो जाएं कि सामने वाले के सारे तर्क बेबुनियाद हैं तो इससे आपकी जीत तो तय है, लेकिन उस सामने वाले का क्या... जिसकी इज्जत की आपने भरे लोगों की भीड़ में धज्जियाँ उड़ाई है! क्या वह आपको माफ कर सकेगा? जिस आत्मसम्मान से वह दुनिया में सिर उठा के चलता था, क्या इस बेइज्जती के बाद वह फिर से ऐसे जी पाएगा। नहीं, ऐसा कभी नहीं होगा। आत्मसम्मान व्यक्ति का स्वाभिमान है जिसके दम पर वह सारी दुनिया से लड़ सकता है लेकिन अगर एक बार यह छिन जाए तो वापस पाना मुश्किल हो जाता है। इसका परिणाम यह होगा कि वह आपकी जीत से चिढ़ जाएगा और नफरत करने लगेगा। कई बार व्यक्ति इस अपमान को सहन नहीं कर पाता और बदले की आग उसे अपराध की दुनिया में धकेल देती है।

कई साल पहले मेरी क्लास में पैट्रिक जे. ओ. हेयर नाम का विद्यार्थी था। जो पढ़ने में बिल्कुल जीरो, मगर बहस करने में सबका बाप था। लोग उससे बहुत कम बात करते थे, चूंकि वे उसकी बहस करने की आदत से भली-भांति वाकिफ थे। पहले वह किसी शोफर अर्थात मोटर चालक का काम करता था वह ट्रक बेचने का काम करता था। परंतु उसके ट्रक बिक नहीं रहे थे। उसन कई बार लोगों को ट्रक बेचने का प्रयास किया लेकिन हर बार उसक खरीदारों से छोटी सी बात को लेकर झगड़ा हो जाता था। अगर कोई ग्राह उसके ट्रक

में कोई कमी निकाल देता, तो वह ज्वालामुखी की तरह उस पर भड़क उठता और गालियाँ निकालने लगता। कई बार ग्राहक का गला पकड़ लेता और जान लेने पर उतारू हो जाता। उसकी इन्हीं हरकतों की वजह से लोगों ने उससे कुछ भी खरीदना या बेचना बंद कर दिया। इस तरह उसका बिजनेस ठप्प होने लगा था। लोग धीरे-धीरे करके उससे अपने सारे संबंध खत्म करने लगे थे।

जब वह पहली बार मेरी क्लास में आया तो उसका रंग-ढंग देखकर मैं भी हैरान रह गया। फिर मैंने नम्रतापूर्वक उससे बात की और उसे नियमित रूप से क्लास में आने को राजी किया और उससे यह भी कहा कि आगे से वह क्लास में या बाहर लोगों से कोई बहस नहीं करेगा। मेरे सामने एक बहुत बड़ी चुनौती थी- पैट्रिक। समस्या यह नहीं थी कि उसे बोलना सिखाया जाए, बल्कि समस्या तो यह थी कि उसे लोगों से बहस करने या गुस्सा करने से कैसे रोका जाए।

आपने वह कहावत तो सुनी होगी कि दिन कभी एक से नहीं रहते। यही सब पैट्रिक के साथ भी हुआ। ट्रेनिंग क्लासेज ज्वॉइन करने के बाद उसके व्यवहार में भी सुधार आने लगा और एक दिन वह व्हाइट मोटर कंपनी का नंबर वन सेल्समैन बन गया। आप जानते हैं यह चमत्कार कैसे हुआ? चलिए हम उनकी जुबानी सुनते हैं: "अब जब मैं किसी ग्राहक के ऑफिस में जाता हूँ, तो उन्हें अपनी कंपनी के ट्रकों की खासियत के बारे में बताता हूँ। अगर वे मेरी बात से सहमत न हों तो वे हैरानी से पूछते हैं: 'क्या? व्हाइट कंपनी के ट्रक? अरे, यह कंपनी तो काफी पुरानी हो चुकी है और उसमें कुछ खास दम भी नहीं है। अगर कोई मुझे फ्री में भी वह ट्रंक दे, तो भी इसे कभी खरीदूंगा। मैं तो हूज़इट कंपनी का ही खरीदूँगा। इससे लोगों में शान भी बढ़ेगी और सामान भी बढ़िया मिलेगा।" उनकी बात सुनकर अब पहले की तरह मुझे गुस्सा नहीं आता और न ही मैं उनसे किसी तरह की बहस करता हूँ। बल्कि

यह कहकर उन्हें संतुष्ट करता हूँ, "हाँ, आप सही कह रहे हैं। ह्यूजइट कंपनी के ट्रंक भी बहुत अच्छे हैं। आप अपना पैसा किसी अच्छी जगह इनवेस्ट करेंगे तो फायदा आपको ही होगा। ह्यूजइट कंपनी दुनिया की वैस्ट कंपनी है और उसके सेल्समैन भी बहुत बढ़िया हैं। उम्मीद है आपको उनसे शिकायत करने का मौका कभी नहीं मिलेगा।"

"मेरा जवाब सुनने के बाद ग्राहक अवाक रह जाता है। फिर उसके पास बहस करने लायक कुछ नहीं बचता और वह मेरी बात सुनने को बाध्य हो जाता है। मेरी उसकी पसंद की तारीफ करने के बाद, वह ह्यूजइट कंपनी के ट्रकों की बात दोबारा मेरे सामने नहीं दोहरा सकता। फिर मैं उसे व्हाइट ट्रक की सारी खूबियां एक-एक करके विस्तार से बताता हूँ और कंपनी की तरफ से मिलने वाली सुविधाएं भी गिनवाता हूँ। इस तरह मेरे नम्र और दोस्तीपूर्ण व्यवहार से प्रभावित होकर वह अपना फैसला बदलने को बाध्य हो जाता है।"

"पहले जब मैं किसी ग्राहक को मेरी कंपनी की बुराई करते देखता तो आग-बबूला हो जाता और जोर-शोर से प्रतिद्वंदी कंपनी की बुराईयाँ करने में जुट जाता। मैं जितनी ज़्यादा बुराई करता, मेरे ग्राहक उससे कहीं ज्यादा प्रतियोगी कंपनी की तरफ़दारी करने लगते और मेरी कंपनी के ट्रंक की बजाए दूसरी कंपनी के ट्रक खरीदने का मन बना लेते।"

"अब जब मैं आज वाले पैट्रिक और पहले वाले पैट्रिक की तुलना करता हूँ तो मुझे पहले वाले पैट्रिक पर बहुत शर्मिंदगी महसूस होती है क्योंकि जाने-अनजाने मैंने लोगों का बहुत मन दुखाया और गुस्से की आग में अपनी जिंदगी के कई बेहतरीन साल बर्बाद कर लिए थे। आज का पैट्रिक बहुत समझदार और अनुभवी है। वह बात की गहराई तक जाता है और बहुत ही उम्दा तरीके से लोगों का दिल जीतता है। आज जब भी मैं पीछे मुड़कर देखता हूँ तो मुझे बहुत हैरानी होती है कि मैंने इतना माल कैसे बेच दिया। अपना मुँह बंद और दिमाग शांत रखने से मुझे बहुत फायदा होता है।"

बेन फ्रैंकलिन का कहना था, "लोगों से बहस करना बेकार है। क्योंकि आप एकबारगी तो सामने वाले व्यक्ति का विरोध करके जीत सकते हैं, परंतु यह जीत खोखली और निरर्थक होगी, क्योंकि इसमें न तो आपके प्रतिद्वंदी की खुशी शामिल होगी और न ही सद्भाव। ऐसी जीत आपको हमेशा अपनी हार का अहसास करवाएगी।"

फ्रैंडरिक एस. पार्सन्स एक इन्कम टैक्स एडवाइजर के पद पर कार्यरत एक बहुत ईमानदार और कर्तव्यपरायण व्यक्ति थे। एक बार उनकी किसी सरकारी टैक्स इंस्पैक्टर के साथ एक छोटी सी बात पर बहस छिड़ गई। दरअसल सवाल नौ हजार डॉलर का था। पार्सन्स का मानना था कि यह पैसा बैड डेबिट था तो इस पर कोई टैक्स नहीं लगना चाहिए। जबकि इंस्पैक्टर का कहना था कि यह बैड डेबिट नहीं है, इस पर भी टैक्स लगना जायज़ है।

इंस्पैक्टर ज़िद्दी, अडियल और निर्दयी स्वभाव का व्यक्ति था। पार्सन्स के लाख समझाने पर भी वह अपनी बात से पीछे नहीं हटा। बहस करने के मामले में उसने पैट्रिक को भी पीछे छोड़ दिया। हार कर पार्सन्स ने ही पीछे हटने में अपनी भलाई समझी और बात बदलकर उसके इस हठी स्वभाव की प्रशंसा करनी शुरू कर दी: "आप से जीत पाना नामुमकिन है। वैसे आप हैं बहुत समझदार। मुझे नहीं लगता कि नौ हजार डॉलर जैसी छोटी सी रकम आपके लिए कुछ ज़्यादा मायने रखती होगी, क्योंकि आप जैसे बहादुर इंसान को तो लाखों-करोड़ों डॉलर वाले केस सुलझाने पड़ते होंगे। हालांकि मैंने टैक्सेशन के बारे में काफी कुछ पढ़ा है, लेकिन मेरा किताबी ज्ञान आपके सालों के तजुर्बे के आगे कुछ नहीं है। काश!! मुझे भी आपके जितना अनुभव होता तो शायद मैं भी कुछ सीख पाता।"

पार्सन्स की चिकनी-चुपड़ी बातों से इंस्पैक्टर बहुत प्रभावित हुआ और ठंडी सांस लेकर कुर्सी पर बैठ गया। उसके चेहरे पर जीत की खुशी साफ झलक रही थी। फिर उसने पार्सन्स को बैठने का इशारा किया और अपनी

बहादुरी के किस्से सुनाने लगा। उसने बताया कि किस तरह उसने चोर, लुटेरों और तस्करों को पकड़ कर जेल में पहुँचाया और बड़े-बड़े घपलों का पर्दाफाश किया था। करीब आधे घंटे बाद इंस्पैक्टर का व्यवहार एक प्रतिद्वंदी से दोस्ताना में बदल गया और वह अपने घर-परिवार और बीवी-बच्चों के बारे में बातें करने लगा। जैसे ही वह जाने के लिए खड़ा हुआ, तो उसने पार्सन्स से कहा कि वह इस केस पर थोड़ा और सोच-विचार करेगा और दो-चार दिन में फैसला करके बता देगा।

तीन दिन बाद वह हँसता-मुस्कुराता पार्सन्स के ऑफिस आया और बोला, "मिस्टर पार्सन्स मैं आपके टैक्स रिटर्न को स्वीकार करने को तैयार हूँ।

दरअसल इंस्पैक्टर महत्व की भावना की कमी का शिकार था। वह लोगों से अपने प्रति सम्मान चाहता था। मिस्टर पार्सन्स से बहस करने का उसका केवल एक ही मकसद था- अपने आप को महत्वपूर्ण साबित करना। परंतु जब मिस्टर पार्सन्स ने उसके महत्व को स्वीकार कर लिया तो उसने भी बहस खत्म कर दी और फिर से सहानुभूतिपूर्ण और दयालु इंसान में बदल गया।"

महात्मा बुद्ध का उपदेश था, "नफरत को नफरत से नहीं, बल्कि प्रेम से खत्म किया जाता है और गलतफहमी को बहस या झगड़े से नहीं, बल्कि समझदारी, प्यार और सद्भावना से दूर किया जाता है।" इसके लिए आवश्यकता है तो बस सामने वाले के नज़रिए को समझने की।

एक बार एक युवा आर्मी ऑफिसर, लिंकन के किसी सहयोगी के साथ किसी बात पर उलझ पड़ा और दोनों में जबरदस्त बहस शुरू हो गई। यह बहस शुरू तो एक मामूली सी बात पर हुई थी लेकिन कुछ ही मिनट में इतनी गंभीर हो गई कि अब्राहिम लिंकन को इसे खत्म करने के लिए खुद उन दोनों के बीच में आना पड़ा। उन्होंने आर्मी ऑफिसर को डांटते हुए कहा, "जो व्यक्ति अपने जीवन को देश की रक्षा के लिए न्यौछावर करने का साहस रखता है, उसके पास किसी व्यक्तिगत विवाद के लिए समय नहीं होता। जो

व्यक्ति क्रोध और मनोभावों को नियंत्रित करने में असफल होता है, वह इनसे पैदा होने वाले परिणामों को सहन करने में भी नाकाम होता है। बुद्धिमत्ता इसी में है कि उन सारी बड़ी चीजों को त्याग दो जिस पर सभी लोगों का बराबर का अधिकार हों और उन सभी छोटी चीजों को भी छोड़ दो जो पूर्ण रूप से आपकी हो। इस तरह आप अपने फैसले लेने में सक्षम हो जाएंगे। उदाहरण के लिए यदि कोई कुत्ता आपके रास्ते में आ जाए तो बेहतर है कि आप खुद ही अपना रास्ता बदल लें, बजाय उससे लड़ने के या फिर खुद को उससे कटवाने के। क्योंकि अगर कुत्ते के काटने के बाद, आप उसे मार भी दें, तो इससे उसके काटे हुए घाव को भरना असंभव होता है।”

कुछ साल पहले बिट्स एंड पीसेस नामक पत्रिका में एक लेख प्रकाशित हुआ जिसमें असहमति को बहस में तबदील होने से बचाने के उपाय बताए गए हैं:

1. **असहमति का पूरे मन से स्वागत करें**- असहमति एक ऐसा अवसर है जिससे आप गलती करने से पहले ही सतर्क हो जाते हैं और आपको इसे सुधारने का मौका भी मिल जाता है।

2. **अपनी पहली भावना पर भरोसा न करें**- जब कभी हमारे सामने कोई विपरीत परिस्थिति पैदा होती है तो हमारा पहला कदम अपनी व्यक्तिगत सुरक्षा करना होता है। अतः सोच-विचार कर ठंडे दिमाग से फैसला लें। क्योंकि कई बार खुद को सर्वश्रेष्ठ साबित करने के लिए किया गया कार्य आपको खुद की और लोगों की नज़रों में नीचे भी गिरा सकता है।

3. **गुस्से पर काबू रखें**- क्रोध, विनाश का मार्ग है। क्रोध के वशीभूत व्यक्ति अपने अच्छे-बुरे, सही-गलत का फर्क करना भूल जाता है। दुनिया में प्रायः लोगों को उनके गुस्से से आंका जाता है, जो व्यक्ति जितना ज्यादा गुस्सा करता है लोग उतना ही उससे दूर होते जाते हैं।

4. **पहले पूरी बात सुनें**- कई बार देखने में आता है कि लोग, सामने वाले व्यक्ति की बात सुने बिना ही अपनी जुबान का घोड़ा निरंतर दौड़ाते जाते हैं। ऐसे व्यक्तियों को पागल और बड़बोले लोगों की श्रेणी में रखा जाता है। बेहतर होगा कि पहले दूसरों की बात सुनें और फिर कोई सुझाव दें। अगर आप बिना सोचे-समझे लोगों की बात काटेंगे तो इससे आप दोनों के बीच में गलतफहमी पैदा हो जाएगी। अतः कोशिश करें कि ऐसा कुछ न हो। अपने मतभेद को प्रेम-पूर्वक और समझदारी से सुलझाने का प्रयास करें।

5. **सहमति के क्षेत्र खोजें**- पहले आप अपने विरोधियों की पूरी बात सुनें और फिर उन बिंदुओं पर बातचीत करना शुरू करें जिन पर आप अपने विरोधियों से सहमत हों।

6. **ईमानदार रहें**- अगर आप गलत हैं, तो अपनी गलती मानने से कभी न चूकें। क्योंकि एक माफी आपके जिंदगी भर के रिश्ते को खत्म होने से बचा सकती है।

7. **वायदा करें कि आप अपने विरोधियों के विचारों पर फिर से ध्यान देंगे**- कई बार बहस के दौरान दोनों पक्ष अपने-अपने मत पर सही होते हैं। ऐसे में यह कभी मत सोचें कि आप अपनी बात को सही साबित करने के लिए दूसरे को गलत ठहरा देंगे। ऐसा करना बिल्कुल गलत होगा क्योंकि अगर आप से गलती से भी कोई भूल कर बैठे तो आपके विरोधियों को आप पर उंगली उठाने का मौका मिल जाएगा। ऐसी परिस्थिति में अच्छा होगा कि आप उनके विचारों पर दोबारा सोचने के लिए सहमत हो जाएं।

8. **समस्या में रुचि लेने के लिए अपने विरोधियों को दिल से धन्यवाद दें**- दूसरा व्यक्ति आपकी बहस का हिस्सा तभी बनता है, जब उसकी रुचि आपके विषय में होती है। इस तथ्य को सकारात्मक ढंग से सोचने पर आप अपने विरोधियों को भी अपना मित्र बना सकते हैं।

9. **दोनों पहलुओं से सोचने के बाद ही निर्णय लें**- जल्दबाज़ी में लिए गए फैसलों का परिणाम हमेशा भयंकर होता है। इसलिए बेहतर होगा कि बहस को थोड़ी देर के लिए पूर्णविराम देकर तथ्यों पर पुनः विचार-विमर्श करें। यहां कुछ ऐसे सवाल दिए गए हैं जो आपको निर्णय लेने में सहायता करेंगे-

क्या यह संभव है, कि मेरे विरोधी सही हों? उनकी बातों में कितनी सच्चाई है? क्या मैं सच में समस्या सुलझाने की कोशिश कर रहा हूँ या फिर व्यर्थ में उन पर गुस्सा उतार रहा हूँ? क्या मेरे उठाए गए इस कदम से लोग मेरी इज्ज़त करेंगे? मैं जीतूंगा या हारूंगा? अगर मैं जीत गया तो इसके बदले में मुझे क्या खोना पड़ेगा? अगर मैं हार गया तो लोग मेरे बारे में क्या सोचेंगे? अगर मैं इस बहस को यही खत्म करना चाहूँ तो लोग मेरे इस फैसले पर क्या प्रतिक्रिया देंगे? क्या यह गंभीर मुद्दा किसी तरह मेरे लिए वरदान साबित हो सकता है? मेरे इस कदम से मेरे विरोधी मुझसे दूर जा रहे हैं या फिर मेरे करीब आ रहे हैं ?

ओपेरा सुपर स्टार जैन पियर्स ने अपने सुखद वैवाहिक जीवन की सफलता का राज बताते हुए कहा, "अपनी शादी के वक्त हमने आपस में यह समझौता किया था कि हम चाहे एक-दूसरे से कितना भी गुस्सा रहे, मगर जब भी हम में से एक चीखें-चिल्लाएगा, तो दूसरा चुपचाप ठंडे दिमाग से उसकी सारी बात सुनेगा। ऐसा करने के पीछे एक विशेष कारण था, क्योंकि अगर हम दोनों ही चीखने-चिल्लाने लगेंगे तो बहस कम होने की बजाय बढ़ जाएगी जिससे हमारे रिश्ते में प्यार की बजाय कड़वाहट आनी शुरू हो जाएगी।"

सिद्धांत - 1

बहस से एक ही फायदा हो सकता है
और वह यह है कि इससे बचना।

2

दुश्मन बनाने के तरीक़े और बचाव के उपाय

थियोडोर रूजवेल्ट का मानना था कि वही व्यक्ति सफल हो सकता है जो 75 प्रतिशत मौकों पर सही होते हैं। अगर ऐसा है तो आप वॉल स्ट्रीट जाकर एक दिन में लाखों डॉलर कमा सकते हैं। लेकिन अगर आप 55 प्रतिशत मौकों पर भी सही नहीं होते तो आपको कोई हक नहीं बनता कि आप बेकार में दूसरे लोगों पर इल्ज़ाम लगाते फिरें और उनकी गलतियाँ निकालें?

कई बार व्यक्ति बिना बोले ही अपने हाव-भाव से दूसरों को दिखा देता है कि वे गलत हैं। आप खुद सोचिए, यदि आप उन्हें उनकी गलती बता भी देते हैं तो क्या वे इसे सिर्फ आपके कहने से मान लेंगे? नहीं, बिल्कुल नहीं। वे ऐसा हरगिज़ नहीं करेंगे, क्योंकि आपने जानबूझकर उनके स्वाभिमान को चोट पहुँचाई है। अपनी बेइज़्ज़ती का बदला लेने के लिए वे आपकी गतिविधियों पर तीव्र दृष्टि रखेंगे ताकि आप कोई गलती करें और उन्हें आपको सबक सिखाने का मौका मिल जाए। आपको क्या लगता है? आपके कुछ भी कहने से उनकी सोच बदल जाएगी? अगर आप ऐसा सोचते हैं तो आपका सोचना मिथ्या है क्योंकि वे आपके लिए अपनी सोच को कभी नहीं बदल सकते, फिर चाहे आप प्लेटों या सुकरात महान के तर्कों से उन्हें पछाड़ने का प्रयास क्यों न करें।

आपके बात करने का ढंग औपचारिक और बेरुखा नहीं होना चाहिए। अर्थात बात करें तो मन से करें, व्यर्थ के लोक-दिखावे से आपके संबंधों में दरार आने लगती है। आपकी बातें भाषण की तरह नहीं लगनी चाहिए। जिससे कि लोगों को यह लगे कि आप उनसे ज्यादा स्मार्ट हो। बल्कि यह

एक चुनौती पूर्ण स्थिति है, जिसमें विरोध उत्पन्न होता है और श्रोता आपके कुछ कहने से पहले ही आपसे झगड़ने के लिए तैयार हो जाते हैं। लोगों की विचारधारा बदलना, मतलब जानबूझकर उनके स्वाभिमान और अहंकार को चोट पहुँचाने के बराबर है। बेहतर होगा कि आप इससे दूर ही रहें।

लेकिन अगर फिर भी आप ऐसा कुछ करने का जोखिम उठा रहे हैं। तो हर कदम फूंक-फूंक कर रखें। किसी को आपके उद्देश्यों की भनक नहीं लगनी चाहिए। आप अपना काम चतुराई और कुशलतापूर्वक करते जाइए जिससे कि सामने वाला चाह कर भी आपके इरादों को भांप सके।

> अलैक्जेंडर पोप ने इस विचार को अपनी भाषा में इस तरह व्यक्त किया है- "लोगों को कोई बात इस तरह सिखाएं कि उन्हें पता ही न चले कि उन्हें कुछ सिखाया जा रहा है। अपने विचारों को इस तरह उनके सामने पेश करें जिससे कि उन्हें महसूस हो कि यह उनके अपने ही विचार हैं।"

> गैलिलियो का कहना था- "अगर आप किसी व्यक्ति को कुछ सिखा नहीं सकते, तो उसे सीखने में मदद तो कर सकते हैं।"

> सुकरात ने अपने अनुयाइयों को बार-बार यही उपदेश दिया- "मैं केवल एक ही बात जानता हूँ और वह यह कि मैं कुछ नहीं जानता।"

> मैं सुकरात जितना समझदार तो नहीं हूँ, लेकिन फिर भी मैंने लोगों से बिना मतलब की बहस करना छोड़ दिया। अब मैं जानबूझकर उनकी भावनाओं को चोट नहीं पहुँचाता और इससे मुझे बहुत फायदा हुआ।

जब भी कोई व्यक्ति ऐसी बात कहे जो आपकी राय में गलत हो और आप यह अच्छी तरह से जानते हों कि वह गलत है... तो क्या फिर भी चुप्प रहना बेहतर होगा? चलिए, इसे हम दूसरे नज़रिए से समझाते हैं: जब भी कभी ऐसी परिस्थिति पैदा हो तो बात को आप इस तरह घुमा-फिरा कर कहें कि जिससे सामने वाले को भी बुरा न लगे और आपका मान भी रह जाए। जैसे कि हम दोनों के विचार एक-दूसरे से बहुत अलग हैं... हो सकता है कि

आप सही हों और मैं गलत क्योंकि मैं कई बार गलत होता हूँ। और अगर मैं गलत रहा तो मुझे अपनी गलती को सुधारने में बहुत खुशी होगी। आपके शब्दों का सामने वाले पर जादुई असर होगा और वह बरबस आपकी बात सुनने को राजी हो जाएगा।

हैरोल्ड रैंके, जो कि मोन्टाना कार के प्रसिद्द डीलर रह चुके हैं, ने अपने व्यापार में इस तकनीक को आजमाया और पहले की अपेक्षा कई गुना बेहतर परिणाम प्राप्त किए। ऑटोमोबाइल बिजनेस के तनावग्रस्त माहौल में वे अक्सर ग्राहकों की शिकायतों पर ज्यादा ध्यान नहीं दे पाते थे। उनकी इसी उदासीनता की वजह से ग्राहकों की नाराजगी बढ़ गई और माहौल बिगडने लगा। रोज-रोज के झगड़ों के चलते बिज़नेस घाटे में जाने लगा। निराश होकर रैंके ने हमारी क्लास में आना शुरू कर दिया, जहाँ उन्हें लोगों का दिल जीतना और व्यवहार करने का हुनर सिखाया गया। इसके बाद की कहानी आप उनके शब्दों में सुनिए: "व्यापार में लगातार हो रहे नुकसान से मैं परेशान रहने लगा। क्लास ज्वॉइन करने के बाद मैंने एक दूसरी तकनीक अपनाई। अब जब भी कोई ग्राहक अपनी शिकायत लेकर आता तो मैं उससे कहता 'हमारी गलती की वजह से आपको इतनी परेशानी उठानी पड़ी. इसके लिए मैं बहुत शर्मिंदा हूँ। कृपया, आप हमारी कमियाँ विस्तारपूर्वक बताएं जिससे कि हम भविष्य के लिए सावधान हो जाएं। यकीन मानिए, आपको फिर से शिकायत का मौका नहीं मिलेगा।'

"मेरे इस नए व्यवहार से ग्राहक का गुस्सा कुछ पल में चला जाता। मैं पूरे ध्यान से एकाग्रचित होकर उनकी शिकायतें सुनता और इन्हें दूर गायब करने की पूरी कोशिश करता। जो ग्राहक अंदर आते हुए गुस्से की आग की आग में जल रहा होता था, वही जाते हुए एकदम खुश और प्रसन्नचित होता था और अपनी बात ध्यान से सुनने के लिए मुझे धन्यवाद भी करते।"

अगर आप पहले से ही अपनी गलती मानने की हिम्मत रखते हैं, तो भविष्य में आप कभी किसी मुश्किल में नहीं पड़ेंगे। इससे लड़ाई-झगड़े की संभावना समाप्त हो जाएगी और आपके प्रतियोगियों को भी आप जितना

खुला, निष्पक्ष और विशाल हृदय होने की प्रेरणा मिलेगी। इसके बाद वह भी यह कहने पर विवश हो जाएगा कि वह भी गलत हो सकता है।

लेकिन अगर आप सामने वाले को यह बता देते हैं, कि वह गलत है और उनके कारण सबको परेशानी हो रही है, तो इसके बहुत गंभीर परिणाम हो सकते हैं। आइए, एक उदाहरण देखते हैं एक बार युनाइटेड स्टेट्स सुप्रीम कोर्ट में एक महत्वपूर्ण केस पर बहस चल रही थी। इस मुकदमे में जहाँ एक तरफ बहुत सा धन दांव पर लगा था, वहीं दूसरी तरफ कानून का एक बहुत महत्वपूर्ण प्रश्न भी उलझा हुआ था। मिस्टर एस. इस मुकदमे की पैरवी कर रहे थे। बहस के दौरान जज ने मिस्टर एस. से एक सवाल पूछा, "एडमिरल्टी लॉ में छह साल की समय सीमा होती है, है न?"

"नहीं, युअर ऑनर, एडमिरेल्टी लॉ में कोई समय सीमा नहीं होती मिस्टर," एस. ने दो टूक जवाब दिया।

कोर्ट में सन्नाटा छा गया। उसने सरेआम जज के अहम् को चुनौती दे डाली। लोग हैरानी से एक-दूसरे का मुँह ताकने लगे। वकील ने जज को गलत साबित किया था, जो कि छोटी-मोटी बात नहीं थी क्या उसके इस कदम से जज का उसके प्रति दोस्ताना व्यवहार हुआ? नहीं, जज अपने अपमान को सहन नहीं कर पाया। निस्संदेह वकील सही था और केस भी उसके पक्ष में ही था। लेकिन उसने जज को उसकी गलती बताने की गुस्ताखी की थी जिसका उसे भारी ख़ामियाजा भुगतना पड़ा। जज ने उसके खिलाफ फैसला सुनाया और वह जीत कर भी हार गया।

अधिकांशतः लोग तार्किक कम और पूर्वाग्रह से अधिक ग्रस्त होते हैं। उन के मन-मस्तिष्क पर ईर्ष्या, डर शंका जैसी मान्यताओं का जमावड़ा होता है। वे किसी के कहने पर अपनी आदतों में परिवर्तन नहीं करना चाहते, फिर चाहे सवाल उनके हेयरस्टाइल का हो या अजीबो-गरीब पहनावे का जेम्स हार्वे रॉबिन्सन ने द माइंड इन द मेकिंग में अपने कुछ विचार व्यक्त किए हैं: हम अक्सर अपनी इच्छा से अपने विचारों को बदल लेते हैं, परंतु अगर हमें यह अहसास करवाया जाए कि हम गलत हैं या फिर लोगों के सामने हमारी

गलती का ढिंढोरा पीटा जाए तो यह दोशारोपण हमसे सहन नहीं होता और हम अपने हृदय को सख्त बना लेते हैं। हमें अपने अविश्वासों के प्रति इतना गहरा विश्वास होता है कि अगर कोई हमारे अविश्वास को दूर करने का प्रयास करता है तो इससे हमारी श्रद्धा-भक्ति को गहरा आघात पहुँचता है। स्पष्ट कहें तो हमें अपने विचारों से नहीं अपितु अपने आत्मसम्मान से प्रेम होता है जो ऐसे समय में हमें खतरे में दिखाई देने लगता है। मानवीय संबंधों में सबसे महत्वपूर्ण शब्द "मेरा" है और बुद्धिमता इसी में है, कि आप इस शक्ति का सामना कुशलता से करें। हम यह विश्वास करते रहना चाहते हैं, कि हम जिसे सच मानते आए हैं, वही सच है, और जब कोई व्यक्ति हमारी मान्यताओं पर शंका करता है तो हम उत्तेजित हो जाते हैं और इससे चिपके रहने के लिए तरह-तरह के बहाने खोजने लगते है। जिसका परिणाम यह निकलता है कि हमारी तर्कशक्ति अपनी वर्तमान मान्यताओं के लिए तर्क खोजने में जुट जाती है।

प्रसिद्ध मनोवैज्ञानिक कार्ल रॉजर्स ने अपनी पुस्तक 'ऑन बिकमिंग पर्सन' में लिखा है कि:

> मेरे लिए सामने वाले व्यक्ति के नजरिए को समझना बहुत महत्वपूर्ण है। जब कोई व्यक्ति अपने विचारों, भावनाओं और विश्वास को व्यक्त करता है, तो हमारी पहली प्रवृत्ति यह महसूस करने की होती है कि यह सही है या गलत? इसीलिए दूसरों के नज़रिए को समझने के लिए हमारा खुद को इसके लिए तैयार करना बहुत अनिवार्य है।

ऐसे ही एक बार मैंने अपने घर के पर्दों की सजावट का जिम्मा एक इंटीरियर डिज़ाइनर को सौंपा। काम पूरा होने के बाद जब बिल आया, तो इसे देखकर मेरे होश उड़ गए।

फिर कुछ दिनों बाद मेरी एक दोस्त घर आई तो उसने पर्दों की खूब तारीफ की, लेकिन जब उसे कीमत पता चली तो उसका मुँह खुला का खुला रह गया-"क्या? इतने महंगे! मुझे लगता है उस दुकानदार ने तुम्हें लूट लिया।

उसके हाव-भाव देखकर ऐसा लगा मानो वह अप्रत्यक्ष रूप से कह रही हो कि दुकानदार ने तुम्हें बेवकूफ बना दिया। उसकी बातों से मेरे आत्मसम्मान को गहरा धक्का लगा। फिर मैंने अपने आत्मसम्मान की रक्षा करते हुए कहा, "इसमें महंगाई वाली कौन सी बात है? बढ़िया क्वालिटी का सामान महंगा ही आता है। यह कोई इक्का-दुक्का सामान तो है नहीं, जो राह चलते फुटपाथ पर मिल जाए।"

इसके कई रोज बाद मेरी एक दूसरी मित्र आई और उसने पर्दों की दिल खोलकर प्रशंसा की और कहा , "काश! मैं भी अपने घर में इतने बढ़िया पर्दे लगा पाती।" उस वक्त मेरी प्रतिक्रिया बिल्कुल विपरीत थी। मैंने उस पर थोड़ा प्रभाव जमाते हुए कहा, "हाँ, पर्दे अच्छे हैं, तो पैसे भी अच्छे ही लगे हैं। सच कहूँ तो कभी-कभी तो लगता है कि मैंने बेकार में ही इन पर इतने पैसे खर्च किए।"

मतलब यह कि अगर हम खुद गलत होते हैं तो हमें अपने गलती मानने में कोई संकोच नहीं होता, लेकिन अगर कोई दूसरा व्यक्ति हमें हमारी भूल का अहसास करवा दे तो हमसे कभी सहन नहीं होता और उसे बुरा-भला कहने लगते हैं।

होरेस ग्रीले अमेरिका के विख्यात संपादक और आलोचक थे। वे अपने लेखों के माध्यम से देश की बड़ी-बड़ी जानी-मानी हस्तियों पर व्यंग्य करते थे। वे अब्राहिम लिंकन की नीतियों से सहमत नहीं थे। उन्होंने जनता को लिंकन के विरुद्ध भड़काने के लिए कई अपमानजनक लेख लिखे। उन्हें लगता था कि उपहास, बहस और अपमान द्वारा वे लिकंन को अपनी बातें मनवाने के लिए राजी कर लेंगे। उनका यह अभियान करीब एक साल तक ऐसे ही चलता रहा। इस दौरान उन्होंने लिंकन को लोगों की नज़रों से गिराने के लिए बहुत से आलोचनात्मक लेख लिखे।

लेकिन क्या लिंकन ग्रीले के इस भद्दे और अमानवीय व्यवहार के आगे झुके? नहीं, कतई नहीं। अपमान या उपहास जैसे कुसंस्कारी तत्व कभी किसी

को दूसरों के आगे झुकने को मज़बूर नहीं कर सकते। लिंकन पर उसके विष भरे लेखों का कोई प्रभाव नहीं पड़ा। उन्होंने कभी अपने मस्तिष्क को यह सोचने की जहमत नहीं उठाने दी कि लोग उनके बारे में क्या सोचते होंगे? बल्कि वह प्रतिदिन लोगों से पहले जैसा ही सामान्य व्यवहार करते।

बेंजामिन फ्रैंकलिन ने अपनी आत्मकथा में लोगों को आपसी संबंध सुधारने और अपने व्यक्तित्व को सुधारने संबंधी कई अमूल्य सुझाव बताए हैं। इसमें उन्होंने अपनी बहस करने की आदत पर नियंत्रण करने और अमेरिकी इतिहास का सुप्रसिद्ध कूटनीतिज्ञ बनने की नीति का भी वर्णन किया है।

युवा अवस्था में बेन बहसबाजी में सबसे आगे थे। बात चाहे कितनी भी छोटी क्यों न होती लेकिन बाल की खाल निकालना उनके स्वभाव में था। एक दिन ऐसे ही बहस के दौरान उनका प्रिय मित्र क्वेकर उन्हें खींच कर दूसरी तरफ ले गया और समझाना शुरू कर दिया। क्वेकर ने इतने कड़वे और कठोर शब्दों का प्रयोग किया जिसे सुनकर बेन सुन्न रह गया। उसने कहा, "बेन तुम कभी सुधर नहीं सकते। तुम्हें पता भी है, कि तुम्हारी बातों से दूसरों को कितना बुरा लगता है। माना कि तुम्हें कोई कुछ कहता नहीं, लेकिन इसका मतलब ये तो नहीं कि तुम सब पर अपनी बात थोपते चले जाओ। तुम्हारे कठोर विचार दूसरों पर हथौड़े की तरह लगते हैं। लेकिन तुम्हें क्या? तुम्हें तो अपनी बातों से और अपने सिद्धांतों से मतलब है... दूसरों को अच्छा लगे या बुरा लगे... इसकी तुम्हें कोई परवाह नहीं। जानते भी हो कि तुम्हारे दोस्तों की तुम्हारे बारे में क्या राय है? उनका कहना है कि जब तुम उनके साथ नहीं होते हो तो उनका समय ज़्यादा मज़े से बीतता है। तुम ज्ञान का इतना बड़ा भंडार हो कि दूसरा व्यक्ति तुम्हारे सामने बोलना तो क्या, सिर उठाने तक की हिम्मत नहीं कर सकता। और अगर कोई गलती से बोलने के लिए मुँह खोलेगा भी, तो तुम उसे भी उपदेश दे कर चुप करवा दोगे। बेन, मेरी एक बात गांठ बांध लो.... अगर तुमने अपना व्यवहार नहीं बदला तो तुम जिंदगी में कभी कुछ नया नहीं सीख पाओगे और तुम्हारा ये कड़वे ज्ञान का पिटारा यहीं धरा का धरा रह जाएगा।

बेन का धैर्य काबिले तारीफ था, जो उसने क्वेकर की इतनी अपमानजनक आलोचना को पूरे ध्यान से सुना और दिल से स्वीकार किया। दरअसल उन्होंने इसमें छुपी सच्चाई को भांप लिया था। उन्हें आभास हो गया था कि अगर उन्होंने समय रहते खुद को न बदला तो धीरे-धीरे उनके कदम असफलता और सामाजिक विनाश की तरफ बढ़ते चले जाएँगे। उन्होंने अपने दोस्त की आलोचना से प्रेरणा लेकर आलोचना और बहस को हमेशा हमेशा के लिए अपनी जिंदगी से निकालने का प्रण लिया।

फ्रैंकलिन कहते हैं, "मैंने नियम बना लिया कि मैं लोगों की भावनाओं का कभी विरोध नहीं करूंगा और अपनी बात को आक्रामक या दृढ़ अंदाज में कहने से परहेज़ करूंगा। अपनी भाषा शैली में 'निश्चित रूप से और 'निस्संदेह' जैसे शब्दों के स्थान पर 'मुझे लगता है' या 'मैं समझता हूँ' या 'मुझे पहली नज़र में ऐसा लगा' जैसे भावनात्मक व्यवहार में इतना बदल गया था कि अगर कोई व्यक्ति कोई गलत बात करता तो भी विरोध नहीं करता। और फिर उसे उसकी गलती का अहसास करवाने के लिए नीति का प्रयोग करता जिससे कि सामने वाले को बात भी समझ आ जाती और मुझे भी न करनी पड़ती। मेरी चर्चा पहले की अपेक्षा अधिक सुखद होने लगी। चूंकि अब मैं विनम्र तरीके से अपने विचार रखता था जिससे लोग खुशी खुशी मेरे विचारों से सहमत हो जाते। अगर मैं कहीं गलत होता तो हँसकर अपनी गलती मान लेता, जिससे मुझे ज्यादा शर्मिंदगी न उठानी पड़ती और जब कभी में सही होता तो मेरे विरोधियों को भी अपनी गलती मानने में कोई आपत्ति नहीं होती थी।"

इस नई तकनीक के शुरुआती दौर में मुझे बहुत सी परेशानियों का सामना करना पड़ा। अपने स्वाभाविक इच्छाओं और अहम् को दबा कर रखना बहुत मुश्किल था, परंतु कुछ दिनों में मुझे इसकी इतनी आदत हो गई मानो कभी ऐसे रूखे और कठोर शब्दों का प्रयोग ही न किया हो। इसी आदत की बदौलत में लोगों में इतना लोकप्रिय हो गया कि वे खुद-ब-खुद मेरे पास आने लगे और अपने विचार शेयर करने लगे। कई लोकप्रिय संस्थाओं ने मुझे अपना एडिटर बनाने का प्रस्ताव भी रखा। इस तरह मैंने अपनी जीवन की दिशा को परिवर्तित किया और नये मार्ग की ओर अग्रसर हुआ।

कैथरीन ए. अल्फ्रेड एक यार्न प्रोसेसिंग प्लांट में इंडस्ट्रियल इंजीनियर सुपरवाइजर है। उन्होंने हमारी क्लास में अपने ट्रेनिंग लेने से पहले और बाद के अनुभवों को बताया

“मेरा काम अपने ऑपरेटर्स को अधिक से अधिक उत्पादन के लिए प्रोत्साहित करना था। विनम्र और प्रेमपूर्वक संबंध होने के कारण सब एक-दूसरे के साथ मिल-जुल कर काम करते पहले हमारे पास दो-तीन तरह के थे इसलिए काम अच्छे से चल जाता था, परंतु हाल ही में कंपनी मे अपनी रेंज बढ़ा ली जिसकी वजह से हमें बारह अलग-अलग किस्म के यान पर काम करना पड़ा। चूंकि पहले की अपेक्षा मेहनत बढ़ गई थी तो ऑपरेटर्स का वेतन बढ़ाना भी जायज था। परंतु काम उतनी तेजी से नहीं बढ़ था जिससे कि हम ऑपरेटर्स को अच्छा वेतन दे पाते। अपनी मेहनत का उचित फल न मिलने के कारण ऑपरेटर्स भी हतोत्साहित होने लगे। फिर मेरे दिमाग में एक उपाय सूझा और मैंने एक नयी नीति लागू करने की योजना बनाई, जिसके मुताबिक हम अपने ऑपरेटर्स को यार्न के उत्पादन के हिसाब से वेतन देंगे जिससे वे ज्यादा उत्पादन करने को प्रोत्साहित होंगे। मैंने अपनी इस नयी योजना को मैंने जमेंट के सामने रखा और पुरानी योजना की गलतियां निकालते हुए उसे रद्द करने का प्रस्ताव रखा। मैंने उन्हें नई योजना की अच्छाइयाँ बताईं और कहा कि इस नई योजना से पिछले सारे भेदभाव दूर हो जाएंगे और ऑपरेटर्स को भी उनकी मेहनत के हिसाब से वेतन मिल जाएगा। लेकिन मैं अपनी नई योजना में इतनी व्यस्त हो गई कि उनके लिए पुरानी योजना से जुड़ी समस्याओं को स्वीकार करने की कोई जगह ही छोड़ी। मैंने जमेंट ने मेरी योजना पर कोई उचित कदम न उठाया और मेरी सारी मेहनत मिट्टी में मिल गई।

“इस बात को कई महीने गुज़र गए। काम अपनी पहले वाली गति से चलता रहा और किसी ने इसे सुधारने के लिए कुछ न किया। मैं भी अपने काम में व्यस्त रहने लगी। ट्रेनिंग क्लास ज्वॉइन करने के बाद मुझे अपनी गलती का अहसास हुआ। मैंने तुरंत ही एक मीटिंग बुलाई और सारे सदस्यों से काम के दौरान आ रही समस्याओं पर विचार-विमर्श किया। प्रत्येक सदस्य

ने अपने व्यक्तिगत अनुभव से इस मुश्किल को हल करने का सुझाव दिया। मैंने भी बीच-बीच में अपनी पिछली योजना संबंधी विचार प्रकट किए, लेकिन योजना को विकसित करने का सारा कार्यभार उन्हीं पर छोड़ दिया। मीटिंग के अंत में मैंने सभी के विचारों के निष्कर्ष में अपनी योजना को भी शामिल कर दिया और पूरी योजना का ब्यौरा दिया, जिसे सब ने सहजता से स्वीकार कर लिया।

यह सच है कि यदि आप किसी व्यक्ति को सीधे-सीधे यह बता देते हैं कि वह गलत है तो इससे कोई लाभ नहीं होता, बल्कि नुकसान होने का अंदेशा अधिक रहता है। इस तरह न केवल आप सामने वाले व्यक्ति के स्वाभिमान को चोट पहुँचाते हैं, बल्कि दूसरों की नज़रों में खुद को भी बुरा बना लेते हैं।

आर. वी. क्राउले न्यूयॉर्क की एक लंबर कंपनी में सेल्समैन था। अपने जिद्दी और अड़ियल स्वभाव के कारण सारे लंबर इंस्पैक्टर उससे डरते थे। बहस करने में उससे कोई जीत नहीं सकता था और उसके व्यवहार का नकारात्मक प्रभाव उसके बिजनेस पर पड़ रहा था। क्राउले ने अपने नुकसान की भरपाई करने का फैसला कर लिया उसने हमारी ट्रेनिंग क्लास में आना शुरु किया और हमारे सिद्धांतों को अपने जीवन में अपनाया। बहस करना छोड़कर अपने व्यवहार में विनम्रता लाया। इसका जो परिणाम हुआ वह आप उनके शब्दों में ही सुनें:

"एक सुबह मेरे पास एक फोन आया। फोन उठाया तो दूसरी तरफ से एक गुस्सैल आदमी लगातार मुझ पर भड़क रहा था। उसका कहना था कि हमने उसके प्लांट में घटिया किस्म की लंबर सप्लाई की थी और अब वह चाहता था कि हम अपना सारा माल तत्काल गोदाम से वापस उठवा लें। लंबर इंस्पेक्टर की रिपोर्ट के मुताबिक लंबर का स्तर अपेक्षित क्वालिटी से 56 प्रतिशत कम था और अब उनके पास सारा माल वापस करने के सिवा कोई दूसरा रास्ता नहीं था।"

"फोन सुनते ही मैं तुरंत उस फर्म के गोदाम की तरफ रवाना हुआ। रास्ते भर इस समस्या से निपटने के उपाय सोचता रहा। अगर मैंने पहले की तरह

बहस की होती और लंबर इंस्पैक्टर के रूप में अपने ज्ञान और अनुभव की डींगें हांकी होतीं तो सामने वाला इंस्पैक्टर बिना कोई चूं-चपाट किए मेरी बात मान लेता और अपनी गलती की माफी भी माँगता परंतु मैं वह सब दोबारा से दोहराना नहीं चाहता था, इसलिए मैंने कोर्स में सीखे हुए तरीके को आज़माने का फैसला किया।"

जैसे ही प्लांट पहुँचा, तो देखा कि लंबर इंस्पेक्टर और प्लांट मैंने जर आपस में बहस कर रहे थे मुझे देखते ही वे गुस्से से मेरी ओर लपके और शिकायतों का पिटारा खोल दिया। मैं चुपचाप उनकी बातें सुनता रहा फिर हम उस जगह पहुँचे जहाँ माल उतारा गया था। मैंने इंस्पैक्टर से अनुरोध किया कि वे माल उतारना जारी रखें ताकि मैं माल की क्वालिटी की जाँच कर सकूं। मैंने इंस्पैक्टर से कहा कि वह पहले की तरह घटिया माल एक तरफ और बढ़िया माल दूसरी तरफ निकालकर रखता जाए।

इंस्पैक्टर की गतिविधियाँ देख कर मैं समझ गया कि वह बहुत सख़्त किस्म का व्यक्ति है, परंतु वह नियमों का उल्लंघन कर रहा था। लंबर सफेद पाइन का था, जबकि इंस्पैक्टर को इस क्वालिटी का जरा भी ज्ञान नहीं था। दरअसल वह हार्ड-वुड विशेषज्ञ था और मैं सफेद पाइन का। लेकिन इसका मतलब यह नहीं था कि मैंने उसके ज्ञान पर कोई प्रश्नचिन्ह लगाया हो, बल्कि मैं विनम्रतापूर्वक पूछता रहा कि अमुक अमुक टुकड़े में क्या गड़बड़ी है। मैंने उसे बिल्कुल भी महसूस नहीं होने दिया कि वह गलत है, बल्कि मैं लगातार इसी बात पर जोर देता रहा कि मेरे सवाल पूछने का एकमात्र कारण यह जानना है कि हमारे माल में क्या दिक्कत है, ताकि भविष्य में मैं आपकी फर्म को यही माल भिजवाऊं जिससे कि वे संतुष्ट हो।"

"मेरे मैत्रिक और सहयोगपूर्ण व्यवहार से हमारे बीच बनी दुश्मनी की दीवार पिघल गई और मैं उन्हें तरह-तरह के सुझाव देने लगा। मैंने खुद का बचाव करते हुए कहा, 'शायद आप इससे ज्यादा महंगा माल चाहते थे?" मेरे इस सवाल से उनके मस्तिष्क में यह विचार बैठ गया कि उन्होंने जिस ग्रेड का

माल मंगवाया था कई रिजेक्टिड टुकड़े दरअसल उस ग्रेड से बिल्कुल मिलते-जुलते थे। फर्म का मैंने जर भी मेरी बात से सहमत था कि उन्हें सचमुच बढ़िया क्वालिटी के महंगे माल की ज़रूरत थी। मैंने सारा मामला इतनी समझदारी और सावधानी से निपटाया कि उन्हें मुझ पर जरा भी शक न हुआ।"

"कुछ देर बाद सारा मंजर ही बदल गया। लंबर इंस्पैक्टर अपनी गलती पर पछता रहा था और उसने पाइन-वुड के संबंध में अपनी अदूरदर्शिता को भी सहजता से स्वीकार कर लिया। फिर उसने हर टुकड़े के बारे में बहुत से सवाल पूछे और मैं अपनी बात साबित करने के लिए घुमा-फिरा कर जवाब देता रहा और उसे निश्चिंत करता रहा। परंतु हर जवाब के अंत में मैं उससे यह भी कहता रहा कि अगर उन्हें यह सही नहीं लगता या फिर यह उनके काम का नहीं है तो उसे अलग कर दें, मैं इससे बढ़िया क्वालिटी का माल भिजवा दूँगा। आखिरकार उन्हें समझ आ गया कि सारी गलती उनकी ही थी क्योंकि उन्हें जितने अच्छे ग्रेड की जरूरत थी उतने अच्छे माल का ऑर्डर नहीं दिया था।"

इस प्रकार थोड़ी सी व्यवहार कुशलता और बहस न करने के संकल्प से न केवल हमारी कंपनी को आर्थिक लाभ हुआ, बल्कि लोगों में भी सद्भावना की भावना का विकास हुआ।

मार्टिन लूथर शांति के सबसे बड़े समर्थक होने के बावजूद भी देश के सबसे बड़े अश्वेत ऑफिसर जनरल डेनियल चैप्पी जेम्स के बहुत बड़े प्रशंसक थे। जब मैंने उनसे इसकी वजह पूछी, तो उन्होंने आसान सा जवाब देते हुए कहा, "मैं लोगों को उनके सिद्धांतों के तराजू पर तौलता हूँ, अपने सिद्धांतों के तराजू पर नहींजितने अच्छे ग्रेड की उन्हें जरूरत थी"

एक बार जनरल रॉबर्ट ई. ली ने प्रेसिडेन्ट जेफरसन डेविस के सामने अपने एक अधीनस्थ ऑफिसर की बहुत तारीफ की। यह सुनकर उनकी बगल में खड़ा एक दूसरा ऑफिसर हैरान रह गया और बोला, "जनरल, शायद आप नहीं जानते कि जिसकी आप इतनी तारीफ कर रहे हैं, वह हर

समय आपके लिए अपशब्द बोलता है? इस पर जनरल ली ने मुस्कुराते हुए कहा, "हां, मैं जानता हूँ। परंतु प्रेसिडेन्ट ने मुझसे उसके बारे में मेरे विचार पूछे थे, मेरे बारे में उसके नहीं।"

मिस्र के सम्राट अख्तोई ने अपने पुत्र को समझाते हुए कहा, "कूटनीतिज्ञ बनो। इससे लोग अपने आप तुम्हारी बात मानने लग जाएंगे और तुम्हें बहुत लाभ होगा।"

दूसरे शब्दों में कहा जाए तो अपने ग्राहक, अपने विरोधी या अपनी पत्नी से कभी बहस न करें। उन्हें कभी यह न बताएं कि वे गलत हैं, बल्कि कूटनीति का प्रयोग कर समझाने का प्रयास करें।

सिद्धांत - 2

दूसरे व्यक्ति के विचारों के प्रति सम्मान दिखाएं।
यह कभी न कहें, 'आप गलत हैं।'

3

अगर गलती आपकी है तो मान लें

मेरे घर के पास एक बहुत खूबसूरत जंगल था, जिसे फॉरेस्ट पार्क के नाम से जाना जाता था। ऊंचे-ऊंचे घने पेड़ सूरज की तेज किरणों को धरती पर पड़ने से रोकते थे जिससे हर समय मौमस सुहावना बना रहता था। जंगल के बीचों-बीच एक नदी बहती थी। बसंत ऋतु में ब्लैकबेरी की झाड़ियां सफेदी की अदभुत छटा बिखेरती थीं। खरगोश और गिलहरियां दिन भर घास पर उछल-कूद करते और रात होते ही अपने-अपने घरौंदों में जा छुपते। छुट्टियां शुरु होते ही दूर-दूर से टूरिस्ट यहां घूमने आते और प्राकृतिक सौंदर्य का आनंद लेते। सरकार ने जंगल की सुरक्षा के लिए कड़े प्रबंध किये हुए थे। मैं भी कभी-कभार अपने छोटे बोस्टन बुलडॉग रैक्स को घुमाने यहां ले जाता था। रैक्स समझदार, वफादार और बहुत प्यारा कुत्ता था। वह कभी किसी को काटता नहीं था, इसीलिए मैं अक्सर रैक्स को खुला छोड़ देता ताकि वह भी जंगल की ताज़ी हवा में अपनी आज़ादी का आनंद उठा सके।

एक दिन मैं और रैक्स जंगल में घूम रहे थे कि तभी एक पुलिस वाला दिखाई दिया जो हमें घूर घूरकर देख रहा था और अपना सत्ता दिखाने के लिए बेताब था।

“तुमने अपने कुत्ते को खुला क्यों छोड़ रखा है? इसके गले में जंज़ीर क्यों नहीं लगाई? तुम जानते हो न कि जानवरों को इस तरह बिना चेन के खुलेआम लिए फिरना कानून के विरुद्ध है? अगर यह किसी को काट ले, तो इसका जिम्मेदार कौन होगा?” पुलिस वाला धड़ाधड़ बोले जा रहा था।

“हां मुझे पता है कि मुझे इसे ऐसे खुला नहीं छोड़ना चाहिए था। लेकिन मुझे लगता है कि यह किसी को कोई नुकसान नहीं पहुँचाएगा,” मैंने धीमे से जवाब दिया।

“आपको लगता है!!! हम्म्म... आपको क्या लगता है और क्या नहीं लगता इस बात से कानून को कोई लेना-देना नहीं है। देखो, इस बार तो मैं तुम्हें वार्निंग देकर छोड़ रहा हूँ, परंतु अगली बार अगर मैंने इस कुत्ते को बिना जंजीर के देख लिया तो मुझे मजबूरन तुम दोनों को जेल में बंद करना पड़ेगा।”

“सॉरी सर....,” मैंने आम नागरिक होने का फ़र्ज़ निभाते हुए माफी माँगी और अगली बार ऐसा न करने का वायदा किया और चुपचाप वहाँ से खिसक गया।

मैंने अपना वायदा निभाया भी... लेकिन सिर्फ कुछ दिनों के लिए। दरअसल, जंज़ीर में रहना न तो रैक्स को पसंद था और न ही मुझे। इसलिए हमने सब कुछ किस्मत पर छोड़ा और फिर से पहले की तरह आजाद पंछी बने जंगल में घूमना शुरु कर दिया। कुछ समय तक तो सब कुछ ठीक-ठाक चलता रहा, परंतु एक रोज़ दोपहर में मैं और रैक्स पहाड़ी पर दौड़ लगा रहे थे कि अचानक वही पुलिस वाला सामने से आता दिखाई दे गया। उसे देखते ही मेरे प्राण सूखने लगे। मैं बुरी तरह से फँस चुका था। अपना अंजाम मैं अच्छी तरह से जानता था। मेरा दिल राजधानी एक्सप्रेस से भी तेज दौड़ रहा था। इसलिए मैंने पुलिस वाले के कुछ कहने की प्रतीक्षा किए बिना ही बोलना शुरू कर दिया और लगातार बोलता चला गया, “ऑफिसर, आपने हमें रंगे हाथों पकड़ लिया। मैं आपका अपराधी हूँ। आपने पिछली बार चेतावनी दी थी कि अगर मैंने अपने कुत्ते को बिना चेन के घुमाया तो आप मुझे सज़ा देंगे। इसके बाद भी मैंने आपके आदेश की अवहेलना की। मैं कोई बहाना बनाकर बचने का प्रयास भी नहीं करूंगा। मैंने नागरिक होने का अपना कर्तव्य नहीं निभाया। मैं आत्म-समर्पण करने को तैयार हूँ।”

मेरी घबराहट देखकर पुलिस वाला मुस्कुराया और धीमे स्वर में कहा, “घबराओ मत, मैं तुम्हें कुछ नहीं करूँगा। मैं जानता हूँ कि बिना जंजीर के कुत्तों को घुमाना सबको अच्छा लगता है, खास तौर पर तब जब यहां आस-पास कोई न हो।

“हाँ सर, अच्छा तो लगता है लेकिन यह कानून के विरुद्ध है और मैंने तो सरेआम कानून का उल्लंघन किया है,” मैंने जवाब दिया।

“मगर इतना छोटा कुत्ता किसी को क्या नुक्सान पहुँचाएगा?” पुलिस वाले ने कहा।

“फिर भी सर, यहां बहुत सी गिलहरियां घूमती फिरती हैं, अगर इसने किसी को मार दिया होता तो क्या होता?”

“मुझे लगता है कि तुम बात को कुछ ज़्यादा ही गंभीरता से ले रहे हो,” उसने कहा , “यह पालतू कुत्ता है और जहाँ तक मेरा मानना है कि पालतू कुत्ते इस तरह किसी को नुकसान नहीं पहुँचाते।”

पुलिस वाले के अनायास बदले व्यवहार से आप खुद भी हैरान होंगे, है न? दरअसल आपकी तरह मैं भी ऐसे ही चौंक गया था।

सच तो यह है कि पुलिस वाला भी हमारी तरह एक आम इंसान था। वह तो केवल अपनी वर्दी का रौब दिखा कर महत्वपूर्ण होने का अनुभव करना चाहता था। इसलिए जब मैंने खुद को दोष देना शुरू किया तो उसे भी अपने आत्मसम्मान को दिखाने का मौका मिल गया और उसने अपनी दया और उदारता से कानून के विनम्र रवैये का परिचय करवाया।

मान लीजिए अगर मैं खुद को बचाने की कोशिश करता तो क्या होता? होना क्या था ... पुलिस वाला मुझे पकड़कर जेल में डाल देता और डंडों और लातों से कानून का पालन करना सिखाता।

परंतु मैंने उससे किसी तरह की कोई बहसबाजी नहीं की और चुपचाप मान लिया कि वह सही था और मैं गलत मैंने अपनी गलती से बचने के लिए कोई बहाना नहीं बनाया और पूरे दिल से इसे स्वीकार किया। जिससे पुलिस वाले का दिल पिघल गया और उसने मेरा पक्ष लेते हुए मुझे माफ कर दिया। इस तरह बहस न करने से और अपनी गलती मान लेने से एक मुश्किल मामला कुछ मिनट में सुलझ गया।

अपनी गलती मान लेने का नायाब तरीका आपको सब मुसीबतों से बचा सकता है। यदि आपको ऐसा लगे कि कोई आपको डांटने वाला है तो यह क्या यह सही नहीं रहेगा कि हम खुद ही अपनी गलती मान लें और इससे पहले कि सामने वाला हमारी बुराई करे, हम स्वयं अपनी बुराई करें।

कॉमर्शियल आर्टिस्ट फर्डिनेंड ई. वॉरेने ने इस तकनीक का प्रयोग अपने एक चिड़चिड़े ग्राहक पर किया और उसके दिल को जीतने में कामयाब हुआ। उन्होंने हमारी ट्रेनिंग क्लास में अपनी कहानी सुनाते हुए बताया :

"आर्टिस्ट ड्राइंग करने की कला में निपुण होते हैं, परंतु इसका मतलब यह नहीं होता कि उनसे कभी कोई गलती ही न हो। कई बार एडिटर लोगों को काम करवाने की बहुत जल्दी है और इसी जल्दबाज़ी में छुटपुट गलतियाँ रह जाना स्वाभाविक है। कई बार कुछ एडिटर इतने सख्त मिजाज़ होते है कि छोटी-मोटी गलतियों को लेकर इतना हो-हल्ला मचा देते हैं कि आर्टिस्ट का जीना हराम कर देते हैं। मेरा पाला भी एक ऐसे ही एडिटर से पड़ा जिसे इन गलतियाँ ढूढने में इतना मजा आता था कि अगर उसे कोई सर्वोत्तम पेंटिंग भी दिखाई जाए तो वह उसमें भी गलतियाँ निकालने से बाज नहीं आएगा। जब भी मैं उसके ऑफिस जाता हूँ तो मेरे चेहरे पर बारह बजे होते हैं। दरअसल मुझे आलोचना से डर नहीं लगता, क्योंकि मैं तो खुद चाहता हूँ कि लोग मेरे काम में कमी निकालें ताकि मैं भविष्य के लिए सतर्क हो जाऊं..... बल्कि डर मुझे उसके बात करने के ढंग से लगता है। अभी दो-चार दिन पहले उसने एक पेंटिंग का ऑर्डर दिया और जल्द से जल्द इसे पूरा करने का आदेश दिया। जल्दबाज़ी में मगर कड़ी मेहनत से मैंने काम पूरा किया और एडिटर के पास

भिजवा दिया। पेंटिंग देखते ही उसने तत्काल ही मुझे ऑफिस बुलवा भेजा। जैसे ही मैं ऑफिस पहुँचा तो देखा कि माहौल एक दम शान्त था। मैं इस तूफान से पहले वाली खामोशी को भांप गया था। एडिटर के चेहरे पर नजर दौड़ाई तो उसकी आँखों में गुस्से की आग जल रही थी। मैं समझ गया कि आज तो मेरी खैर नहीं। मुझे देखते ही उसका पहला सवाल यह था, "तुमने इसमें अमुक-अमुक चीजें क्यों कीं?" पहले तो मैं घबरा गया, लेकिन फिर आपके कोर्स में सिखाए गए आत्म-आलोचना के सबक को आजमाने का फैसला किया। सर, आप सही कह रहे हैं। मैंने बहुत बड़ी गलती की है। मुझे ध्यान रखना चाहिए था। एक आर्टिस्ट से गलती होना बहुत शर्मनाक बात है। मैं अपनी गलती पर बहुत शर्मिंदा हूँ कहकर मैंने सिर झुका लिया।

"मेरा झुका हुआ सिर देखकर वह तत्काल मेरा बचाव करने लगा, 'हां, आप सही कह रहे हैं। परंतु देखा जाए तो कोई इतनी बड़ी गलती भी नहीं है। काम में थोड़ा-बहुत इधर-उधर तो होता रहता है और यह तो केवल.......'

मैंने उसे बीच में ही टोका, 'कुछ भी हो सर, गलती तो गलती है। यह तो आपका बडप्पन है जो मेरी गलती को अनदेखा कर रहे हो।'

वह बोलना चाहता था, लेकिन मैंने उसे बोलने का कोई मौका नहीं दिया। दरअसल मुझे बहुत मजा आ रहा था। आज पहली बार मैं बोल रहा था और वह खामोश था। 'सर, मुझे अपने काम में लापरवाही नहीं बरतनी चाहिए थी। आप मुझे इतना सारा काम देते हैं, तो मेरा भी फर्ज बनता है कि बदले में आपको बेहतरीन प्रदर्शन दूँ। मैंने फैसला कर लिया है कि आपके लिए यह पेंटिंग मैं दुबारा बनाऊंगा और इस बार आपको गलती का कोई मौका नहीं दूँगा।'

"नहीं, नहीं। इसकी कोई आवश्यकता नहीं है। मैंने सिर्फ यह कहने के लिए आपको यहां बुलाया था कि मुझे आपका काम बहुत पसंद आया। केवल एक छोटी सी गलती है, लेकिन इसमें परेशान होने जैसी कोई बात नहीं है क्योंकि इससे कंपनी को कोई नुकसान नहीं होगा।"

“मेरे अपनी गलती मान लेने से और खुद की बुराई करने से उसके गुस्से का ज्वार उतर गया। फिर उसने मुझे लंच के लिए आमंत्रित किया और जाने से पहले एक चेक मेरे हाथ में दिया और दूसरी पेंटिंग का ऑर्डर भी दिया।”

अगर आप चाहते हैं कि सामने वाला आपके प्रति उदार और दया का भाव रखे तो आप उसके सामने अपनी उन सारी गलतियों का जिक्र करें जो आपको लगे कि वह आपसे कहने वाला है या कहने की सोच रहा है। ऐसा करने से वह आपकी गलतियों को कम करके बताएगा। यह एक बहुत सुखद अहसास है, जिससे हमें आत्म-संतुष्टि भी होती है और हमारे अंदर के अपराधबोध और असुरक्षा की भावना भी खत्म हो जाती है।

न्यू मैक्सिको के ब्रूस हार्वे ने मेडिकल लीव पर गए एक कर्मचारी को गलती से पूरी तनख्वाह दे दी। जब उसे अपनी गलती का अहसास हुआ तो उसने कर्मचारी से कहा कि वह अगली तनख्वाह से इसे एडजस्ट कर देगा। लेकिन कर्मचारी ने अपनी कमजोर आर्थिक स्थिति का किस्सा सुना कर अनुरोध किया कि वे एकबारगी सारी राशि काटने की बजाय किश्तों में काट लें। इसके लिए हार्वे को अपनी सुपरवाइज़र से अनुमति लेना आवश्यक था। हार्वे जानते थे कि गलती उसकी है और इसके लिए बॉस उसे बहुत डांटेंगे, इसलिए उसने फैसला किया कि वह खुद बॉस के सामने अपनी गलती कबूल कर लेगा।

मैं बॉस के केबिन में गया और सारी बात विस्तारपूर्वक बताई। बॉस ने भड़कते हुए कहा, “नहीं, यह तुम्हारी नहीं, बल्कि पर्सनल डिपार्टमेंट की गलती है।” मैंने फिर से दोहराया, “नहीं सर, यह मेरी ही गलती है।” बॉस ने मेरा बचाव करते हुए सारा इल्ज़ाम दो लोगों के सिर मढ़ दिया। परंतु मैं बार-बार यही कहता रहा कि गलती मेरी ही थी। आखिरकार बॉस ने मुस्कुराकर मेरी तरफ देखा और कहा, “ठीक है, मान लेता हूँ कि गलती तुम्हारी ही है, लेकिन अब इसे सुधारने की जिम्मेदारी भी तुम्हारी है।” मैंने बॉस का धन्यवाद किया और बाहर आ कर अपनी भूल सुधारी। इससे किसी को

कोई तकलीफ नहीं हुई। मुझे बहुत अच्छा लग रहा था क्योंकि अपने एक पश्चाताप से मैं एक नयंकर तनावपूर्ण स्थिति को सुलझाने में कामयाब हो गया था। इस हादसे के बाद बॉस का मुझ पर विश्वास पहले की अपेक्षा कई गुणा बढ़ गया था।

कई लोग सोचते हैं कि दूसरों के सामने खुद अपनी गलती स्वीकार करना मूर्खतापूर्ण कार्य है। परंतु अपनी गलती मानने की क्षमता रखने वाला व्यक्ति उस सुखद आनंद को अनुभव करता है जिससे लोग प्रायः बचने की फिराक में रहते हैं।

माइकल च्यांग, जिन्होंने कई साल तक हमारे कोर्स की ट्रेनिंग ली और बाद में हांगकांग जाकर इस कोर्स का विस्तार किया। उन्होंने बताया कि चीन की पुरानी परंपराएं किस तरह वहाँ के मानव-जीवन को प्रभावित करती हैं। और नये सिद्धांतों को अपनाकर किस प्रकार उन्होंने लोगों की समस्याओं का समाधान किया। उनकी क्लास में एक अधेड़ उम्र का सदस्य था जिसका सालों से अपने पुत्र से मनमुटाव चल रहा था। दरअसल उसे अफीम की लत थी, जिस वजह से उसका पुत्र गुस्से में अपने बीवी-बच्चों को लेकर वहाँ से दूर चला गया। चीन में परंपरा है, कि बड़े लोग यदि गलती कर भी दें तो वे कभी माफी के लिए पहल नहीं करते। उसकी यह अफीम की लत छूट गई थी। अब वह फिर से अपने बेटे, पोतों के साथ रहना चाहता था। इसलिए उसने सोचा कि उसके पुत्र को ही समझौते के लिए पहल करनी चाहिए। उसने क्लास में सबके सामने अपनी दिल की ख्वाहिश जाहिर की। क्लास के सभी सदस्य चीनी और पक्के कट्टर परंपरावादी थे। सिद्धांतों के विरुद्ध जाने को घोर पाप समझते थे। पिता भी उनकी बात से सहमत थे कि नौजवान पीढ़ी जाए। को बुजुर्ग पीढ़ी का सम्मान करना चाहिए। इसीलिए वह इंतज़ार कर रहा था कि कब उसका पुत्र आए और उससे माफी माँग कर उसे अपने साथ ले जाए।

इसी इंतज़ार में पिता की कोर्स की ट्रेनिंग भी पूरी हो गई। ट्रेनिंग के अंतिम दिन उसने क्लास में घोषणा करते हुए कहा, "मैंने समस्या पर अच्छी तरह विचार किया और इस ट्रेनिंग के ज़रिए मुझे मेरी समस्या का समाधान

भी मिल गया है।" डेल कारनेगी के विचारों- 'अगर गलती आपकी है तो इसे स्वीकार करने में आपको हिचकिचाना नहीं चाहिए' -से मैं पूरी तरह सहमत हूँ। हालांकि यह सच है, कि झूठे अहंकार के नशे में मैंने अपनी गलती मानने में बहुत देर कर दी है, लेकिन अब मैं पूरे दिल से इसे स्वीकार करने के लिए तैयार हूँ। मैंने अपने पुत्र का बहुत दिल दुखाया और उसे घर छोड़ने पर मजबूर कर दिया। आज अगर वह मेरे पास नहीं आ रहा तो इसमें उसका कोई कसूर नहीं है, बल्कि सारा कसूर मेरा है। हमारे यहां अपने छोटों से माफी माँगना एक शर्मनाक बात समझी जाती है, परंतु देखा जाए तो सारी गलती मेरी ही है। तो इस नाते माफी माँगने की ज़िम्मेदारी भी मेरी ही हुई। सारी क्लास तालियों की गड़गड़ाहट से गूंज उठी। और सबने उसकी बात का समर्थन किया। फिर वह अपने पुत्र के पास गया और उससे माफी माँगी। इस तरह पुरानी परंपराओं को तोड़ने से उनके रिश्तों को एक नई दिशा मिली। अब वह अपने बेटे, बहू और पोतों के साथ उनके घर में रहने लगा था।

अल्बर्ट हवार्ड देश के जाने-माने लेखक रहे हैं। उनकी रचनाएं विश्व प्रसिद्ध थीं। वे अपनी रचनाओं में बहुत से भड़कीले शब्दों का प्रयोग करते। जिससे लोगों की भावनाओं को बहुत ठेस पहुँचती थी। परंतु उनमें कुछ ऐसी खासियत थी कि लोग बरबस उनकी तरफ खिंचे चले आते। उनकी इसी कला की बदौलत कई दुश्मन उनके दोस्त बन चुके थे।

उदाहरण के तौर पर जब कोई पाठक उनके जहर भरे लेखों से चिढ़कर उन्हें पत्र लिखता कि वह उनके अमुक-अमुक विचारों से संतुष्ट नहीं है और अंत में वह उनके बारे में अपनी विचारधारा व्यक्त करता तो अल्बर्ट हवार्ड इस पत्र का जवाब कुछ इस तरह देते:

सच कहूँ, तो मैं भी उन विचारों से सहमत नहीं हूँ। पहले दिन मैं जो कुछ लिखता हूँ, अगले दिन वह मुझे खुद को ही अच्छा नहीं लगता। आपके विचार जानकर मुझे बहुत खुशी हुई। अगली बार जब भी आप इस तरफ़ आएं तो मुझसे मिलकर जाइएगा। हम मिलकर इस पर विचार करेंगे। फिलहाल इतनी दूर से तो हाथ मिलाकर ही काम चलाना पड़ेगा।

आपका...

अब आप ही बताएं, जो व्यक्ति पत्र का इस तरह से जवाब दे.. उसके बारे में आप क्या कह सकते हैं?

आवश्यक है, कि हम खुद में थोड़ा बहुत बदलाव लाएं। जब भी हम सही हों तो हमारा प्रयास यह होना चाहिए कि हम आहिस्ता-आहिस्ता और कूटनीति से लोगों से अपनी बात मनवाने का प्रयास करें और अगर हम गलत हों तो अपने प्रति पूर्णरूप से ईमानदार रहें और अपनी गलतियों को तत्काल स्वीकार करने का साहस रखें। इस तकनीक से लगातार ख़ुद को डिफेंड करते रहने से ज्यादा सुख मिलेगा।

एक पुरानी कहावत है, "लड़ने से आपको पर्याप्त नहीं मिलता, परंतु हार मान लेने से उम्मीद से कहीं ज्यादा मिल जाता है।"

सिद्धांत - 3

अगर गलती आपकी हो, तो तुरंत अपनी गलती मान लें।

4

शहद की बूंद

यदि आपका मूड खराब है और सामने वाला व्यक्ति बार-बार परेशान करके आपको गुस्सा दिला रहा हो, तो ऐसे में आप का उस पर भड़कना जायज़ है। आप उसे डांट कर, गाली-गलौच करके या फिर बुरा-भला कहकर अपने दिल की भड़ास तो निकाल लेंगे, लेकिन सामने वाले पर क्या गुज़रेगी.... इसका अंदाज़ा है क्या आपको? क्या आपके गुस्सा करने से या फिर शत्रुतापूर्ण व्यवहार से वह आपकी बात मान लेगा? नहीं। इस तरह बेवजह गुस्सा करने से आप अपने शत्रुओं की संख्या में बढ़ोत्तरी कर रहे हैं।

वुडरो विल्सन का कहना था कि यदि आप किसी पर हाथ उठाएंगे, तो वह भी चुप नहीं बैठेगा। परंतु यदि आप समझदारी से शांतिपूर्वक यह कहें कि बहस करने से कोई फायदा नहीं... चलिए, कहीं मिल-बैठकर बातचीत करते हैं। इससे हमें जानने में आसानी होगी कि हमारे किन-किन विचारों में समानता है और किन में मतभिन्नता। अगर हम में धैर्य, स्पष्टता और भावनाओं को व्यक्त करने की इच्छा-शक्ति हो तो मुश्किल से मुश्किल समस्या का समाधान भी आसानी से किया जा सकता है।

जॉन डी. रॉकफेलर, वुडरो विल्सन के इस तथ्य का अच्छा उदाहरण थे। वह कॉलोरेडो में फ्यूल एंड आयरन कंपनी का मैंने जिंग डायरैक्टर था। दो साल से उसकी कंपनी में हड़ताल चल रही थी जो दिन-प्रतिदिन भयंकर रूप लेती जा रही थी। अमेरिकी उद्योग के इतिहास में यह सबसे विनाशकारी हड़ताल थी। मजदूर कंपनी से ज़्यादा तनख्वाह की माँग कर रहे थे, जबकि

रॉकफेलर इसके लिए बिल्कुल भी तैयार नहीं था। कंपनी दो साल तक बंद रही, लेकिन वह अपनी बात से टस से मस नहीं हुआ। गुस्से से बौखलाए मजदूर उसकी जान लेने पर उतारू हो गए। उन्होंने फैक्टरी में जाकर मशीनों और इमारतों की तोड़-फोड़ की और रॉकफेलर के घर के आगे धरने पर बैठ गए। परिस्थितियों को संभालने के लिए उसने कानून-व्यवस्था का सहारा लिया। पुलिस और मज़दूरों की मुठभेड़ में काफी खूनखराबा हुआ। कई सौ मज़दूर गोलियों का शिकार हुए और कई सौ घायल हुए। सबके दिलों में रॉकफेलर के खिलाफ नफरत भरी हुई थी।

ऐसे समय में जब हवा में चारों तरफ नफरत का जहर घुला हुआ था, तो रॉकफेलर ने एक बार फिर शांति और अमन से मजदूरों से अपनी बात मनवाने का प्रण लिया। और वे ऐसा करने में कामयाब भी हुए। अब पूछोगे कैसे? यह रही उनकी कहानी : रॉकफेलर ने कई दिनों तक मजदूरों के घरों के चक्कर लगाए और अपनेपन की भावना से उन सबका दिल जीता। फिर एक दिन उन्होंने हड़तालियों के प्रतिनिधियों की एक मीटिंग बुलायी और उन्हें संबोधित किया। उनके इस प्रयास के बहुत आश्चर्यजनक परिणाम निकले। नफरत की सुलगती चिंगारियाँ धीरे-धीरे ठंडी पड़ने लगीं। अपने भाषण में उन्होंने गंभीर मुद्दों को इतनी सफाई से पेश किया कि जो लोग पहले उनके दुश्मन थे, अब हँस-हँसकर उनसे गले मिल रहे थे। सबके दिलों से नफरत का मैल मिट चुका था और अगले ही दिन सारे कर्मचारी वापस काम पर लौट गए और कमाल की बात तो यह रही कि जिस वेतन बढ़ाने की बात को लेकर उन्होंने इतना बड़ा बवाल मचाया हुआ था, उस बारे में किसी ने बात तक नहीं की।

दरअसल, रॉकफेलर जब उन सब से बात कर रहे थे तो उनकी बातों में, मुस्कुराहट में और आँखों में दोस्ती की झलक थी। उन्होंने सभा में आए प्रतिनिधियों को संबोधित करते हुए कहा, "आप सबकी मेहरबानियों का फल है कि मैं आज यहां पर हूँ... मैं आप सब के घर गया और वहाँ आपकी पत्नियों और बच्चों से मिला, उन्होंने मुझे इतना अधिक स्नेह दिया मानो मैं उनका कोई सगा- संबंधी हूँ। आज हम सब यहां दोस्तों की तरह इकट्ठे हुए हैं, जब हम

सबका उद्देश्य एक है तो यह दूरियाँ किस बात की। देखा जाए तो हम सभी एक-दुसरे के बिना अधूरे हैं, लेकिन अगर आज हम सब एकजुट हो जाएं तो सारी दुनिया को अपनी मुट्ठी में कर सकते हैं।"

रॉकफेलर ने अपने भाषण की शुरुआत कुछ इस तरह की, "यह मेरी जिंदगी का सबसे खास दिन है, क्योंकि आज मुझे पहली बार अपनी कंपनी के प्रतिनिधियों से मिलने का सौभाग्य प्राप्त हो रहा है। इस मुलाकात को मैं जिंदगी भर नहीं भूल पाऊंगा। कहने में थोड़ा अटपटा ज़रूर लगेगा, लेकिन सच यही है कि अगर हम दो सप्ताह पहले मिले होते, तो शायद एक-दूसरे को पहचान भी नहीं पाते। इसमें सारी गलती मेरी ही थी, क्योंकि मैंने कभी आप सबसे मिलने की या बात करने की कोशिश ही नहीं की। परंतु अब मुझे अपनी भूल का पछतावा है। पिछले दो सप्ताह में मैं दक्षिण कोयला मिल के सभी कँपों में गया और वहाँ आप सब के घर-परिवार वालों से मिला। उसी मुलाकात और अपनेपन का नतीजा है कि आज हम अजनबियों की तरह नहीं, बल्कि दोस्तों की तरह एक-दूसरे के सामने खड़े हैं और अपने व्यक्तिगत हितों को आपस में सांझा कर रहे हैं।"

अब आप ही बताइये कि क्या यह दुश्मनों को दोस्त बनाने की बेहतरीन कला नहीं है क्या?

चलिए, अब इसके विपरीत सोच कर देखते हैं। मान लीजिए रॉकफेलर ने गुस्से से बात की होती या हड़तालियों को धमकाया होता या फिर उन्हें यह जताने का प्रयास किया होता कि वे गलत थे, तो क्या होता? इसका परिणाम यह निकलता कि दोनों पक्षों में तनाव बढ़ जाता और परिस्थितियां पहले से कहीं ज्यादा मुश्किल हो जाती।

यदि किसी व्यक्ति के दिल में आपके प्रति गुस्सा, आक्रोश या बदले की भावना है तो उसे तर्कशास्त्र के सिद्धांतों का प्रयोग करके मनाने का प्रयास करना व्यर्थ है और शक्ति के प्रयोग द्वारा किसी को अपनी बात मनवाने के लिए विवश नहीं किया जा सकता। अतः ऐसे में आत्मीय भावनाओं का प्रयोग ही फायदेमंद साबित होगा।

लिंकन का कहना था, "एक गैलन सिरके की बजाय एक बूंद शहद से ज्यादा मक्खियों पकड़ी जा सकती हैं।" अर्थात् अगर आप किसी का दिल जीतना चाहते हैं तो उससे प्रेमपूर्ण व्यवहार करें और उसे महत्वपूर्ण होने का एहसास करवाएं। आपका यही अपनापन और स्नेह शहद की बूँद का काम करेगा जिससे आप आसानी से दूसरों के विचारों को बदल सकते हैं।

वर्तमान समय में प्रत्येक बिजनेस एक्जीक्यूटिव इस तथ्य से वाकिफ है कि यदि मजदूरों के प्रति स्नेह और आत्मीयता का भाव रखा जाए तो हड़ताल और विरोध जैसी परिस्थितियां कभी पैदा ही नहीं होंगी। व्हाइट मोटर कंपनी के कर्मचारी वेतन बढ़ाने की माँग को लेकर हड़ताल पर चले गए। मगर कंपनी के प्रेसिडेंट रॉबर्ट एफ. ब्लैक ने ऐसे हालात में अपना मानसिक संतुलन बनाए रखा। उन्होंने न तो वर्करों को डराया धमकाया और न ही किसी तरह की तानाशाही दिखाई, बल्कि ऐसे में संयम का परिचय देते हुए उनके काम की तारीफ की। उन्होंने क्लीवलैंड के अख़बारों में एक विज्ञापन प्रकाशित करवाया जिसमें उन्होंने मज़दूरों के शांतिपूर्ण ढंग से हड़ताल करने के लिए उनकी तारीफ की। इसके अलावा मजदूरों को बेकार बैठा देखकर उनके मनोरंजन के लिए दो दर्जन बेसबॉल बैट और ग्लव्ज़ भी उपलब्ध करवाए और उन्हें खेलने के लिए उत्साहित किया। बॉलिंग में रुचि रखने वाले मजदूरों के लिए उन्होंने एक बॉलिंग एली का प्रबंध भी कर दिया। इस तरह उन्होंने मज़दूरों के प्रति दोस्ताना रवैया अपनाया, जिसके जवाब में मज़दूरों ने भी अपनी ज़िम्मेदारी बखूबी निभाई। उन्होंने अपने बेलचे और फावड़े उठाए और अपने काम में जुट गए। इस तरह हड़ताल का एक सप्ताह में ही सुखद अंत हुआ।

ओ. एल. स्ट्रॉब पेशे से एक इंजीनियर थे और किराए के मकान में रहते थे। उसका मकान मालिक बहुत खडूस था। एक दिन वह स्ट्रॉब के पास आया और बेरुखी से किराया बढ़ाने की बात कह कर चला गया। पैसों की किल्लत के कारण स्ट्रॉब इतना किराया देने की स्थिति में नहीं थे, लेकिन

मकान की सुविधाओं के देखते हुए उनका इसे छोड़ने का मन भी नहीं था। तभी उनके मन में किराया कम करवाने का विचार आया, परंतु मकान मालिक का स्वभाव उन्हें ऐसा करने की इजाजत नहीं दे रहा था। फिर उन्हें हमारे कोर्स क्लास में पढ़ाए गए नियमों का स्मरण आया और उन्होंने मकान मालिक पर इन्हें आजमाने का निश्चय किया। मिस्टर स्ट्रॉब बताते हैं: "अगले दिन मैंने मकान मालिक को एक पत्र लिखा और बताया कि मैं अपनी लीज खत्म होते ही मकान खाली करना चाहता हूँ। बाकी के किराएदारों ने उसके इस प्रयास को बेवकूफी बताते हुए मकान मालिक की निंदा करनी शुरु कर दी और कहा ऐसी कोशिश एक बार उन्होंने भी की थी लेकिन मकान मालिक से किराया कम करवाना नामुमकिन है। परंतु मुझे खुद पर और लोगों को प्रभावित करने की कला के सिद्धांतों पर पूरा यकीन था।"

पत्र मिलते ही अगले दिन शाम को वह अपने सेक्रेटरी के साथ मुझसे मिलने आया। मैंने गर्मजोशी से उनका स्वागत किया और चाय-पानी पूछ कर मानवीय औपचारिकता निभाई। वह मेरे उत्साह और सद्भाव से बहुत प्रभावित हुए। मैंने उनसे किराया ज़्यादा होने की स्पष्ट बात नहीं की, बल्कि उनके घर की दिल खोलकर तारीफ की। मैंने उन्हें बताया कि उनका घर बहुत अच्छा है और हर तरह की सुख-सुविधा से भरपूर है। फिर मैंने उन्हें अपनी ख़्वाहिश बताते हुए कहा कि मैं अगले साल भी इतने अच्छे मकान में रहना चाहता था, परंतु इतना अधिक किराया न दे पाने की विवशता के कारण मुझे इतना सुंदर घर छोड़ना पड़ रहा है। मैंने उसे यह ज़ाहिर नहीं होने दिया कि उसके किराया बढ़ाने की वजह से मैं मकान छोड़ रहा था, बल्कि उसे अपनी मजबूरी का विश्वास दिलाया।"

आज तक कोई भी किराएदार उससे इतने प्यार और दोस्ताना ढंग से पेश नहीं आया था। मेरे विनम्र व्यवहार से उसका अंतर्मन पिघल गया और उसने मुझे अपनी मुश्किलों के बारे में बताया। दरअसल, वह अपने किराएदारों से बहुत परेशान थे। वे अक्सर उसे अजीबो-गरीब शिकायत भरे पत्र लिखा करते थे... कभी नल नहीं चलता, कभी छत रिसती है तो कभी धूप नहीं

आती। एक बार तो एक किराएदार ने हद ही कर दी... उसने लगातार चौदह पत्र लिखे जो कि बदतमीज़ी भरे थे। दूसरे किराएदार ने मकान छोड़ने की धमकी दी, क्योंकि दूसरी मंजिल वाला किराएदार जोर-जोर से खर्राटे मारता था। लेकिन आपकी संतुष्टि को देखकर मुझे बहुत अच्छा लगा। फिर उसने मेरे बिना कहे ही किराया थोड़ा कम कर दिया। लेकिन मैं थोड़ी ज्यादा कटौती चाहता था, इसलिए मैंने उसे स्पष्ट किराया राशि बता दी और उसने बिना कोई विरोध किए मेरी बात मान ली। इस तरह मैं अपने दोस्ताना, प्रशंसात्मक और सहानुभूतिपूर्ण तरीके से अपने उद्देश्य में सफल हुआ।

डीन वुडकॉक एक स्थानीय इलेक्ट्रिक कंपनी में सुपरिंटेंडेंट थे। पहली बार उनके स्टाफ को एक खंभे पर लगे किसी उपकरण को रिपेयर करने का काम दिया गया। हालांकि उनके सारे कर्मचारी इस काम में प्रशिक्षित थे, परंतु पहली बार काम मिलने की खुशी और उत्साह उनके चेहरों से झलक रहा था। स्टाफ का प्रत्येक कर्मचारी देखना चाहता था कि वे इस काम को करने में कितने निपुण हैं। इसीलिए मिस्टर वुडकॉक और डिपार्टमेंट के बाकी सदस्य इस काम को देखने के लिए गए। स्टॉफ के दो कर्मचारी खंभे पर चढ़े हुए थे और नीचे खड़ी लोगों की भीड़ उनके उत्साह को बढ़ा रही थी।

तभी वुडकॉक की नज़र एक कार से उतरते नवयुवक पर पड़ी, जो कि कैमरा हाथ में लिए खंभे पर चढ़े उन दोनों व्यक्तियों का चित्र ले रहा था। वुडकॉक अपनी कंपनी की रेपुटेशन को लेकर बहुत सजग था। उसने सोचा कि कहीं फोटोग्राफर के मन में यह भ्रम न बैठ जाए कि दो लोगों के काम के लिए बेकार में ही पचासों आदमियों की भीड़ इकट्ठा कर रखी है। इसलिए वह उसकी तरफ बढ़ा और मुस्कुरा कर कहा, "लगता है आप हमारे काम से ज्यादा रोमाँचित हैं।"

"हां, और मेरी माँ तो इसे देखकर और भी ज़्यादा रोमाँचित हो जाएगी। वे आपकी कंपनी की स्टॉकहोल्डर हैं। जब मैं उन्हें ये तस्वीरें दिखाऊंगा तो उनकी भी आँखें खुल जाएंगी और समझ आ जाएगा कि उन्होंने कितनी घटिया कंपनी में निवेश किया है। मैंने उन्हें बहुत कहा था कि ऐसी घटिया

कंपनियों में निवेश करना पैसे की बर्बादी करना है, लेकिन उन्होंने मेरी एक नहीं सुनी। ख़ैर, गलती करने पर ही इंसान को समझ आती है... शायद उन्हें भी अपनी भूल का पछतावा हो जाए। वैसे भी कल तो आपकी कंपनी की चर्चा हर अखबार की सुर्खियों में होगी।”

आप सही कह रहे हैं। आपकी जगह मैं होता, तो शायद मैं भी यही करता। लेकिन जो दिखता है, वह हमेशा सच नहीं होता। फिर वुडकॉक ने उसे सारी बात संक्षेप में बताई और आश्वस्त किया कि सामान्य परिस्थितियों में यह काम दो लोगों का है। यह सुनकर नवयुवक ने कैमरा बंद कर दिया और मुस्कुराकर वुडकॉक से हाथ मिलाया और मामले की सही जानकारी देने के लिए धन्यवाद किया।

वुडकोंक की दोस्ताना प्रवृत्ति और मिलनसार व्यवहार ने उसकी कंपनी की गुडविल को खराब होने से बचा लिया था।

हमारी क्लास के एक दूसरे सदस्य जेराल्ड एच. विन ने बताया कि दोस्ताना शैली के प्रयोग से उन्होंने किस तरह एक डैमेज क्लेम पर संतोशजनक सेटलमेंट हासिल की। यह सब कुछ इस तरह हुआ:

“मैंने हाल ही में एक घर लिया था। बारिश के दिनों में हमारे इलाके में पानी भर आया। आस-पास की सड़कें ऊँची होने के कारण पानी के निकलने की कोई जगह नहीं थी। कई दिनों तक पानी ऐसे ही रहा जिससे घर के चारों तरफ की नींव पर दबाव पड़ने लगा और पानी बेसमेंट के फर्श को भेदता हुआ अंदर तक घुस आया। पूरा बेसमेंट पानी से भर गया जिससे बेसमेंट में लगा सारा इलैक्ट्रिकल सामान और फर्नीचर खराब हो गया। इन सब की मरम्मत करवाने में दो हज़ार डॉलर से अधिक का खर्चा आया, परंतु दुर्भाग्यवश अभी तक मैंने ऐसी कोई बीमा पॉलिसी नहीं ली थी, जिससे कि मेरे नुक्सान की भरपाई हो जाती।”

“जाँच-पड़ताल करने पर पता चला कि सबडिवीज़न के मालिक ने घर के पास स्टॉर्म ड्रेन नहीं बनवाया था। मुझे अपनी समस्या का हल मिल चुका था।

मैंने उसके सेक्रेटरी से मीटिंग का अपॉइंटमेंट लिया और सुबह होते ही उससे मिलने पहुँच गया। पूरे रास्ते मैं इसी उधेड़-बुन में रहा कि उससे अपने नुक्सान का मुआवज़ा कैसे माँगूगा। फिर मुझे कोर्स में सिखाए गए सिद्धांतों का ध्यान आया और मैंने फैसला किया कि मैं गुस्सा बिल्कुल नहीं करूंगा। वहाँ पहुँचकर मैंने उसका हाल-चाल पूछा और इधर-उधर की बातें करने लगा। फिर मैंने दो दिन पहले हुई भयंकर बारिश का किस्सा छेड़ा और बताया कि घर के आस-पास पानी खड़ा होने की वजह से मुझे थोड़ा-बहुत नुकसान हुआ है। उसने मुस्कुरा कर मेरी सहायता करने का वायदा किया। फिर कुछ दिनों बाद वह मेरे घर आया और नुकसान की भरपाई करते हुए कहा कि वह दो-चार दिन में यहां स्ट्रॉम ड्रेन भी बनवा देगा ताकि भविष्य में इस तरह के नुकसान होने की संभावना न रहे।

आपने बचपन में हवा और सूर्य की कहानी तो सुनी ही होगी। दोनों में बहस छिड़ी हुई थी कि कौन ज़्यादा ताकतवर है? हवा ने सूर्य को ललकारते हुए कहा, "मैं तुमसे ज्यादा ताकतवर हूँ और अभी इसी वक्त अपनी बात साबित करके रहूँगी। कोट पहने उस बूढ़े को देख रहे हो? मैं शर्त लगा कर कहती हूँ कि मैं इस बूढ़े आदमी का कोट तुमसे जल्दी उतरवा सकती हूँ।"

सूर्य ने उसकी चुनौती को सहर्ष स्वीकार किया और बादलों के पीछे जा छिपा। हवा ने अपनी गति बढ़ा दी और तूफ़ान की तेजी से बहने लगी। हवा जितनी तेज चलती, बूढ़ा आदमी ठंड के कारण अपने कोट को उतना ही कसकर पकड़ लेता।

लाख कोशिशों के बाद भी वह उस बूढ़े का कोट नहीं उतरवा पाई और थक कर हार मान ली। इसके बाद सूर्य बादलों के पीछे से निकला और बूढ़े आदमी पर दयालुता से मुस्कुराने लगा। तेज धूप के कारण बूढ़ा आदमी कुछ ही पल में पसीने-पसीने हो गया और उसने अपना कोट उतार दिया। सूर्य अपनी जीत पर हल्के से मुस्कुराया और हवा को समझाते हुए कहा कि शक्ति और क्रोध की बजाय दयालुता और दोस्ती से काम करवाना ज़्यादा आसान और रुचिकर होता है।

जो लोग ज़्यादा से ज़्यादा दोस्त बनाना चाहते हैं, वे एक बूँद शहद का इस्तेमाल करते हैं। एफ. गैल कॉर्नर ने इस नीति के प्रयोग द्वारा अपनी चार महीने पुरानी कार में आ रही मुश्किलों को सुलझाया और फ्री सर्विसिंग भी करवाई। कॉर्नर ने चार महीने पहले एक कंपनी के शोरूम से इस कार को खरीदा था, लेकिन एक-डेढ़ महीने बाद कार में दिक्कत रहने लगी। कभी तो चलते-चलते रुक जाती और कभी स्टॉर्ट होने का नाम ही नहीं लेती। इसलिए वह कार को एंजेसी के सर्विस मैनेज़र के पास ले गया और दोस्ताना व्यवहार से उससे अपनी समस्या सुलझाने में मदद माँगी।

कॉर्नर के शब्दों में, "मैं शोरूम में गया और एजेंसी के मालिक मिस्टर व्हाइट से मिलने का अनुरोध किया। सेक्रेटरी ने अंदर जाकर मेरे बारे में जानकारी दी और थोड़ी देर इंतजार के बाद मिस्टर व्हाइट ने मुझे अंदर बुलाया। मैंने उन्हें अपना परिचय दिया और बताया कि मेरे कुछ दोस्त आपके बहुत अच्छे ग्राहक हैं। मेरे दोस्त आपकी कंपनी की डीलरशिप की बहुत तारीफ करते हैं। उनके कहने पर ही मैंने चार महीने पहले आपकी कंपनी से कार खरीदी थी। वैसे मुझे आपकी कंपनी की दो बातें बहुत अच्छी लगीं- पहली यह कि आपकी कीमतें बहुत वाजिब हैं... जिस कारण मध्यमवर्गीय लोगों को इसे खरीदने में कोई दिक्कत नहीं आती और दूसरी आपकी कंपनी से ज्यादा बेहतर सर्विसिंग कोई कर ही नहीं सकता। मेरे मुँह से अपनी कंपनी की तारीफ सुनकर मिस्टर व्हाइट का चेहरा खिल उठा। फिर मैंने उनसे उनके सर्विस डिपार्टमेंट से हो रही समस्या का जिक्र किया और बताया कि थोड़ी सी भूलचूक से उनकी प्रतिष्ठा पर दाग लग सकता है। उन्होंने मुझे भविष्य में आने वाली परेशानी से सचेत करने के लिए धन्यवाद दिया और आश्वस्त करते हुए कहा कि मेरी समस्या बहुत जल्द सुलझ जाएगी। फिर वे स्वयं मेरे साथ सर्विसिंग डिपार्टमेंट गए और वर्करों को अच्छे से काम करने की सलाह दी। यही नहीं उन्होंने मेरी कार ठीक होने तक मुझे अपनी कार इस्तेमाल करने के लिए भी दी।

ईसप और ईसा मसीह ने अपनी कहानियों में मानव स्वभाव के बारे में जिन तथ्यों का वर्णन किया था वे आज भी उतनी ही सही है जितनी कि छब्बीस सौ साल पहले एथेंस में थी। दोस्ताना और सराहना लोगों की मानसिकता को बदलने के अचूक शस्त्र है।

सिद्धांत - 4
दोस्ताना तरीके से शुरू करें।

5

सुकरात का रहस्य

चार लोगों की राय कभी एक सी नहीं हो सकती, किसी न किसी विषय चारों का मत वैभिन्य होना स्वाभाविक है। यदि आप किसी भिन्न विचारों वाले व्यक्ति से अपनी बात मनवाना चाहते हैं तो सबसे पहले उन बातों पर जोर दें जिन पर आप दोनों सहमत हों। जितना संभव हो सामने वाले से वही प्रश्न पूछिए जिनका जवाब 'हां' में हों। क्योंकि मानव मस्तिष्क की एक विचित्र आदत है... वह कभी अपने व्यक्तित्व को आहत होते नहीं देख सकता। यदि एक बार उसने 'न' कह दिया, तो उसे अपनी बात से टस से मस करना मुश्किल है। बाद में चाहे उसे अपनी गलती का अहसास हो ही जाए, परंतु अपने झूठे अहंकार के कारण वह इसे स्वीकार नहीं कर पाता। ऐसे में जरूरी हो जाता है कि बातचीत की शुरूआत 'हाँ' से ही हो।

एक समझदार वक्ता अपने श्रोताओं से शुरू से ही "हाँ" कहलवाता जाता है। जिससे श्रोताओं की मानसिक स्थिति सकारात्मक बन जाती है और फिर उसके विपरीत दिशा में जाने के अवसर बहुत कम होते हैं। एक मनोवैज्ञानिक तथ्य यह भी है कि जब कोई व्यक्ति 'न' कहता है, तो न केवल उसके विचारों में नकारात्मक प्रवृत्ति आ जाती है, बल्कि उसका पूरा शरीर, उसकी ग्रंथियाँ और सारा माँसपेशीय तंत्र नकारात्मक अवस्था में आ जाता है। ऐसी अवस्था में उसके शरीर में भी कुछ सूक्ष्म बदलाव आने लगते हैं जिसे सामान्यः लोग नज़रअंदाज़ कर देते हैं। इसके विपरीत जब कोई व्यक्ति "हाँ" कहता है तो अलगाव के कोई लक्षण नज़र नहीं आते। ऐसे में पूरा का पूरा सिस्टम खुला और आगे बढ़ने वाला हो जाता है। जितनी बार हम सामने वाले से "हाँ" कहलवाते जाएंगे, उतनी बार हम अपने लक्ष्य के करीब आते जाएंगे।

"हाँ" कहलवाने की यह तकनीक बहुत आसान है, लेकिन फिर भी ज़्यादातर लोग खुद को महत्वपूर्ण सिद्ध करने की होड़ में विरोध करने से चूकते नहीं। ग्रीनविच सेविंग्स बैंक के टेलर जेम्स एबरसन ने इसी तकनीक के प्रयोग से एक ग्राहक को अपने बैंक में खाता खोलने के लिए मनाया। एबरसन बताते हैं: "यह आदमी हमारे बैंक में खाता खोलना चाहता था। मैंने उसे एक फॉर्म भरने के लिए दिया जिसमें से कुछ सवाल का जवाब तो उसने अपनी मर्ज़ी से दे दिया, परंतु कुछ सवालों का जवाब देने से साफ इंकार कर दिया।

उसके अजीबो-गरीब रवैये को देखकर मैं हैरान रह गया। यही जवाब अगर किसी ने मुझे मानवीय संबंधों पर कोर्स में भाग लेने से पहले दिया होता तो मैं प्रत्युत्तर में यही कहता कि अगर वह सवालों के जवाब नहीं देगा तो हम उसका खाता नहीं खोलेंगे। लेकिन कोर्स-क्लासेज में मैंने अपने गुस्से पर नियंत्रण करना सीख लिया था। फिर मैंने सूझ-बूझ और दोस्ताना शैली के प्रयोग से उससे बैंक के फायदे की बजाय उसके फायदे की बात करनी शुरू कर दी। मैंने उसे समझाया कि अगर वह पर्याप्त जानकारी नहीं देगा तो इससे बैंक को कोई फर्क नहीं पड़ेगा, क्योंकि बैंक यह सब अपने ग्राहकों के सुरक्षित भविष्य के लिए ही पूछता है।"

"मान लीजिए, कल आपकी मृत्यु हो जाती है, तो क्या आप नहीं चाहेंगे कि आपका सारा पैसा आपके वारिस या घरवालों को मिले जो कि कानूनन उसका अधिकार है?"

"हाँ, बिल्कुल, उसने जवाब दिया।"

"मैंने कहा, 'तो क्या आपको नहीं लगता कि आप हमें अपने वारिस का नाम बता दें ताकि हम आपके और आपके वारिस के भविष्य को सुरक्षित कर सकें?"

"हाँ" उसने एक बार फिर से हाँ में जवाब दिया।

"मेरी बातों से उसका मन बदल गया और उसकी समझ में आ गया कि यह जानकारी बैंक के फायदे के लिए नहीं, बल्कि उसके अपने फायदे के लिए जरूरी थी। उसने तत्काल ही सारा फॉर्म भर दिया और मेरे सुझाव पर अपनी माँ के नाम पर एक ट्रस्ट अकाऊंट भी खोल दिया। यहीं नहीं उसने अपनी माँ के बारे में पूछे गए मेरे सारे सवालों के जवाब भी खुशी-खुशी दिए।"

मेरी 'हाँ, हाँ' करवाने की तकनीक से वह मेरे सुझावों को लगातार मानता चला गया जिससे मैं बैंक को एक नए ग्राहक से जोड़ने में कामयाब हो गया।

जोसेफ एलिसन एक वेस्टिंगहाउस इलेक्ट्रिक कंपनी में सेल्समैन थे और हमारे कोर्स के बहुत ही मेधावी स्टूडेंट रह चुके थे। उन्होंने अपनी कहानी को क्लास के सामने बताया: "हमारी कंपनी पिछले दस साल से एक व्यापारी को माल बेचने का प्रयास कर रही थी, लेकिन इतने सालों में उस व्यक्ति ने उन्हें एक भी ऑर्डर नहीं दिया। फिर उस इलाके में माल बेचने का काम मुझे सौंपा गया। मैंने भी तीन साल तक लगातार कोशिश की, परंतु परिणाम नगण्य रहा। ट्रेनिंग के दौरान मैंने एक बात सीखी थी कि हिम्मत कभी न छोड़ो, एक छोटी सी मकड़ी बार-बार गिरकर भी अपना जाल बना ही लेती है। आखिरकार, हमारी तेरह साल की मेहनत रंग लाई और हम उसे कुछ एक मोटरें बेचने में कामयाब हो गए। मुझे विश्वास था कि उसे हमारी मोटर बहुत पसंद आएंगी और भविष्य के लिए हमारा पक्का ग्राहक बन जाएगा। तीन सप्ताह बाद मैं दुबारा उससे मिलने गया ताकि मोटरों के बारे में उसकी राय जान सकूं।"

"परंतु चीफ इंजीनियर ने मुझे सदमा पहुँचाने वाली ख़बर सुनाई, 'एलिसन, मैं आगे आपसे कोई मोटर नहीं खरीदना चाहता।"

"क्या?' मेरे पैरों तले जमीन खिसक गई, 'लेकिन क्यों? इसमें कुछ गड़बड़ है क्या? दरअसल आपकी मोटरें काफी जल्दी गर्म हो जाती हैं।"

"मैं समझ चुका था कि ऐसी स्थिति में उनसे बहस करने का कोई फायदा नहीं है। इसीलिए मैंने 'हाँ' कहलवाने वाली तकनीक का इस्तेमाल किया।"

"ठीक है, मिस्टर स्मिथ। मैं आपकी बात से पूरी तरह सहमत हूँ। जिस चीज में हमारी आत्म-संतुष्टि न हो, उसे लेने का कोई फायदा नहीं होता। हमारी मोटरें ज़्यादा गर्म होती हैं, तो आपको कदापि इसे खरीदना नहीं चाहिए। आप वही मोटर खरीदें जो नेशनल इलैक्ट्रिकल मैन्युफैक्चरर्स के स्टैंडर्ड से अधिक गर्म न होती हों। मैं सही कह रहा हूँ न?"

"हाँ, आप बिल्कुल ठीक कह रहे हो," मुझे अपनी पहली हाँ मिल गई थी।

"तो इलैक्ट्रिकल मैन्युफैक्चरर्स एसोसिएशन के नियमों के अनुसार मोटर का तापमान 72 डिग्री फारनेहाइट से ज़्यादा नहीं होना चाहिए। क्या यह सही है?'

"हां, वह सहमत हो गया। 'परंतु आपकी मोटरें उससे कहीं ज्यादा गर्म होती हैं।" मैंने उससे बहस न करके सिर्फ इतना सा पूछा, 'मिल के कमरे का तापमान कितना है?

"करीब 75 डिग्री फ़ारनेहाइट," उसने जवाब दिया।

"अगर आप मिल का तापमान और मोटर का तापमान जोड़ दें तो कुल मिलाकर हुआ 147 डिग्री फ़ारनेहाइट । अगर आप इतने अधिक तापमान पर पानी गर्म होना रखेंगे तो क्या आपका हाथ जल नहीं जाएगा?"

"हां", उसे एक बार फिर हां कहना पड़ा।

"मुझे लगता है कि आप सही कह रहे हैं... सारी गलती हमारी है," उसने अपनी गलती स्वीकार की। फिर कुछ देर बातचीत करने के बाद, जैसे ही मैं जाने के लिए खड़ा हुआ तो उसने अपने सेक्रेटरी को बुलाया और मुझे कुछ नई मोटरों का ऑर्डर देकर एडवांस में 35,000 डॉलर का चैक काट कर दिया।

कई सालों तक बिज़नेस में घाटा उठाने के बाद मैंने जान लिया कि लोगों से बेकार में बहस करने का कोई फायदा नहीं होता। सामने वाले को महत्वपूर्ण अनुभव करवाना, दूसरे व्यक्ति का नज़रिया समझकर उसकी रुचि के अनुसार कार्य करना ज़्यादा लाभदायक होता है।

एड्डी स्नो ओकलैंड एक बेहतरीन शिकारी थे और शिकार के लिए तीर-कमान का प्रयोग करते थे। उन्होंने कैलिफोर्निया में हमारे कोर्स को स्पॉन्सर करने का बीड़ा अपने सिर उठाया था। एक बार उनका भाई उनसे मिलने आया तो उसने भी शिकार में रुचि दिखाई। एड्डी ने एक स्टोर पर फोन किया और एक धनुष किराए पर लेने की माँग की। सेल्स क्लर्क ने उन्हें बताया कि वे लोग धनुष किराए पर नहीं देते। फिर एड्डी ने किसी दूसरी दुकान पर फोन किया और उनकी जो बातचीत हुई वह निम्नलिखित है :

फोन किसी बहुत ही खुशमिज़ाज व्यक्ति ने उठाया। जब मैंने उसे धनुष किराए पर देने की बात कही तो उसने कहा, "सर जी, हमें खेद है, परंतु हम आपको धनुष किराए पर नहीं दे सकते। फिर उसने मुझसे कुछ सवाल किए जो थोड़े अजीब, मगर आवश्यक थे। उसने मुझसे पूछा कि क्या मैंने पहले कभी धनुश किराए पर लिया है? मैंने जवाब दिया, "हां, मैं अक्सर ऐसा करता हूँ।" उसने पूछा, "शायद आपने 25 से 30 डॉलर किराए के दिए होंगे?" 'हाँ, मैंने एक बार फिर से उसकी हाँ में हाँ मिलाई। 'सर जी, क्या आप अपना पैसा बचाना चाहते हैं?' जाहिर सी बात है कि मेरा जवाब 'हाँ' ही होगा, क्योंकि दुनिया के प्रत्येक व्यक्ति को पैसा बचाने में जितनी खुशी मिलती है, उतनी किसी काम में नहीं मिलती। फिर उसने मुझे बताया कि उनके यहाँ एक धनुष सेट है जिसमें शिकार करने के लिए सारे आवश्यक उपकरण हैं और उसकी कीमत सिर्फ 34.95 डॉलर है, जो कि मेरे धनुष को किराए पर लेने के लिए किए गए खर्चे से केवल 4.95 डॉलर अधिक था। पूरा धनुष सेट खरीद लेने से मेरी धनुष किराए पर लेने की सरदर्दी हमेशा-हमेशा के लिए खत्म हो जाती। मुझे उसका तर्क वाजिब लगा और मैंने झट से सेट खरीद लिया। दुकानदार के व्यवहार से प्रभावित होकर मैं उसका नियमित ग्राहक भी बन गया।"

सुकरात को कौन नहीं जानता। वे दुनिया के महान दार्शनिक थे। उन्होंने अपने विचारों से मानव चिंतन की दिशा बदल दी। वे वाद-विवाद में निपुण थे, मगर फिर भी उनमें लोगों से अपनी बात मनवाने का सामर्थ्य था। वे लोगों से यह कभी नहीं कहते थे कि आप गलत हो, बल्कि उन्हें अपने तर्कों

से प्रभावित करते थे। वे अक्सर ऐसे सवाल पूछते थे जिससे सामने वाले का सहमत होना लाज़मी था। वे लगातार सवाल पूछते रहते और अंत में उनके विरोधी उस बात को मानने के लिए राजी हो जाते, जिसके लिए वे कुछ 'समय पहले तक बिल्कुल भी तैयार नहीं थे।

उन्होंने मानव स्वभाव को समझने में पाँच हज़ार साल लगाए और चीन की एक लोकप्रिय कहावत को अपने अनुभव की कसौटी पर खरा उतारा। वह कहावत है, "हल्के कदमों से चलने वाला व्यक्ति दूर तक जाता है।"

सिद्धांत - 5

सामने वाले से तत्काल "हाँ, हाँ" कहलवाएँ।

6

शिकायतों से निपटने का आसान तरीक़ा

एक बच्चा अपनी बात मनवाने के लिए रोता है, रूठता है और जिद्द करता है और माता-पिता उसकी ज़िद्द के आगे झुक जाते हैं। और उसे वह सब कुछ देते हैं जो वह चाहता हैं। यही ज़िद्द धीरे-धीरे उसकी आदत बन जाती है और उसके दिमाग में घर करने लगती है। बड़ा होने पर उसकी इस आदत में थोड़ा परिवर्तन होने लगता है। अब वह रोने या रूठने की बजाय चीख-चिल्लाकर अपनी बात को सर्वोपरि रखता है, जो कि गलत है। बहस करने का कोई नतीजा नहीं निकलता, क्योंकि आपके इस हिंसक रवैये को लोग कतई पसंद नहीं करेंगे। बेशक एक बार वे आपकी बातों से सहमत हो भी जाएं, परंतु यह सहमति डर या जिद्द से ज्यादा कुछ नहीं होती। अगर आप चाहते हैं कि लोग पूरे दिल से आपकी बात मानें तो बेहतर होगा कि आप स्वयं कम बोलें और सामने वाले को बोलने का मौका दें। क्योंकि ऐसा करने से उनमें आत्मसंतुष्टि का भाव उत्पन्न होगा। आप उन्हें जितना ज्यादा महत्व देंगे, वे उतनी ही जल्दी आपकी बात मानने के लिए तैयार हो जाएंगे।

कई बार आप सामने वाले व्यक्ति की बातें सुन-सुनकर उकता जाते हैं या फिर उनके विचारों से असहमत होते हैं, तो ऐसे में आपका मन करेगा कि उनकी बातों को बीच में ही काट कर अपने विचार प्रस्तुत करें, परंतु ऐसा करना आपके व्यक्तित्व के लिए हानिकारक सिद्ध होगा। क्योंकि एक व्यक्ति जब बोलता है तो उसके दिमाग में विचारों का तूफान उठा होता है और ऐसे में उन्हें टोकना सही नहीं होता। यदि आप फिर भी उसे टोकने की गलती कर देते हैं, तो वह आपकी बात को अनसुना कर देगा। इसलिए बेहतर होगा कि

आप पूरे धैर्य से और ध्यान लगाकर उसकी बात सुनें और उसे अपने विचार व्यक्त करने के लिए प्रोत्साहित करें। क्योंकि सुनने की महान कला द्वारा भी आप दूसरों से सफलतापूर्वक अपनी बात मनवा सकते हैं।

अमेरिका की एक बड़ी ऑटोमोबाइल कंपनी को अपहोल्स्ट्री फॅब्रिक्स की ज़रूरत थी। कई कंपनियों ने अपने-अपने सैंपल भेजे, जिनमें से तीन प्रसिद्ध कंपनियों के सैंपल सिलैक्ट हुए। कंपनी की तरफ से उन तीनों कंपनियों को नोटिस भेजकर सूचित किया गया कि एक निश्चित दिन उन्हें अपने कांट्रैक्ट की डिटेल प्रस्तुत करने का मौका दिया जाएगा।

तीनों कंपनियों के प्रतिनिधि एक निश्चित दिन वहाँ उपस्थित हुए। दुर्भाग्यवश जी. बी. आर नामक प्रतिनिधि को मीटिंग से कुछ घंटे पहले अचानक लैरिंगाइटिस का गंभीर अटैक आ गया जिससे उसका गला बुरी तरह ख़राब हो गया। जी. बी. आर मेरी क्लास के स्टूडेंट रह चुके थे और उन्होंने इस प्रसंग को कुछ इस तरह सुनाया जैसे ही मैं कॉन्फ्रेंस हाल में गया तो वहाँ मौजूद टैक्सटाइल इंजीनियर, परचेजिंग एजेंट, सेल्स डायरेक्टर और कंपनी के प्रेसिडेंट सबकी नज़रें मुझ पर थी। मेरा हौसला देखकर सबको लगता था कि मैं कुछ अच्छा पेश करूंगा, परंतु मेरी आवाज़ गले से बाहर ही नहीं निकल रही थी। थोड़ा बहुत प्रयास करने पर मैं बड़ी मुश्किल से दो-चार शब्द बोल पाया। फिर खुद को शर्मिंदा होते देख मैंने टेबल पर से एक कागज़ उठाया और अपनी समस्या इसमें लिख दी, 'सर जी. माफ कीजिएगा, मगर मेरा गला खराब है। इसलिए मैं बोल नहीं पाऊंगा।'

"कंपनी के प्रेसिडेंट खड़े हुए और मानवीयता का फ़र्ज़ निभाते हुए बोले, 'आपकी तरफ से मैं बोलूंगा।' उन्होंने वहाँ उपस्थित सभी सदस्यों को मेरे सैंपल दिखाए और प्रत्येक की अलग-अलग से विशेषताएं बताई। तभी परचेज़िंग एजेंट ने मेरे एक प्रॉडक्ट की गुणवत्ता पर प्रश्नचिन्ह लगा दिया। चूंकि प्रेसिडेंट मेरा प्रतिनिधित्व कर रहे थे, इसलिए उन्होंने इस मुद्दे को बहुत सहज और शांतिपूर्ण तरीके से हल किया। पूरी चर्चा में मेरा योगदान केवल मुस्कुराने, सिर हिलाने और चेहरे के हाव-भाव व्यक्त करने तक ही सीमित था।"

"प्रेसिडेंट के सहयोग और व्यवहार कुशलता से 16,00,000 डॉलर का यह कॉन्ट्रैक्ट मुझे मिल गया। यह मेरी जिंदगी का अब तक का सबसे बड़ा और यादगार कॉन्ट्रैक्ट था। उस दिन मुझे यह बात समझ आई कि कई बार दूसरों का बोलना भी हमारे लिए फायदेमंद साबित हो सकता है, क्योंकि प्रेसिडेंट की जगह अगर मैं बोलता तो शायद उनके जितना अच्छा न बोल पाता और शायद तब ये कॉन्ट्रैक्ट भी मुझे न मिलता।"

दूसरों की बातें सुनने से जितना फायदा हमें बिज़नेस में होता है, उससे कहीं ज्यादा परिवार में होता है। बारबरा विल्सन काम में व्यस्त रहने के कारण अपनी बेटी लॉरी को पर्याप्त समय नहीं दे पाती थी। दोनों के रिश्तों में दूरियाँ घर कर गई, जिससे एक शांत स्वभाव की बच्ची लॉरी ... चिड़चिड़ी और झगड़ालू लड़की बन गई। उसकी दिन-प्रतिदिन बढ़ती बदतमीजियों को देखते हुए बारबरा ने कई बार उसे डरा-धमका कर समझाने का प्रयास भी किया. परंतु परिणाम इसके विपरीत होता गया। बारबरा जितना उसे समझाती, लॉरी उतनी ही ज़्यादा बदतमीज़ी से पेश आती। लॉरी की हरकतों से बारबरा अक्सर परेशान रहने लगी।

फिर एक दिन बारबरा हमारी कोर्स क्लास में आई और ट्रेनिंग लेना शुरू कर दिया। उसने क्लास में अपनी और अपनी बेटी की कहानी बताई- 'एक दिन लॉरी स्कूल से आई और बैग लिविंग रूम में फेंक कर अपनी सहेली के घर जाने लगी। जब मैंने उसे जाने से मना किया तो उसने गुस्से से मेरी तरफ देखा और बिना कुछ कहे वहाँ से चली गई। करीब दो-ढाई घंटे बाद जब वह वापस आई, तो मेरा मन किया कि उसे खूब डांटू, मगर मैं रुक गई क्योंकि मैं जानती थी कि मेरे डांटने-फटकारने से उस पर कोई असर नहीं होगा। मैंने लाचारी से उसकी आँखों में देखा और केवल इतना ही कहा , 'क्यों? लॉरी, तुम ऐसा क्यों कर रही हो?"

"लॉरी ने मेरी तरफ देखा और शांत स्वर में पूछा, 'क्या आप सच में जानना चाहती हैं?' मैंने हाँ में सिर हिलाया। लॉरी ने थोड़ा झिझकते हुए बात शुरू की और देखते ही देखते अपने मन की सारी भड़ास निकाल दी।

दरअसल मैंने कभी उसकी बात सुनने की कोशिश नहीं की। जब भी वह कुछ कहना चाहती, तो मैं उसे यह कहकर चुप करवा देती कि अभी मैं व्यस्त हूँ. थोड़ी देर बाद बात करेंगे। मैंने कभी उसके दिल का हाल जानना नहीं चाहा। जिस उम्र में उसे माँ के रूप में एक दोस्त की ज़रूरत थी, उस वक्त मैं एक डांटने वाली माँ का किरदार निभा रही थी। मैंने उसकी बात सुनने की तरफ कभी ध्यान ही नहीं दिया।"

"उस दिन के बाद से मैंने उसकी सारी बातें सुनना शुरू कर दिया। अब वह स्कूल से दौड़ते हुए आती और दिन में उसने क्या किया, कैसे किया सब बताती। उसके चेहरे की खुशी, आँखों में दिखाई देने लगी थी। मुझे मेरी पहले वाली लॉरी वापस मिल गई।"

चार्ल्स टी. क्यूबेलिस ने अखबार में दिए नौकरी के विज्ञापन को पढ़कर उक्त पते पर अपना आवेदन भिजवा दिया। कुछ दिनों बाद उसे इंटरव्यू का नोटिस मिला। इंटरव्यू पर जाने से पहले क्यूबेलिस ने कंपनी और उसके मालिक के बारे में हर संभव जानकारी प्राप्त कर ली। जब उसकी इंटरव्यू देने की बारी आई तो उसने केबिन में जाते ही कंपनी की तारीफ करना शुरू कर दिया। उसने कहा , "श्रीमान् जी, मैंने आपकी कंपनी के बारे में जितना सुना था, वह सब झूठ था.... दरअसल, आपकी कंपनी उससे भी कई गुणा ज्यादा बेहतर है। कंपनी के इतने बेमिसाल रिकॉर्ड देखकर तो कोई भी व्यक्ति सहर्ष इससे जुड़ने को तैयार हो जाएगा। अगर मैं गलत नहीं हूँ, तो क्या यह सही है कि 28 साल पहले आपने एक कमरे में साधारण टेबल और स्टेनोग्राफर के साथ अपना बिज़नेस शुरू किया था?'

प्रत्येक सफल व्यक्ति को अपने शुरूआती संघर्षों के बारे में बात करना बहुत अच्छा लगता है। कंपनी का प्रेसिडेंट भी अपनी सफलता की तारीफ सुन कर फूला नहीं समाया और अपनी अब तक की सारी कहानी कह डाली। उसने बताया कि किस तरह उसने 450 डॉलर और अपने सपने के साथ एक छोटे से बिज़नेस की शुरूआत की। इस दौरान उसे कई बार लोगों की आलोचना का पात्र भी बनना पड़ा, लेकिन उसमें कुछ कर दिखाने की चाहत थी इसीलिए

उसने उन आलोचनाओं को अपनी मंज़िल की सीढ़ी बना लिया और लगातार बढ़ता चला गया। शुरुआत में वह सोलह-सोलह घंटे तक कड़ी मेहनत करता, यहां तक कि छुट्टी के दिन भी काम में जुटा रहता। उसकी मेहनत और लगन के आगे कामयाबी ने भी अपना सिर झुका लिया और आज वह इस पोज़िशन पर पहुँच गया है कि वॉल स्ट्रीट के जाने-माने बिजनेसमैन भी उससे मार्गदर्शन लेने आते हैं। उसे अपने रिकॉर्ड पर गर्व था, परंतु अहंकार लेशमात्र भी नहीं था। अपनी कहानी सुनाने के बाद उसने अपने वाइस प्रेसिडेंट को बुलाया और कहा, "हमें अपने बिज़नेस के लिए जिस योग्य व्यक्ति की तलाश थी, वह मिल चुका है।"

मिस्टर क्यूबेलिस ने प्रेसिडेंट को अपने पक्ष में करने के लिए उससे संबंधित सारी जानकारी इकट्ठी करने का कष्ट उठाया और उसके जीवन की सारी समस्याओं में रुचि ली। इसके अतिरिक्त उसने प्रेसिडेंट की भावनाओं का पूरा सम्मान किया और उसे बोलने के लिए प्रोत्साहित किया जिसका परिणाम सुखद रहा।

ऐसा ही कुछ कैलिफोर्निया के रॉय जी. ब्रेडले के साथ भी हुआ। उसे अपने बिज़नेस के लिए एक अनुभवी व्यक्ति की तलाश थी। ब्रेडले ने हमें बतायाः "हमारी एक छोटी सी ब्रोकरेज कंपनी थी, जिसमें हमने कर्मचारियों के लिए किसी तरह के मेडिकल इंश्योरेंस, पेंशन या अपॉर्टमेंट संबंधी किसी लाभ का प्रावधान नहीं रखा था। हर प्रतिनिधि अपने आप में एक स्वतंत्र एजेंट था अर्थात हम उनको उनके काम के हिसाब से भुगतान करते थे।"

"रिचर्ड प्रायर को उस तरह का अनुभव था जो हम चाहते थे। मेरे असिस्टैंट ने उसका इंटरव्यू लिया और उसके दिमाग में हमारे बिज़नेस संबंधी सारी नकारात्मक बातें भर दीं। जब वह मेरे ऑफिस में आया तो उसके चेहरे के हाव-भाव बदले हुए थे। मैंने उसके नज़रिए को समझा और उसके हित में बातें करना शुरू कर दिया। मैंने उसे बताया कि हमारी फर्म में काम करने से वह एक स्वतंत्र कॉन्ट्रैक्टर बन सकता है। स्वतंत्र कॉन्ट्रैक्टर की बात सुनकर उसकी बाछें खिल गईं, क्योंकि दुनिया का हर दूसरा व्यक्ति किसी के अधीन

काम करने का इच्छुक नहीं होता। परंतु जब उसने लाभों के बारे में बोलना शुरू किया तो लगातार बोलता ही चला गया। कई बार ऐसा लगा जैसे वह खुद से ही बातें कर रहा था। एक बार तो मेरे मन में आया कि उसे रोक कर अपने विचार भी प्रकट करूं, परंतु फिर रुक गया। चूंकि मैं एक अच्छा श्रोता था, इसलिए मैंने प्रायर को ही ज़्यादा बोलने का मौका दिया। उसने दोनों पहलुओं पर गहनता से विचार-विमर्श किया और हमारे प्रस्ताव को स्वीकार कर लिया और आज वह हमारी कंपनी के सर्वश्रेष्ठ प्रतिनिधियों में से एक है।"

फ्रांसीसी दार्शनिक ला रोशफूको ने कहा था, "अगर आप दुश्मन बनाना चाहते हैं, तो अपने दोस्तों से आगे निकल जाओ और अगर आप दोस्त बनाने के इच्छुक हैं तो अपने दोस्तों को आगे निकल जाने दो।" क्योंकि अगर आपके दोस्त आपसे आगे निकल जाते हैं तो वे खुद को महत्वपूर्ण समझने लग जाते हैं और अगर आप उनसे आगे निकल जाएं तो उन्हें आपसे ईर्ष्या होने लगती है।

न्यूयॉर्क में रहने वाली हेनरीटा का अपनी नौकरी के शुरुआती कुछ महीनों में अपने सहकर्मियों में कोई दोस्त नहीं बना। लेकिन इसमें सहकर्मियों की कोई गलती नहीं थी, बल्कि सारा कसूर उसका खुद का था। वह स्वयं अपना कोई भी दोस्त बनाने में कामयाब नहीं हो पाई। दरअसल उसे अपने मुँह मियां मिट्ठू बनने का बहुत शौक था। वह अपनी तारीफ करने का एक भी मौका नहीं छोड़ती थी... कभी कहती आज मैंने इतने प्लेसमेंट किए हैं, तो कभी इतने नए अकाऊंट खोले हैं। एजेंसी के लोग उसकी शेखी बघारने की आदत से परेशान थे। सब पीठ पीछे उसकी बुराई करते और नकल उतारते।

हमारी कोर्स क्लास का हिस्सा बनने के बाद हेनरीटा ने बताया: "मैं अपने काम को पूरी ईमानदारी से करती थी, परंतु मेरे सहकर्मी मेरी सफलताओं को देखकर चिढ़ जाते थे इसलिए वे हमेशा मुझसे दूर-दूर रहते थे। परंतु मैं उन सब को अपना दोस्त बनाना चाहती थी। कोर्स के सुझावों को सुनने के बाद उसने इन्हें अपने सहकर्मियों पर आजमाया। फिर मैंने अपने बारे में बोलना कम करके, उनमें और उनकी बातों में रुचि लेना शुरू कर दिया। अब जब भी

मुझ खाली समय मिलता हैं, तो मैं तुरंत उनके पास पहुँच जाती हूँ और उनकी सफलताओं बारे में और उनकी तबियत के बारे में पूछती हूँ। मेरे इस कदम से मेरे सारे सहकर्मी खुश रहने लगे और अब मैं अपनी सफलताओं का जिक तभी करती हूँ, जब वे मुझसे इस बारे में पूछते हैं।"

सिद्धांत - 6

सामने वाले व्यक्ति को ज़्यादा बोलने दें।

7

सहयोग कैसे हासिल करें

प्रत्येक व्यक्ति को खुद पर और अपने विचारों पर बहुत भरोसा होता है। इसलिए वह अपने सिवा किसी की बात सुनना पसंद नहीं करता। वह वही करता है जो उसे अच्छा लगता है, फिर चाहे इससे दूसरों को तकलीफ ही क्यों न हो। एक व्यक्ति को यह हक कभी नहीं बनता कि वह दूसरों की जिंदगी में दखलअंदाजी करे या फिर दूसरों को अपने फैसले मानने के लिए मज़बूर करे। इसके बजाय बेहतर होगा कि हम सिर्फ सुझाव दें, मानना या न मानना यह सामने वाले व्यक्ति पर छोड़ दें।

एडॉल्फ सेल्ट्ज़ एक ऑटोमोबाइल शोरूम में सेल्स मैनेज़र हैं एक बार उनके सामने एक गंभीर समस्या आ गई। दरअसल उन्हें हताश और पिछड़े हुए ऑटोमोबाइल सेल्समैन्ज़ के दिलों में उत्साह भरना था। लेकिन उन्हें ऐसा कोई रास्ता नहीं सूझ रहा था जिससे कि सेल्समैन्ज़ को अधिक काम करने के लिए प्रोत्साहित किया जा सके। फिर उन्होंने एक मीटिंग बुलाई और सबसे अलग-अलग बातचीत की। उन्होंने उनसे पूछा कि वे कंपनी से क्या-क्या उम्मीदें रखते हैं? सबने अपने-अपने विचार बताए और एडॉल्फ ने प्रत्येक सुझाव को ब्लैकबोर्ड पर लिख दिया। फिर उन्होंने कहा , “मैं आप सब के विचारों से सहमत हूँ। आप जो चाहते हैं, वह सब आपको मिलेगा लेकिन बदले में आप सब मुझे क्या दे सकते हो?” जवाब जल्दी और तेजी से आए : वफ़ादारी, ईमानदारी, उत्साह, टीमवर्क, जोश, समर्पण और मन लगाकर काम करना। एक सेल्समैन ने तो 14 घंटे रोज काम करने का वादा भी किया। मीटिंग सफलतापूर्वक संपन्न हुई और कुछ दिनों में इसके परिणाम भी सामने आने लगे।

मिस्टर एडॉल्फ ने मुझे बताया, "हमारे बीच में एक नैतिक समझौता हुआ था। जब तक मैं अपने वायदे को निभाऊंगा, तब तक उन लोगों को भी अपने वायदे पर कायम रहना होगा।"

मानव प्रकृति इस बात को कतई पसंद नहीं करती कि कोई उस पर जबरदस्ती अपने विचार थोपे या फिर व्यर्थ में भाषणबाजी करे। मनुष्य एक सामाजिक प्राणी है और उसे अपनी इच्छाओं और विचारों के हिसाब से काम करने का पूरा अधिकार है।

यूजीन वेसन एक आर्टिस्ट थे और कई स्टाइलिस्ट्स और टैक्सटाइल्स निर्माताओं को अपनी स्कैच बेचा करते थे। करीब तीन सालों से वे न्यूयॉर्क के एक मशहूर स्टाइलिस्ट के पास जा कर अपनी स्कैच दिखा रहे थे। हालांकि उस व्यक्ति को वेसन से मिलने में कोई दिक्कत नहीं थी, लेकिन आज तक उसने वेसन की एक भी स्कैच नहीं खरीदी थी। वह वेसन की हर स्कैच को ध्यान से देखता और कह देता, "सॉरी, वेसन, लेकिन इसमें अभी भी कुछ कमी है।"

लगातार मिल रही असफलता से उनका विश्वास डगमगाने लगा और वे उदास रहने लगे। तब किसी ने उन्हें मानवीय व्यवहार को प्रभावित करने की कला पर चल रहे कोर्स में ट्रेनिंग लेने की सलाह दी। वे नियमित रूप से कोर्स क्लासेज़ में शामिल होने लगे। आप यकीन नहीं मानोगे, एक सप्ताह में उनके अंदर फिर से एक नया जोश और विश्वास जाग गया और वे फिर से अपने काम में जुट गए।

उन्होंने सात-आठ अधूरे बने स्कैच उठाए और उसी व्यक्ति के ऑफिस जा पहुँचे और कहा , "श्रीमान् जी, मेरे कुछ स्कैच अधूरे पड़े हैं.. कुछ समझ नहीं आ रहा कि इन्हें पूरा कैसे करूं। क्या आप इसे पूरा करने में मेरी मदद करेंगे?"

खरीददार ने एक नज़र उन स्कैच पर डाली और कहा , "आप इन्हें यहीं छोड़ जाइए और कुछ दिन बाद आकर मुझसे मिलें।"

बेसन से सब्र नहीं हो पा रहा था इसीलिए वह चौथे दिन ही उससे मिलने जा पहुँचा। खरीदार ने उसे जैसे-जैसे सुझाव दिए, वेसन ने बिना समय गंवाए तुरंत ही सारे स्कैच पूरे कर दिए। खरीदार को स्कैच इतने पसंद आए कि उसने तभी के तभी सारे स्कैच खरीद लिए और बेसन को बहुत से स्क्रैच का ऑर्डर भी दे दिया।

खरीदार को स्कैच इसलिए पसंद आए क्योंकि इनमें उसके विचार शामिल थे। वेसन का कहना था, मैं इसलिए असफल होता रहा क्योंकि मैं उसे अपनी मनचाही चीज बेचना चाहता था। मैं उसे वह बेचना चाहता था जो मुझे लगता था कि उसे खरीदना चाहिए। दो व्यक्तियों के विचार कभी एक से नहीं हो सकते। वेसन भी अपनी मनचाही चीज बेचना चाहता था और उसके मुताबिक उसका स्कैच दुनिया का सबसे बेहतरीन स्कैच था जबकि खरीदार की राय उससे बिल्कुल भिन्न थी। फिर वेसन ने खरीददार के नजरिए को समझा और उसके हिसाब से स्कैच बनाने लगा। इस बार उसे खरीददार को स्कैच खरीदने के लिए उकसाना नहीं पड़ा, बल्कि उसने खुद-ब-खुद सारे स्कैच खरीद लिए।

सामने वाले को यह अनुभव करवाना कि यह विचार उसी का है, अपने आप में एक महान कला है। यह कला राजनीति और व्यापार में कारगार सिद्ध हुई है। पॉल एम. डेविस ने इस सिद्धांत को अपने जीवन में लागू किया और खुशियाँ पाई।

मुझे ऐतिहासिक जगहों जैसे गेटिसबर्ग में गृहयुद्ध की रणभूमि, फिलाडेल्फिया में इंडिपेंडेंस हाल, वैली फोर्ज, जेम्सटाऊन घूमने जाने का शौक था। इसीलिए मैंने मार्च में इन सारी जगहों पर घूमने जाने का प्लान बनाया। जबकि मेरी पत्नी नैन्सी का न्यू मैक्सिको, एरिजोना और कैलिफोर्निया जाने का मन था। जाहिर सी बात थी कि एक वक्त में दो ट्रिप होना नामुमकिन था। अपनी ख्वाहिश पूरी करूं या पत्नी की भावनाओं का सम्मान करूं, यही उधेड़बुन लगातार मेरे मस्तिष्क में चलती रही।

हमारी बेटी एन, जिसने हाल ही में एक जूनियर हाई स्कूल में पढ़ रही थी। उसे अपने देश के विकास संबंधी बातों में बहुत रुचि थी। एक दिन मैंने एन से पूछा कि उसकी किन जगहों पर घूमने इतिहास जाने की रुचि है? उसने उन जगहों पर जाने की इच्छा व्यक्त की, जिन के बारे में उसने किताबों में पढ़ा था।

इस चर्चा के दो दिन बाद जब हम डिनर कर रहे थे तो एन ने कहा कि अगर सबकी सहमति हो तो इस वैकेशन हम पूर्वी राज्यों में घूमने चलें? और नैन्सी ने तत्काल सहमति दे दी, क्योंकि हम जानते थे कि यह यात्रा एन के लिए बहुत रोमाँचक साबित होगी।

इसी मनोवैज्ञानिक तकनीक का प्रयोग एक एक्स-रे निर्माता ने भी किया। ब्रुकलिन के अस्पताल में एक एक्स-रे मशीन की आवश्यकता थी। अस्पताल के मुख्य सचिव ने एक्स-रे डिपार्टमेंट के प्रमुख डॉ. एल को आदेश दिया कि जल्द से जल्द किसी आधुनिक तकनीक वाली एक्स-रे मशीन का प्रबंध करें। डॉ. एल ने अगले दिन सारे अखबारों में एक्स-रे मशीन के लिए विज्ञापन छपवा दिया। देखते ही देखते सेल्समैनों का तांता लग गया। प्रत्येक सेल्समैन अपनी मशीन का बढ़-चढ़ कर बखान कर रहा था।

परंतु एक निर्माता जो कि मानव व्यवहार से अच्छी तरह परिचित था ने अपनी बुद्धि और कौशल का परिचय देते हुए डॉ. एल को एक बहुत ही रोमाँचक पत्र लिखा, जिसे पढ़कर डॉ. एल खुद को उससे मिलने से और उसकी मशीन खरीदने से रोक नहीं सके।

पत्र कुछ इस तरह से था: हमारी कंपनी ने हाल ही में एक नई मशीन बनाई है। वैसे तो मशीन अच्छी चल रही है, लेकिन फिर भी थोड़ी-बहुत कमियां बाकी हैं। अगर आप एक बार आकर इसे देखें और बताएं कि हम इसे आपके व्यवसाय के लिए किस तरह उपयोगी बना सकते हैं तो हमारी बहुत बड़ी सहायता हो जाएगी। हम आपको अपने मूल्यवान समय में से कुछ क्षण हमें देने के लिए बहुत आभारी होंगे। आपको जब भी खाली समय मिले तो कृपया बता दीजिएगा, मैं आपके लिए गाड़ी भिजवा दूँगा।

डॉ. बताते हैं कि उसका पत्र पढ़कर उन्हें बहुत खुशी हुई। पहली बार किसी एक्स-रे निर्माता ने उनसे कोई सलाह माँगी थी। यह बात उनके लिए इतनी महत्वपूर्ण थी कि उन्होंने उससे मिलने और मशीन देखने जाने के लिए अपना एक जरूरी डिनर अपॉइंटमेंट भी कैंसल कर दिया। मशीन की कार्य-पद्धति से डॉ. एल इतने ज्यादा प्रभावित हुए कि उन्होंने तुरंत मशीन खरीद ली।

याद रखें, किसी ने उन्हें मशीन बेचने का प्रयास नहीं किया था, बल्कि एक सुझाव दिया था। मशीन खरीदने का फैसला उनका अपना था।

यह लोगों से बात मनवाने का यह बहुत ही आसान और अद्भुत तरीका है। इससे किसी के व्यक्तित्व को चोट भी नहीं लगती और अपना मतलब भी निकल जाता है। इसी तकनीक का प्रयोग एक व्यक्ति ने मुझ पर भी किया। एक बार मैं कैनाडा घूमने गया हुआ था और वहाँ मेरा फिशिंग और केनोइंग के लिए जाने का मन बना, लेकिन इसके लिए मुझे टूरिस्ट गाइड की ज़रूरत थी। मैं टूरिस्ट ब्यूरो गया और वहाँ अपनी सारी जानकारी जमा करवाई। थोड़ी देर में मेरे पास बहुत से टूरिस्ट कैंप मालिकों के पत्र, बुकलेट आने लगे। सब एक से बढ़कर एक थे। मेरी समझ में नहीं आ रहा था कि किसे हाँ बोलूं। तभी एक कैंप मालिक ने मानवीय व्यवहार के सिद्धांतों का पालन करते हुए मुझे एक पत्र भिजवाया, जिसमें उसने उन सब लोगों के नाम और टेलीफोन नंबर लिखे थे जो उनसे पहले सर्विस ले चुके थे। पत्र के अंत में उसने यह भी लिखा कि मैं उन लोगों से फोन करके हमारी सर्विस की जाँच-पड़ताल कर सकता हूँ।

खुशकिस्मती से मैं उस लिस्ट में सिर्फ एक व्यक्ति को जानता था। इसलिए मैंने उसे फोन किया और उसका अनुभव जाना। उसने कैंप सर्विस की जी-खोलकर तारीफ की। आत्म-संतुष्टि हो जाने पर मैंने कैंप मालिक को फोन किया और उनके साथ सारी यात्रा का अनुबंध कर लिया। दरअसल कैंप मालिक में अपने ग्राहकों का दिल और विश्वास जीतने का हुनर था और उसकी इसी कोशिश ने मुझे उसकी सेवाएँ खरीदने के लिए मजबूर कर दिया था।

लाओ त्से नामक एक चीनी दार्शनिक ने ऐसी कुछ बातें कहीं हैं जिन पर अमल करके समस्त मानव-जाति को जीवन की एक दिशा प्रदान की जा सकती हैं, "नदियों और समुद्र सैंकड़ों पहाड़ी धाराओं का पानी केवल इसलिए ग्रहण करते हैं क्योंकि वे स्वयं को इनसे नीचे रखते हैं। अपने इसी गुण के कारण वे पहाड़ी झरनों पर शासन करने में सफल हो पाते हैं। इसी प्रकार संत, महात्मा भी स्वयं को इंसान का सेवक मानता हैं ताकि वह उनके दिलों पर शासन कर सके और उनसे उपर उठ सकें।"

सिद्धांत - 7

दूसरे व्यक्ति को यह लगने दें कि यह विचार उसी का है।

8

एक फार्मूला जो आपके लिए चमत्कार सिद्ध होगा

लोग भले कितने गलत क्यों न हों, लेकिन अपनी नजरों में वे कभी बुराई न करें तो क्या होगा? दुनिया का बड़े से बड़ा मूर्ख अपने को मूर्ख कहलवाना पसंद नहीं करता, तो मेरी और आपकी तो बात ही अलग है। किसी पर ताना कसने, या फिर बुरा-भला कहने से बेहतर है कि हम उन्हें समझने की कोशिश करें।

अगर सामने वाला व्यक्ति विचित्र व्यवहार कर रहा है तो आपको जानने का प्रयास करना चाहिए कि उसके इस व्यवहार के पीछे वजह क्या है, उसके दिमाग में क्या चल रहा है? ऐसा करके आप उसे बेहतर तरीके से जान पाएंगे। खुद को उसकी जगह रख कर सोचने का प्रयास कीजिए। सोचिए, "अगर मैं उसकी जगह होता, तो कैसा महसूस करता? क्या मुझे चिढ़ होती?" इस तरह कारण में रुचि लेकर आप आलोचनात्मक परिणामों से बच सकते हैं और इससे आपकी मानवीय संबंधों की कला में भी तीव्रता से वृद्धि होगी।

केनेथ एम. गुड ने हाउ टू टर्न पीपुल इन्टु गोल्ड पुस्तक में लोगों की धारणाओं के संबंध में लिखा है, "जितनी रुचि आपको अपने आप में है, लोगों को इसका 10 प्रतिशत रुचि भी आप में नहीं होगी।" जितना जल्दी आप इस तथ्य को स्वीकार कर लेंगे, उतना ही जल्दी आप मानवीय संबंधों की बुनियाद को भी समझ जाएंगे। जिससे आपको सामने वाले व्यक्ति के नज़रिए को समझने में भी आसानी होगी।

न्यूयॉर्क के हैम्पस्टेड में रहने वाला सैम डगलस अक्सर अपनी पत्नी को लॉन की सफाई में समय बर्बाद करने के लिए डांटा करता था। दरअसल उसकी पत्नी की आदत थी कि वह प्रति सप्ताह दो बार लॉन से खरपतवार साफ करती, खाद डालती और छंटाई करती थी। परंतु इतनी मेहनत के बावजूद भी लॉन की हालत में कोई बदलाव नहीं था। शाम को डगलस के काम से घर वापस आने पर वह यही उम्मीद करती कि वह उसके काम की तारीफ करेगा, मगर जब डगलस उसे डांट देता तो वह रुआंसा मुँह लेकर बैठ जाती और उसकी सारी मेहनत मिट्टी में मिल जाती।

डगलस को अपनी पत्नी की भावनाओं की ज़रा भी फिक्र नहीं थी। वह हमेशा से चाहता था कि उसकी पत्नी वही काम करे जो डगलस को पसंद था। हमारी कोर्स क्लास में ट्रेनिंग लेने के दौरान डगलस को अपनी बेवकूफी का स्मरण हुआ। उसने यह कभी नहीं सोचा कि उसकी पत्नी भी अपनी तारीफ सुनने को लालायित रहती होगी। उसे अपनी गलती का बहुत पछतावा था। इसलिए उसने अपनी भूल को जल्दी सुधारने का प्रण लिया। उसी शाम डिनर के बाद उसकी पत्नी ने कहा कि वह लॉन की सफाई करना चाहती है। डगलस ने खुशी-खुशी उसे सफाई करने की सहमति दे दी। फिर उसने डगलस से भी साथ चलकर मदद करने का आग्रह किया। पहले तो डगलस ने साफ मना कर दिया, लेकिन फिर थोड़ा विचार करने के बाद वह भी उसके साथ चल पड़ा और खरपतवार उखाड़ने में उसकी मदद करने लगा। अपने पति का सहयोग पाकर उसकी खुशी का ठिकाना न रहा और उसने दोगुने जोश से सफाई करना चालू कर दिया। इस तरह उसने एक घंटा अपने पति के साथ रोचक चर्चा करते हुए बिताया।

डगलस को भी बागवानी करने में बहुत मजा आया। उस दिन के बाद से वह अक्सर बागवानी में अपनी पत्नी की मदद करने लगा और उसने बहुत से नए पौधे और पौधों के बीज लाकर गमले में उगाए। जिस प्रकार कंक्रीट जैसी सख्त जमीन कड़ी मेहनत के बाद फसल पैदा करने योग्य बन जाती है, उसी प्रकार ट्रेनिंग ने डगलस का हृदय परिवर्तन कर दिया। डगलस ने अपनी पत्नी के नजरिए से देखना शुरू कर दिया जिससे उन दोनों का वैवाहिक जीवन सुखी हो गया।

डॉ. जेराल्ड एस. निरेनबर्ग ने अपनी पुस्तक 'गेटिंग थ्रू टु पीपुल' में मानवीय विचारों पर रोशनी डालते हुए लिखा है, "एक चर्चा तब तक संपूर्ण नहीं होती जब तक उसमें आपसी सहयोग न हो, क्योंकि केवल एक ही व्यक्ति के बोलते रहने को चर्चा नहीं, सनकीपन कहा जाता है। चर्चा में आवश्यक होता है कि आप अपने साथ-साथ, सामने वाले व्यक्ति की भावनाओं और विचारों को भी समान महत्व दें। याद रखिए, एक व्यक्ति तब तक आपको पसंद नहीं करेगा, जब तक आप उसके प्रति आकर्षित नहीं हो जाते। इसलिए यदि आप चाहते हैं कि श्रोता आपकी चर्चा में रुचि लें तो आपको चर्चा इस तरह से शुरू करनी होगी कि इसमें सामने वाले का उद्देश्य भी निहित हो। यदि आप श्रोता के नज़रिए को स्वीकार करेंगे तो श्रोता को भी आपके नज़रिए को स्वीकार करने में कोई दिक्कत नहीं होगी।"

मुझे घूमने-फिरने का बहुत शौक है। जब भी समय मिलता है तो मन बहलाने के लिए पार्क में चला जाता हूँ, या घुड़सवारी करने या फिर मूवीज़ देखने थियेटर चला जाता हूँ। पार्क मेरी पसंदीदा जगह है, लोगों की चहल-पहल, बच्चों की किलकारियाँ दिल को सुकून देती हैं। मुझे पेड़-पौधों से बातें करने का बहुत शौक है। पार्क में एक ओक ट्री है जिससे मेरा विशेष लगाव है। मुझे घंटो उसके साथ बैठकर बातें करना अच्छा लगता है। परंतु यह उस पार्क की बदकिस्मती कहिए या फिर लोगों की लापरवाही, हर साल-महीनें में वहाँ आग ज़रूर लगती है और हज़ारों छोटे-बड़े पेड़-पौधे इस आग की भेंट चढ़ जाते हैं। यह आग किसी बीड़ी-सिगरेट की वजह से नहीं लगती, बल्कि उन लोगों की लापरवाही से लगती है जो वहाँ पिकनिक मनाने आते हैं और अपने मुंह के स्वाद के लिए अंडे बनाने हेतु आग जलाते हैं और जाने से पहले इसे बुझाकर भी नहीं जाते। कई बार यह थोड़ी सी आग भीषण रूप धारण कर लेती है, जिससे जान-माल को भी खतरा हो जाता है।

पार्क की सुरक्षा को ध्यान में रखते हुए एक संस्था ने वहाँ एक बोर्ड भी लगवाया जिस पर लिखा है: पार्क में आग जलाना मना है, लेकिन दुर्भाग्यवश यह बोर्ड पार्क के उस कोने में लगा हुआ है जहाँ ज़्यादातर लोग इसे देख नहीं पाते। यही नहीं दो-दो पुलिस कांस्टेबल भी इसकी सुरक्षा के लिए तैनात

किए गए हैं. परंतु वे अपने काम को कभी गंभीरता से नहीं लेते जिससे हर साल आग जैसी भयंकर समस्या का सामना करना पड़ता है। एक बार तो मेरी आँखों के सामने वहाँ आग लगी। लोग अफरा-तफरी मचाते इधर-उधर भागने लगे। लेकिन मैं अपनी जिम्मेदारी समझते हुए बाहर कांस्टेबल के पास गया और उसे घटना के बारे में सूचित करते हुए फायर ब्रिगेड वालों को बुलाने की सलाह दी। लेकिन उसने मेरी बातों को नज़रअंदाज़ करते हुए कहा कि यह क्षेत्र उसके एरिया में नहीं आता। उसकी बात सुनकर मैं आगबबूला हो गया। खैर, आग पर किसी तरह से काबू पा लिया गया। उस दिन के बाद से मैंने पार्क की सुरक्षा की जिम्मेदारी अपने उपर ले ली। जब भी कोई वहाँ आग जलाता, तो मैं गुस्से में उसके पास जाता और उसे आग बुझाने का आदेश देता और कभी-कभार धमकी भी दे देता कि यदि आग न बुझाई तो तुम सब को गिरफ्तार करवा दूँगा। इस तरह सही काम करने के उतावलेपन में गलती कर बैठता।

फिर एक दिन मुझे मानवीय संबंधों के बारे में पता चला। लगातार कोर्स क्लासेज लगाने के बाद मुझमें बहुत से नए-पुराने बदलाव आए, जिनमें से एक सामने वाले के नज़रिए से देखना भी शामिल था। फिर मैंने मामले को दूसरे अंदाज में संभालना शुरू किया। अब मैं उन्हें आग बुझाने का आदेश देने की बजाए उनसे कुछ इस तरह की बात करता : "हाँ, तो मौज-मस्ती हो रही है? वैसे खुशबू तो बहुत अच्छी आ रही है, क्या बना रहे हो खाने में? तुम जानते हो, मैं जब तुम्हारी उम्र का था, तो मुझे भी आग जलाने में बहुत मज़ा आता था और अब जब तुम लोगों को ऐसे आग जलाते देखता हूँ, तो मेरा बचपन फिर से लौट आता है। लेकिन तुम लोग शायद यह नहीं जानते कि पार्क में आग जलाना कितना खतरनाक हो सकता है। माना कि तुम्हारा ऐसा कोई इरादा नहीं हैं, परंतु दूसरे लोग इतने सावधान नहीं रहते। वे भी तुम्हारी देखा-देखी आग जला लेते हैं और जाते समय उस आग को बुझाकर भी नहीं जाते। हवा के कारण यह आग सूखे पेड़-पत्तियों को पकड़ लेती है और तुम्हारा यह थोड़े से समय का मनोरंजन लाखों लोगों की जान पर भारी पड़ जाता है। इस अपराध के लिए तुम्हें कड़ी सजा भी हो सकती है। देखो,

तुम ये मत समझना कि मैं तुम्हें किसी तरह का आदेश दे रहा हूँ, मैं तो बस तुम्हें आने वाली मुसीबत से सचेत करना चाहता था। वैसे तुम यहां मजे से पिकनिक मनाओ. मुझे इससे कोई आपत्ति नहीं है। लेकिन बेहतर होगा कि यहाँ से सूखी पत्तियाँ हटा दो और जाने से पहले आग को धूल से ढक देना। और हाँ, अगली बार जब तुम तुम आग जलाओ तो पहाड़ी पर बने सैंडपिट में ही आग जलाना इससे तुम्हें कोई नुकसान नहीं होगा। मेरी बात सुनने के लिए बहुत-बहुत धन्यवाद।

आप खुद देखिए, इन दोनों बातों में कितना अंतर था। पहले जब मैं उन्हें डांटकर समझाता था, तो वे मेरी बात की अवहेलना करते और मेरे आगे-पीछे होने पर आग फिर से जला लेते थे। परंतु अब वही लोग मुझे पूरा सहयोग देने लगे थे क्योंकि मैंने उन्हें अपने आदेश का पालन करने के लिए बाध्य नहीं किया था, बल्कि वे स्वयं अपनी सुरक्षा हेतु आग न जलाने को राजी हुए थे।

दूसरों के नज़रिए से चीजों को देखने पर हमारी व्यक्तिगत समस्याएँ भी दूर हो जाती हैं और तनाव भी कम हो जाता है। ऑस्ट्रेलिया के न्यू साऊथ वेल्स में रहने वाली एलिजाबेथ नोवाक ने किश्तों पर एक कार खरीदी। एक बार वह किश्त चुकाने में छः सप्ताह लेट हो गईं। इस दौरान अकाऊंटेंट नियमित रूप से उसे फोन करके किश्त की पेमैंट के लिए याद करवा रहा था। मिसेज़ नोवाक बताती हैं, "एक दिन अकाऊंटेंट का फोन आया और उसने मुझे चेतावनी देते हुए कहा कि अगर मैंने सोमवार की सुबह तक 122 डॉलर जमा नहीं करवाए तो आगे की कार्यवाही कंपनी स्वयं करेगी। दुर्भाग्यवश, मैं पैसों का इंतज़ाम न कर पाई। सोमवार की सुबह जब दुबारा उनका फोन आया तो मैं बुरी तरह कांप गई। कुछ समझ नहीं आ रहा था। फिर थोड़ा साहस करके मैंने परिस्थिति को सोचा और उनके नज़रिए से देखते हुए, मैंने असुविधा के लिए उनसे क्षमा माँगी और कहा कि मेरी वजह से उनके काम पर असर पड़ रहा है। मैंने कहा कि उनके ग्राहकों में शायद मैं अकेली ऐसी होऊंगी जो उन्हें इतना ज़्यादा परेशान करती हूँ, क्योंकि मैं पेमेंट करने में अक्सर देर करती हूँ।

मेरी बात सुनकर उसके बात करने का अंदाज़ बदल गया और विनम्रता से बोला, "नहीं, मैडम, ऐसी कोई बात नहीं है। हमारा काम तो आप लोगों की सेवा करना है। आप जैसे ईमानदार ग्राहकों की वजह से ही तो हमारा काम चल रहा है। वरना, ऐसे बहुत से लोग हैं जो कई सालों से हमें परेशान कर रहे हैं। मैंने उन्हें अपनी समस्याएँ बताने का पूरा मौका दिया। करीब आधे घंटे की बातचीत के बाद, मेरे बिना कुछ कहे उन्होंने मेरे पेमेंट की अवधि बढ़ाते हुए कहा कि अगर मैं तत्काल पूरा पैसा न दे पाऊं, तो कोई बात नहीं। लेकिन इस महीने के अंत तक केवल 20 डॉलर जमा करवा दूँ और बाकी का पैसा अपनी सुविधा अनुसार कभी भी चुका सकती हूँ।"

जब भी आप किसी को कुछ कहते हो या करते हो तो इससे पहले दो मिनट तक आँखें बंद करके परिस्थितियों पर गौर करें। इससे आपकी सारी दुविधा दूर हो जाएगी। हारवर्ड बिजनेस स्कूल के डीन डॉनहैम का कहना था, "मैं किसी भी मीटिंग में जाने से पहले उस व्यक्ति के ऑफिस के बाहर डेढ़-दो घंटे तक टहलता हूँ और उसके बारे में ज़्यादा से ज्यादा जानकारी प्राप्त करने की कोशिश करता हूँ। क्योंकि मैं कभी भी बिना सोचे अंदर नहीं घुसूंगा कि मैं क्या कहने वाला हूँ और उसकी रुचियों और लक्ष्यों के बारे में मेरे ज्ञान के आधार पर सामने वाला क्या जवाब देगा।"

इस पूरी पुस्तक में यदि आप एक बात अपने नज़रिए के साथ-साथ सामने वाले के नज़रिए से देखना और सोचना सीख लें तो आपको जीवन में कभी पीछे मुड़कर नहीं देखना पड़ेगा।

सिद्धांत - 8

ईमानदारी से सामने वाले व्यक्ति का नज़रिया समझने की कोशिश करें।

9

लोग क्या चाहते हैं?

बहस करना बहुत आसान है। किसी भी आते-जाते व्यक्ति को कुछ उल्टा-सीधा कह दो और फिर देखो तमाशा लोगों का हजूम खड़ा हो जाएगा आपकी लड़ाई देखने। इतने बरसों की कमाई इज्जत, एक क्षण की बहस में मिट्टी में मिल जाएगी। एक बात हमेशा दिमाग में रखिए बहस करना जितना आसान है, इसे खत्म करना उससे कई गुना ज्यादा मुश्किल है। क्या आप नहीं चाहेंगे कि बहस को खत्म करके सद्भावना का माहौल कायम किया जाए? लेकिन ऐसा होगा कैसे?

घबराइए मत, इसका तोड़ भी है हमारे पास। एक सद्भावना और सहानुभूतिपूर्ण वाक्य जो आपको सारी मुश्किलों से बाहर निकालकर शांति कायम करने में आपकी मदद करेगा और वह है, "मैं मानता हूँ कि इसमें आपकी कोई गलती नहीं है। अगर आपकी जगह मैं होता, तो शायद मैं भी ऐसी परिस्थितियों में वही करता जो आपने किया है।" यह कुछ शब्द आपके सारे गिले-शिकवे मिटाने के लिए काफी है।

आपके सहानुभूति भरे इन चार शब्दों से बड़े से बड़े मुखालिफ़ का हृदय भी पिघल जाएगा। कहीं न कहीं आप भी उसके जैसे ही क्षणिक लापरवाह हो सकते हैं। क्योंकि अगर आप उस व्यक्ति की जगह होते तो निश्चित रूप से आप भी वही कर रहे होते जो वह कर रहा है। व्यक्ति को जैसा माहौल मिलता है, वह वैसा ही बन जाता है। उसकी सोच-विचार, व्यवहार सब कुछ बदल जाता है। उदाहरण के लिए यदि आप साँप नहीं हैं, तो इसका सिर्फ इतना सा

कारण है कि आपके माता-पिता साँप नहीं थे। ऐसे में आवश्यक है कि आप यह सोचने की कोशिश करें कि वह व्यक्ति ऐसा क्यों कर रहा है।

याद रखें आज आपको अपने जिस व्यवहार पर सोच पर और रुतवे पर इतना गर्व है, उसका सारा श्रेय आपके माता-पिता को ही जाता है। यह उनकी नेक परवरिश का फल है कि आज आप इतने ऊंचे पद पर हैं। लेकिन अगर दूसरे लोग चिड़चिड़े, ईर्ष्यालु प्रवृत्ति के हैं या पूर्वाग्रह से ग्रस्त हैं तो इसमें उनका कोई दोश नहीं है, बल्कि सारा दोष उन परिस्थितियों का है, जिन्होंने उन्हें ऐसा बनने पर मजबूर किया। आपको ऐसे लोगों के प्रति दया और सहानुभूति रखनी चाहिए। और अपने नसीब पर मान करके उस ईश्वर का शुक्रिया करना चाहिए।

दुनिया में आप जितने भी लोगों से मिलते हैं, उनमें से लगभग तीन चौथाई लोग सहानुभूति और अपनेपन की भावना के भूखे होते हैं। आप उन्हें जितनी सहानुभूति देंगे, वे उतना ही अधिक आपसे प्रेम करने लगेंगे।

एक बार मैंने एक रेडियो प्रोग्राम में लिटिल विमेन की लेखिका लुइसा मे अलकॉट पर वार्ता की और वार्ता के दौरान मैंने लापरवाही वश कह दिया कि मैं उनसे न्यू हैम्पशायर के कॉन्कॉर्ड में मिला था, जो कि पूर्णत गलत था। जबकि मैं अच्छी तरह से जानता था कि वह मैसाच्यूएट्स के कॉन्कॉर्ड में रहती थीं और वहीं रह कर उन्होंने लेखन किया था। शायद लोग इसे मेरी अज्ञानता मानकर भूल भी जाते, अगर मैंने यही बात केवल एक बार कही होती लेकिन खुद को महान साबित करने की धुन में मैंने करीब चार-पाँच बार यह बात दोहराई। इससे अगले एक सप्ताह के भीतर मेरे पास पत्रों और टेलीग्रामों का अंबार लग गया। लोगों ने मेरी गलती के लिए मुझे बहुत कुछ बुरा-भला कहा। कॉलोनियल डेम नाम की एक महिला, जो कि कॉन्कॉर्ड में ही पली-बढ़ी थी, ने तो हद ही कर दी। उसने अपने पत्र में मुझ पर सारा गुस्सा उतार दिया। उसका पत्र पढ़कर मुझे बहुत अपमानजनक लगा। मन तो था कि उसे बता दूँ कि मैंने तो केवल भूगोल संबधित एक भूल की थी, लेकिन उसने तो मानवीय शिष्टाचार के सारे नियमों की धज्जियाँ उड़ा कर मुझसे भी बड़ी भूल

की थी। ऐसे में आप ही बताइए कि गलत कौन था? मैं या कॉलोनियल डेम? मैंने पत्र उठाकर छिपा दिया और गुस्से को शांत करने के लिए बाहर टहलने चला गया। घूमते-घूमते मेरा ध्यान दो नवयुवकों पर गया जो एक चुपचाप अपने-आप में मस्त खड़े थे, लेकिन किसी बात को लेकर एक दम से झगड़ पड़े। ऐसे में मेरे मुँह से केवल एक ही शब्द निकला "मूर्ख। तब मेरे दिमाग में एक विचार आया कि वह महिला भी तो एक तरह से मूर्ख ही थी, जो बिना जान-पहचान के एक छोटी-सी बात पर मुझे इतना कुछ सुना रही थी। इससे मेरे दिल को थोड़ा ठंडक पहुँची।

घर आकर मैंने इस किस्से पर विचार किया और सोचा कि इस दुश्मनी को दोस्ती में कैसे बदला जाए। मेरे लिए यह बहुत बड़ी चुनौती थी क्योंकि मुझे एक जगह ऐसे शख्स को उसकी मूर्खता का अहसास करवाना था, जो अपनी नज़रों में बहुत बड़ी ज्ञानी थी। फिर खुद को उसकी जगह पर रखकर सोचना शुरू किया और परिस्थितियों को उसके नजरिए से देखा और पाया, "अगर मैं उसकी होता, तो शायद मैंने भी गुस्से की आग में इसी तरह का पत्र लिखा होता। फिर मैंने उसे फोन किया और हमारी बातचीत के कुछ अंश इस प्रकार थे:

श्रीमती कॉलोनियल डेम, कुछ समय पहले आपका पत्र मिला। पत्र पढ़कर मुझे बहुत खुशी हुई और मैं तहे दिल से आपका शुक्रगुजार हूँ कि आपने अपने इतने कीमती समय में से चंद मिनट मेरे लिए निकाले।

वह भी सभ्य और सुसंस्कृत लहजे में। उन्होंने कहा, क्या मैं जान सकती हूँ कि आप कौन श्रीमान बोल रहे हैं?

मैं : मेरा नाम डेल कारनेगी है। कुछ समय पहले मैंने रेडियो पर लुईसा में अल्कॉट के विषय में वार्ता की थी। उस वक्त मैंने गलती से यह कह दिया था कि वे हैंपशायर के कॉन्कॉर्ड में रहती थीं। मैं आपका आभारी हूँ कि आपके उस पत्र की बदौलत मुझे मेरी गलती का अहसास हुआ। हालांकि मेरी गलती माफ करने लायक तो नहीं हैं लेकिन अगर आप मुझे क्षमा कर देंगी तो आपकी बहुत मेहरबानी होगी।

वह : मिस्टर कारनेगी, इतना अपमानजनक पत्र लिखने के लिए मुझे खेद है। दरअसल मैं अपना आपा खो बैठी थी, क्योंकि मेरा मानना है कि एक व्यक्ति का सही नाम-पता ही उसकी असली पहचान होती है, लेकिन जब आपने गलत पता बताया तो मेरा खून खौलने लगा और उसी आवेश में मैंने जाने क्या-कुछ आपसे कह दिया। मैं सच में अपने किए पर बहुत शर्मिंदा हूँ... हो सके तो आप मुझे माफ कर दें।

मैं : नहीं, नहीं। ये आप कैसी बातें कर रही हैं। गलती मुझसे हुई है तो माफी भी मुझे ही माँगनी चाहिए। वैसे तो मैंने पिछले रविवार रेडियो पर भी माफी माँग ली थी. परंतु आपसे व्यक्तिगत तौर पर माफी माँगना चाहता था, इसलिए आज आपसे बात करने का साहस जुटा पाया।

वह : मैं मैसेच्यूएसेट्स के कॉन्कॉर्ड में पैदा हुई हूँ। हमारे पूर्वज सदियों से वहाँ रह रहे हैं और उनका वहाँ बहुत नाम है, इसीलिए मुझे भी अपने पैदायशी राज्य पर बहुत गर्व है। इसी वजह से मैं आप पर नाराज हुई थी, लेकिन अब मैं अपने लिखे पत्र पर शर्मिंदा हूँ।

मैं : मैं आपको विश्वास दिलाना चाहता हूँ कि आप उतनी शर्मिंदा नहीं होंगी जितना कि मैं हूँ। ऐसा बहुत कम बार होता है कि आप जैसे सुसंस्कृत और पढ़े-लिखे लोग रेडियो पर बोलने Wवाले लोगों की बातों को गंभीरता से लेते हैं। और उन्हें उनकी गलती का अहसास करवाने के लिए पत्र लिखने का समय निकालते हैं। मुझे आशा है कि आप आगे भी मुझे मेरी गलतियाँ बताने के लिए समय अवश्य निकालेंगी।

वह : मिस्टर कारनेगी, आपकी बातों ने मुझे बहुत प्रभावित किया है। मेरी आलोचना को जिस तरह आपने प्रोत्साहन के रूप में लिया, यह सच में काबिले तारीफ है। आप जैसे भले इंसान से मिलने में मुझे बहुत खुशी होगी।

चूंकि मैंने उससे माफी माँगी थी और उसके प्रति सहानुभूति प्रकट की थी, इसलिए बदले में उसने भी अपनी अभद्र व्यवहार के लिए मुझसे माफी

माँगी। अपने गुस्से पर काबू रखने से मुझे संतोष तो मिला ही, बल्कि अपमान के बदले दयालुता देने का सुख भी मिला।

मिस्टर टैफ़्ट को भी कई बार इस तरह के कड़वे अनुभवों से गुजरना पड़ा। परंतु उन्होंने अपने अनुभव से कटु भावनाओं के अम्ल को सहानुभूति के रसायन से बेअसर करना सीख लिया था। टैफ्ट ने अपनी पुस्तक ईथिक्स इन सर्विस में एक ऐसी निराश माँ का जिक्र किया है, जिसके गुस्से को उन्होंने बहुत सूझ-बूझ से शांत किया।

टैफ्ट बताते हैं, "वाशिंगटन की एक प्रतिष्ठित महिला मेरे पास आई और पुत्र को एक ऐसे पद पर नियुक्त करने की माँग करती रही जिसके लिए अपने पहले से ही कई योग्य और शिक्षित उम्मीदवारों के आवेदन आए हुए थे। मुझ पर दवाब डालने के लिए उसने बहुत से राजनीतिक सीनेटर्स और सांसदों की भी मदद ली। संभावित पद के लिए जिस तकनीकी योग्यता की आवश्यकता थी, वह उसके पुत्र में नहीं थी। इसलिए मैंने एक दूसरे योग्य उम्मीदवार को उस पद पर नियुक्त कर दिया। फिर कुछ-एक दिन बाद मुझे उस माँ का पत्र मिला जिसमें उसने जी भर कर मेरी बुराई की और मुझे मतलबी, अहसान फरामोश और घटिया आदमी जैसे शब्दों से सम्मानित किया।

'अगर कोई आपके साथ इस तरह की बदसलूकी करे तो आप क्या करेंगे? क्या आपका मन नहीं करेगा कि ऐसे व्यक्ति को उसकी घटिया हरकत का मुंहतोड़ जवाब दिया जाए? पहले मेरे मन में भी बदले की भावना पैदा हुई, लेकिन फिर मैंने खुद को उस माँ की जगह पर रखकर सोचा और इस नतीजे पर पहुँचा कि उसने जो किया वह एक माँ होने के नाते किया। ऐसे में मेरा अपना धैर्य रखने में ही भलाई थी। फिर मैंने एक पेपर-पैन उठाया और उसे एक बहुत विनम्र सा पत्र लिख भेजा। मैंने कहा, 'मुझे पता है कि मेरी वजह से आपके दिल को बहुत गहरी चोट लगी है। अपने बेटे के नौकरी न लगने पर एक माँ के दिल पर क्या गुजर रही होगी, इसका मुझे पूरा अंदाज़ा है। मुझे आपसे पूरी सहानुभूति है, परंतु आप यकीन मानिए इस मामले में, मैं आपकी कोई मदद नहीं कर सकता था। क्योंकि प्रेसिडेंट होने के नाते भावनाओं को

अपने कर्तव्यों के आड़े लाना मेरे उसूलों के खिलाफ है। उस पद के लिए मुझे तकनीकी योग्यताओं वाले व्यक्ति को ही चुनना था इसीलिए मैंने अपने धर्म का पालन किया। मुझे आशा है कि आपका पुत्र अपने वर्तमान पद पर रहते हुए अपनी योग्यता के बल पर आसमान की बुलंदियों को हासिल करेगा।'

"मेरे सहानुभूति भरे पत्र से उस महिला का गुस्सा शांत हो गया और उसने मुझे दूसरा पत्र लिखकर अपनी गलती पर शर्मिंदगी जाहिर की। परंतु मैंने जो नियुक्ति की थी, उसे स्वीकृति मिलने में थोड़ा समय लग गया। इसी दौरान मुझे एक दूसरा पत्र मिला जो कि उस महिला के पति के नाम से लिखा गया था, हालांकि इन दोनों पत्रों की लिखावट एक जैसी ही थी। इस पत्र द्वारा मुझे सूचित किया गया कि वह महिला इस शोक से गहरे सदमे में चली गई है और गंभीर रूप से बीमार है और अपनी जिंदगी के आखिरी दिन गिन रही है। सबसे आखिर में मुझसे एक सवाल किया गया क्या आप नहीं चाहेंगे कि उस पद पर उसके पुत्र को नियुक्ति देकर उस महिला को पुनः जीवन दान दिया जाए?"

"फिर मैंने एक दूसरा पत्र उसके पति के नाम लिखा, जिसमें मैंने उसके पति को हौसला देते हुए कहा कि वह अपनी पत्नी का दुबारा से टेस्ट करवाएँ। संभवत: उसके कैंसर का शक गलत निकले। मैंने उसकी पत्नी के बारे में सहानुभूति जताते हुए कहा कि उसकी पत्नी के गंभीर बीमारी के दुःख को मैं समझ सकता हूँ, यरंतु भावनाओं में बह कर प्रत्याशित नाम वापस लेना संभव नहीं। कुछ दिन बाद संसद ने मेरे सुझाए उस नाम को मंजूरी दे दी और इसी खुशी के चलते मैंने व्हाइट हाऊस में संगीत का एक रंगारंग प्रोग्राम भी रखा। आपको सुनकर हैरानी होगी। मुझे और मेरी पत्नी को बधाई देने वाले लोगों में वह पति-पत्नी ही सबसे आगे थे, हालांकि एक-दो दिन पहले तक वह कैंसर से गंभीर रूप से बीमार थीं।"

जॉयस नॉरिस एक पियानो टीचर थी और मिसूरी के सेंट लुई में एक छोटा सा पियानो स्कूल चलाती थी। लड़कियों को संगीत सिखाने में पियानो टीचर्स को अक्सर बहुत सी परेशानियों का सामना करना पड़ता है। ऐसे ही

मिसेज़ जॉयस की क्लास में भी एक लड़की थी- बैबेट। उसके नाखून बहुत लंबे थे। एक तरफ उसे पियानो सीखने की चाह थी, वहीं दूसरी तरफ उसके लंबे नाखून उसकी इस चाह में बाधा बने हुए थे। मिसेज़ जॉयस ने बैबेट के इस शौक को गंभीरता से लिया। वह नहीं चाहती थी कि बैबेट पियानो सीखने से पहले ही निराश हो जाएं क्योंकि वह अपने सुंदर नाखून कभी काटना नहीं चाहती थी। पहले सबक के बाद सही मौका देखकर मिसेज़ जॉयस ने उसके नाखूनों की तारीफ करना शुरू कर दिया, "बैबेट तुम्हारे हाथ बहुत सुंदर लगते हैं... सच कहूँ तो इतने सुंदर नाखूनों ने इसकी खूबसूरती में चार चाँद लगा दिए हैं। परंतु अगर ये नाखून थोड़े छोटे होते तो और भी ज़्यादा अच्छे लगते और फिर तुम पियानो भी ज़्यादा अच्छी तरह बजा सकती थी। नाखून छोटे करने की बात सुनकर उसका चेहरा पीला पड़ गया।

अगले सप्ताह जब बैबेट दूसरे सबक के लिए आई तो वह बहुत बदली-बदली लग रही थी। फिर मेरी नज़र उसके कटे हुए नाखूनों पर पड़ी। इस पर मैंने उसकी तारीफ करते हुए कहा, "बैबेट तुम बहुत हिम्मत वाली लड़की हो। इतने सुंदर नाखून काटना किसी त्याग से कम नहीं था और मैं जानती हूँ कि इतना बड़ा त्याग बैबेट ही कर सकती थी।"

बैबेट को किसी ने नाखून छोटे करने के लिए मजबूर नहीं किया था, बल्कि उसने खुद अपनी मर्जी से इन्हें छोटा किया था। बैबेट की संगीत सीखने की इच्छा ने उसे यह बलिदान देने को राजी किया और इसमें सबसे ज्यादा प्रभाव मिसेज़ जॉयस के सहानुभूति भरे शब्दों का पड़ा।

सॉल हूरोंक अमेरिका के प्रसिद्ध इम्प्रेसेरिया थे। अपनी जिंदगी के पाँच दशकों से भी अधिक समय उन्होंने चालियापिन, इसाडोरा डंकन और पाब्लोवा जैसे महान कलाकारों के साथ बिताए। इस दौरान वे कई रोचक अनुभवों से गुजरे। फ्योदोर चालियापिन जिन्होंने अपने संगीत की धुन से संपूर्ण जगत को रोमाँचित कर दिया था। हूरॉक तीन साल तक चालियापिन के इम्प्रेसेरियो रहे । चालियापिन बहुत जिद्दी और बिगड़ैल किस्म के व्यक्ति थे। हूरॉक के लिए उन्हें संभालना किसी बड़ी चुनौती से कम न था। परंतु उन्होंने

चालियापिन के पागलपन को सुधारने का तरीका खोज लिया था। कई बार शो की सारी तैयारियाँ हो चुकने के बाद, वे हूरॉक को बुलाते और बहाने बनाने लगते, सॉल, मेरी तबियत ठीक नहीं है। ऐसा लगता है जैसे गले में कुछ अटक गया हो। आज की रात मुझसे गाना नहीं हो पाएगा।" इस पर हूरॉक उनके साथ सहानुभूति का व्यवहार करते और कहते, "यह तो बहुत अफसोस की बात है कि आज आप गा नहीं पाएंगे और आपके प्रिय श्रोताओं को आपकी मधुर आवाज सुनने को नहीं मिलेगी। लेकिन कोई बात नहीं, आपकी तबियत से ज़्यादा मेरे लिए कुछ मायने नहीं रखता। मैं अभी के अभी सारा प्रोग्राम कैंसिल कर देता हूँ। माना कि इससे आपको दो हजार डॉलर का नुकसान अवश्य होगा, परंतु आपके प्रतिष्ठा के आगे यह कुछ भी नहीं हैं।

इस पर चालियापिन कराहते हुए कहते, "सॉल, श्रोताओं का दिल टूटेगा तो मुझे ज़रा भी अच्छा नहीं लगेगा। ऐसा करो तुम शाम तक इंतज़ार कर लो। क्या पता तब तक सब ठीक हो जाए।"

शाम को मिस्टर हूरॉक आँखों में सहानुभूति लिए फिर से चालियापिन से मिलने उसके कमरे में पहुँचते और उसे प्रोग्राम कैंसिल करने पर जोर देते। लेकिन इस बार फिर से चालियापिन आह भरकर कहते, "सॉल, तबीयत अभी भी वैसी ही है। तुम थोड़ी देर बाद आना... शायद तब तक मेरी हालत में सुधार हो जाए।

ठीक साढ़े सात बजे तक वह इतना तंदुरुस्त हो जाता है , मानो उसे कभी कुछ ही न हो। लेकिन स्टेज पर पहुँचने तक उसकी जिद्द बंद न होती। वह हूरॉक हुआ से प्रॉमिस लेता कि वह स्टेज पर तभी जाएगा जब हूरॉक स्टेज पर मेरी बीमारी की घोषणा करेंगे। मिस्टर हूरॉक उसे स्टेज पर लाने के लिए झूठ बोल देते कि वह ऐसा ज़रूर करेंगे क्योंकि वे जानते थे कि उसे गाने के लिए राजी करने का यही एकमात्र तरीका था।

डॉ. आर्थर आई. गेट्स ने अपनी प्रसिद्ध पुस्तक एज्युकेशनल साइकेलॉजी में लिखा है, "पूरी मानव जाति सहानुभूति चाहती है। एक बच्चा रोकर या

जानबूझकर चोट खाकर सहानुभूति प्राप्त करने का प्रयास करता है। इसी तरह बड़े लोग भी कभी बीमारी, तो कभी दुर्घटनाओं के किस्से सुनाकर लोगों की सहानुभूति बटोरने की जी-तोड़ कोशिश करते हैं। यह ऐसा रामबाण है जो कभी निष्फल नहीं जाता।"

सिद्धांत - 9

सामने वाले व्यक्ति के विचारों और इच्छाओं के प्रति सहानुभूति प्रदर्शित करें।

10

हर व्यक्ति यह आग्रह पसंद करता है

व्यक्ति की सोच उसके कार्यों को प्रभावित करती है। अच्छी सोच उसे सुमार्ग और बुरी सोच कुमार्ग की ओर अग्रसर करती है। जेसी जेम्स एक आदर्श और परोपकारी डाकू था पर खुद को डच शुल्ट्ज, कॉर्ले और अल केपोन से कम नहीं समझता था। दरअसल सच तो यह है कि ज्यादातर लोग खुद को अच्छा और निःस्वार्थ मानते हैं।

जेसी जेम्स मिसूरी अर्थात् मेरे इलाके का रहने वाला था। एक बार जब मैं वहाँ गया तो जेम्स के बहुत पुराने खेतों में चला गया, जिसे आजकल उसका पुत्र चला रहा था। जेसी की पत्नी ने मुझे उसकी बहादुरी के बहुत से किस्से सुनाए कि किस तरह वह ट्रेनों और बैंकों को लूटा करता था और बाद में सारा पैसा गरीबों में बांट देता, ताकि वे ज़मीदारों के कर्जे से मुक्त हो जाएं और अपनी जमीनें लें छुड़ा।

किसी भी व्यक्ति के काम करने के पीछे दो ख़ास वजह होती है : पहला कारण वास्तविक होता है और दूसरा कहने-सुनने में अच्छा लगता है। वास्तविक कारणों से इंसान अनभिज्ञ नहीं होता, परंतु फिर भी वह उन्हीं कार्यों को करने में खुशी महसूस करते हैं जो कहने-सुनने में अच्छे लगते हैं। इसलिए यदि आप लोगों की सोच बदलना चाहते हों तो आदर्शवादी कारणों को ही अपनी सोच का आधार बनाओ।

चलिए देखते हैं कि क्या आदर्शवाद बिजनेस की सफलता का आधार स्तंभ बन सकता है? पेनसिल्वेनिया की फैरेल मिशेल कंपनी के वाइस मैनेजर हैमिल्टर जे. फैरेल ने अपना घर मिस्टर डो को किराए पर दिया हुआ था। किराएदार बहुत चिड़चिड़े स्वभाव का व्यक्ति था। एक दिन वह फैरेल के पास आया और घर खाली करने की धमकी देने लगा। फैरेल ने उसे समझौते की बात याद दिलाई, जिसके मुताबिक उसे चार महीने तक वहीं रहना था। यह सुन कर मिस्टर डो चिढ़ गया और उसने गुस्से से नोटिस फैरेल के हाथ में थमाया और कहा, "भाड़ में जाए समझौता, मैं अभी इसी वक्त मकान खाली कर रहा हूँ।"

उसकी बात सुनकर एकाएक फैरेल घबरा गया। दरअसल पेनसिल्वेनिया में सर्दियों में ठंड अधिक होने के कारण घरों की माँग अधिक होती है। इस वक्त लोग अधिक किराये पर भी मकान लेने को राजी हो जाते हैं। मिस्टर डो ने सर्दियाँ फैरेल के घर में गुज़ार ली थी। चूंकि अब मौसम बदल रहा था तो इतनी जल्दी नया किराएदार मिलना भी संभव न था। किराए में पड़ने वाले घाटे के बारे में सोच कर वह बुरी तरह पगला गया।

मिस्टर फैरेल बताते हैं: "अगर अपना मतलब निकालने के लिए मैंने वास्तविक कारणों का सहारा लिया होता और उसके हाथ में अनुबंध की कॉपी थमाता और आँखे दिखाकर कहता कि अगर आप मकान खाली करना चाहते हो तो बड़ी खुशी से करो, मगर समझौते के मुताबिक किराए की पूरी रकम तो आपको चुकानी ही पड़ेगी। इस तरह कानून का सहारा लेकर मैं अपना पूरा पैसा वसूल कर सकता था।"

"परंतु मैंने ऐसा कुछ नहीं किया, क्योंकि मैं बेकार में बात बढ़ाना नहीं चाहता था। इसलिए मैंने आदर्शवाद की तकनीक अपनाने का फैसला किया और कहां, 'मिस्टर डो, यह आप क्या कह रहे हैं? मुझे तो यकीन ही नहीं होता कि आप ऐसा कुछ भी कर सकते हैं! मैं तो आपको वायदे का पक्का इंसान समझता था और दूसरे लोगों को आपकी इंसानियत की मिसालें दिया करता

था, लेकिन अगर आज आप यह सब करेंगे तो दूसरे लोग आपके बारे में क्या सोचेंगे। मेरी मानिए तो एक बार फिर से ठंडे दिमाग से सोच लीजिए। अक्सर जल्दबाजी में लिए गए फैसलों का बुरा प्रभाव हमारे चरित्र पर पड़ता है। मैं आपको पहली तारीख तक का वक्त देता हूँ। अगर तब भी आप मकान छोड़ना चाहे, तो मैं आपसे वादा करता हूँ कि मुझे आपके इस फैसले से कोई आपत्ति नहीं होगी और मैं खुशी-खुशी आपके सारे पैसे लौटा दूँगा, लेकिन एक बात का अफसोस हमेशा रहेगा कि मैंने आपको पहचानने में गलती कर दी। परंतु मुझे यकीन है कि आप अपना वायदा कभी नहीं तोड़ेंगे और मेरे भरोसे को डगमगाने नहीं देंगे।"

"अगले महीने की पहली तारीख को वह आया और किराया मेरे हाथों में पकड़ाते हुए कहा कि उसने और उसकी पत्नी ने इस बारे में बहुत सोचा और यहीं रुकने का फैसला किया। दरअसल उनके पास अपने आत्मसम्मान को बचाने का यही एकमात्र उपाय था कि वे समझौते की शर्तों का पालन करें।"

अपने दैनिक जीवन में आप प्रायः देखते हो कि समाचार पत्रों में अक्सर "बच्चों की दुनिया" और "हमारे नौनिहाल" जैसी निःशुल्क सेवाएँ छपती हैं। ऐसे में लोग अपने बच्चों की तस्वीरें अखबारों में छपवाने की होड़ में इस कदर अंधे हो जाते हैं कि इससे होने वाले नुकसानों को अनदेखा कर देते हैं। कई बार अपराधी प्रवृति के लोग इन सेवाओं के आधार पर बच्चे की फैमिली का पूरा बायोडाटा निकाल लेते हैं और अपहरण जैसे अपराधों को अंजाम देते हैं। ऐसे ही एक बार एक कैमरामैन अख़बार के लिए जॉन डी. रॉकफेलर के बच्चों का फोटो लेने आया, परंतु रॉकफेलर नहीं चाहते थे कि उनके बच्चों की तस्वीर अखबार में छपे। अब दिक्कत यह थी कि वे उन्हें सीधे-सीधे से तो मना कर नहीं सकते थे, क्योंकि ऐसा करने से उनकी सम्मान को ठेस पहुँचता इसीलिए उन्होंने बात को घुमा-फिराकर कुछ इस तरह कहा, "आप में से कई लोगों के बच्चे होंगे। इसलिए आपको यह ज़रूर पता होगा कि इतनी छोटी उम्र में बच्चों को इतना प्रचार मिलना उनके भविष्य के लिए अच्छा नहीं होता।"

साइरस एच. के. कर्टिस ने मैग्ज़ीन वर्ल्ड से एक छोटा सा बिजनेस शुरू किया और धीरे-धीरे द सैटरडे ईवनिंग पोस्ट और लेडीज़ होम जनरल के मालिक बन बैठे और लाखों-करोड़ों डॉलर की कमाई की। वे अपनी मैग्जीन और अखबारों में महान लेखक-लेखिकाओं के लेख प्रकाशित करवाना चाहते परंतु उनके काम के बदले में उन्हें पर्याप्त धनराशि देने में असमर्थ थे और दूसरी बात, पैसे देकर किसी से काम करवाना उनके नियमों के विरुद्ध था। इसलिए उन्होंने आदर्शवादी कारणों का सहारा लिया। उन्होंने लिटिल विमेन की प्रसिद्ध लेखिका लुईसा मे अल्कॉट को अपने अखबार के लिए लिखने के लिए राजी कर लिया। आप पूछोगे कि उन्होंने यह सब कैसे किया? वास्तव में यह सब सौ डॉलर का कमाल था, जो उन्होंने उनकी चैरिटी फंड के नाम दिया था।

कई बार लोग सोचते हैं कि यह सब किताबी बातें हैं जो केवल रॉकफेलर और फैरेल जैसे लोगों के लिए सही हो सकती हैं। इसलिए मैं देखना चाहूँगा कि क्या यह सामान्य लोगों के लिए भी कार्यशील है? निस्संदेह कोई भी सिद्धांत सभी मामलों में पूरी तरह सफल नहीं होगा। यदि आपको किसी एक कार्य में सफलता मिल रही है और आप इससे मिलने वाले परिणामों से संतुश्ट हैं तो सब सही हैं, लेकिन यदि आप इसमें असंतुष्ट हैं तो अलग-अलग प्रयोग करके देखने में कोई हर्ज नहीं है।

एक बार एक ऑटोमोबाइल कंपनी के छह ग्राहकों ने बिल का भुगतान करने से मना कर दिया। दरअसल उनका कहना था कि उन्हें बिल चुकाने में कोई आपत्ति नहीं हैं, परंतु कंपनी वालों ने उन्हें एक्स्ट्रा बिल दिया है। बिल कार्ड पर ग्राहकों के हस्ताक्षर थे इसीलिए कंपनी उन पर केस कर सकती थी, लेकिन उन्होंने ऐसा नहीं किया। कंपनी की तरफ से उन सब को एक-एक नोटिस भिजवा दिया गया और उन्हें भुगतान की आखिरी तारीख भी बता दी गई। परंतु उन सब ने नोटिस की अवहेलना कर दी। तब क्रेडिट डिपार्टमेंट वालों ने निम्न कदम उठाए:

1. पिछले बिलों का भुगतान लेने के लिए कंपनी की तरफ से प्रत्येक ग्राहक के घर में एजेंट भेजे गए।
2. जहाँ उन्होंने स्पष्ट कर दिया कि ग्राहक गलत थे और कंपनी सही।
3. उन्होंने बेरुखी से बात करते हुए कहा कि ग्राहकों को कंपनी की जितनी समझ है, उससे कहीं ज्यादा कंपनी को ग्राहकों की है। अत: बेहतर होगा कि आप ज्यादा बहस न करते हुए सारा भुगतान कर दें।
4. उनके रवैये से ग्राहक चिढ़ गए और बात बढ़ गई।

स्थिति की गंभीरता को देखते हुए क्रेडिट मैनेजर ने कानूनी कार्रवाई करने का मन बनाया। तभी खुशकिस्मती से जनरल मैनेजर के कान में यह खबर पड़ गई। उन्होंने तुरंत ही उन सारे ग्राहकों के पिछले रिकॉर्ड की जाँच करवाई। जाँच से पता चला कि वह ग्राहक कोई पेशेवर लुटेरे नहीं थे, बल्कि वे तो हर भुगतान समय पर किया करते थे। इससे मैनेजर को शक हुआ कि गड़बड़ी कहीं न कहीं कंपनी की तरफ से ही रही होगी। फिर उन्होंने जेम्स एल. थॉमस जो कि ऐसे मामलों को बहुत प्यार और सूझबूझ से सुलझाता था, को बुलाया और सारे भुगतान वसूली की बागडोर उसके हाथों में दे दी। चलिए, देखते हैं कि थॉमस ने इस किस्से को कैसे सुलझाया:

1. जब मैं ग्राहकों के पास गया तो उनसे बिल के बारे में कोई बात नहीं की, बल्कि मैने यह जानने में उत्सुकता दिखाई कि क्या वे कंपनी की सेवाओं से प्रसन्न हैं?
2. मैने उन्हें यकीन दिलाया कि सिक्के के दो पहलू कभी एक से नहीं हो सकते अर्थात कंपनी कोई भगवान नहीं होती... उससे भी गलतियाँ होती हैं।
3. मैने उसे यही दिखाने का प्रयास किया कि मैं कार विशेषज्ञ हूँ और इसके बारे में ही जानने आया हूँ... मुझे बिल से कोई लेना-देना नहीं था।
4. इस दौरान मैने उन्हें अपना पक्ष रखने का पूरा मौका दिया और उनकी हर बात को ध्यान से सुना।

5. जब ग्राहक ने अपनी मन की सारी भड़ास निकाल ली और माहौल ठीक हो गया तो मैने आदर्शवादी कारणों का सहारा लेकर समझाते हुए कहा, "मुझे लगता है इसमें आपकी कोई गलती नहीं है, कंपनी ने इस प्रकरण को ठीक से नहीं संभाला। मुझे खेद है कि उन लोगों की वजह से आप सब को इतनी परेशानी उठानी पड़ी। परंतु आपका धैर्य बहुत ही काबिले तारीफ है, जो आपने उनके खिलाफ कोई सख्त कार्रवाई नहीं की। अब मैं आपसे एक मदद चाहता हूँ, उम्मीद है कि आप मेरी बात को समझेंगे और उचित फैसला करेंगे। यह रहा आपका बिल। आप कितना भुगतान करेंगे या नहीं करेंगे, यह फैसला मैं आप पर छोड़ता हूँ। आपने अपना इतना मूल्यवान समय मुझे दिया उसके लिए मैं तहे दिल से आपका आभारी हूँ।"

आपको क्या लगता है? क्या ग्राहकों ने बिल का भुगतान किया होगा? हां, उन सभी ने सहर्श अपना सारा बकाया चुकता कर दिया। केवल एक ग्राहक ऐसा था जिसने स्वार्थपूर्णता का परिचय देते हुए बिल का पूर्ण भुगतान नहीं किया। परंतु हम खुश थे कि हमारा पैसा डूबने से बच गया था। सबसे बड़ी बात तो यह थी कि अगले दो सालों में उन सब ग्राहकों ने हमारी कंपनी के साथ काफी अच्छी डीलिंग की।

थॉमस का कहना है, "इस अनुभव से मुझे काफी कुछ नया सीखने को मिला। इससे मैंने सीखा कि यदि आपको अपने किसी ग्राहक के बारे में कोई जानकारी न हो, तो यही मानना बेहतर होगा कि वह ईमानदार और सच्चा है। और यदि आप उन्हें यह एहसास दिला दें कि आप उन्हें ईमानदार समझते हैं तो वे आपके विश्वास को कभी टूटने नहीं देंगे ।"

सिद्धांत - 10

आदर्शवादी सिद्धांतों का सहारा लें।

11

फिल्मों में यह होता है, टी.वी. में यह होता है, आपसे यह क्यों नहीं होता?

कई साल पहले किसी ने फ़िलाडेल्फिया के अखबार के ईवनिंग बुलेटिन के बारे में झूठी अफवाह फैला दी कि इस अखबार में विज्ञापन अधिक और पढ़ने का मसाला कम होने के कारण लोग इसमें बहुत कम रुचि लेते हैं। विरोधी दल का अनुमान था कि इससे विज्ञापनकर्ता भड़क जाएंगे और किसी दूसरे अखबार में रुचि लेने लगेंगे। अफ़वाह आग की तरह पूरे शहर में फैल रही थी। लेकिन अखबार वालों ने बड़ी सूझबूझ और बुद्धिमता से अफवाह को निष्क्रिय करने में सफलता पाई।

चलिए देखते हैं कैसे?

उन्होंने उस एक दिन के सारे अख़बार में छपी अफवाहों की कटिंग की, उनका अच्छे से वर्गीकरण किया और उसे एक पुस्तक के रूप में प्रकाशित किया। इस रोमाँचक पुस्तक का नाम रखा गया "वन डे"। 307 पेज की इस किताब की डिजाईनिंग बेहद उम्दा ढंग से की गई और इसका मूल्य किसी अख़बार के मूल्य जितना बहुत कम रखा गया। एक ही दिन में लाखों प्रतियाँ हाथों-हाथ बिक गई। पुस्तक के छपने से यह सच्चाई उभर कर पुस्तक की सामने आई कि बुलेटिन न केवल अपने पाठकों के भविष्य संबंधी जानकारी छापता है, बल्कि रोचक जानकारी भी उपलब्ध करवाता है। यदि बुलेटिन विरोधियों के खिलाफ कोई सख्त कार्रवाई करता तो शायद इतने अच्छे ढंग से जवाब नहीं दे पाता जितने कि पुस्तक को प्रकाशित करके दिए गए थे।

आज का दौर दिखावे और नाटकीयता का दौर है। यहां केवल सच कहना ही पर्याप्त नहीं होता, बल्कि सच को रोचक और नाटकीय अंदाज में लोगों के सामने पेश करना भी बहुत ज़रूरी होता है। बड़ी-बड़ी कंपनियाँ अपने प्रॉडक्टस को बेचने के लिए विज्ञापन करती हैं और प्रॉडक्ट की सत्यता का प्रमाण भी देती हैं। ऐसा ही एक बार चूहेमार दवा के निर्माताओं ने अपनी दवा की बिक्री के लिए एक बढ़िया तरीका आजमाया। उन्होंने डीलर्स को विंडो डिस्पले का जो सामान दिया उसके साथ दो जिंदा चूहे भी दिए। डीलर्स ने इन जिंदा चूहों को पूरा एक सप्ताह स्टोर के शोकेस में सजा के रखा। आपको यकीन नहीं होगा, दुकान की बिक्री पहले से पाँच गुना ज्यादा बढ़ गई।

टी.वी. प्रोग्रामों के मध्य में आने वाले विज्ञापनों पर नज़र घुमाइए और देखिए कि विज्ञापन कर्ता सामान बिक्री के लिए किन-किन नाटकीय तकनीकों का प्रयोग करता है। वे अपने प्रॉडक्ट की तुलना दूसरे ब्रांड के प्रॉडक्ट से करते हैं जैसे कि कोई साबुन या डिटर्जेन्ट का एक ब्रांड किसी मैली शर्ट को चमका कर सफेद कर देता है तो वहीं दूसरे ब्रांड के प्रॉडक्ट से शर्ट में पीलापन रह जाता है। एक ब्यूटी प्रॉडक्ट चेहरे पर पड़ी छाइयों को दूर करके सुंदरता बढ़ाता है, तो दूसरा प्रॉडक्ट बेअसर साबित होता है। इस तरह प्रॉडक्ट के लाभ का लोगों के सामने बढ़चढ़ कर प्रदर्शन किया जाता है जिससे लोग उनके सामान को खरीदने के लिए प्रेरित होते हैं।

जिम ईमैन्स रिकमंड, वर्जीनिया में एन. सी. आर. कंपनी के सेल्समैन हैं। उन्होंने अपनी माल बेचने की कला को कुछ इस तरह पेश किया है:

एक बार मैं अपने माल का ऑर्डर लेने एक ग्रॉसरी स्टोर में गया और देखा कि शॉपकीपर अपने काऊंटर पर जिस कैश रजिस्टर का प्रयोग कर रहा था वह बहुत पुराने किस्म का था। मैं तुरंत मालिक के पास गया और बोला, "जब भी कोई ग्राहक आपकी दुकान पर आता है, तो अक्सर आप सिक्के गिरा रहे होते हैं... क्या मैं जान सकता हूँ कि आप ऐसा क्यों करते हैं? शॉपकीपर ने मेरे सवाल का बहुत बढ़िया जवाब दिया। उसने कहा, 'अगर मैं केवल शब्दों के माध्यम से ग्राहकों में दिलचस्पी जागृत करने का प्रयास करूंगा तो शायद मैं इसमें सफल भी न हो पाऊं, परंतु फर्श पर गिरे सिक्कों की आवाज़ उन्हें अपनी

तरफ आकर्षित कर लेती है जिससे मुझे उनके अंतर्मन तक रुचि जागृत करने में कोई दिक्कत नहीं होती। दुकानदार की कला में रुचि लेकर मैंने भी उसे खुद में दिलचस्पी लेने को उत्साहित कर दिया था जिससे मैं उससे माल का ऑर्डर लेने में कामयाब हो गया।"

यह नाटकीयता बिजनेस के अलावा घरेलू जीवन में भी बहुत लाभकारी साबित होती है। ज़्यादातर बच्चों पर इसका अधिक प्रभाव पड़ता है। बर्मिंघम, अलाबामा के रहने वाले जो बी. फँट जूनियर अपने बच्चों की आदतों से परेशान थे। उनके बच्चे जहाँ-तहां सामान फेंक देते और जब उन्हें इन्हें उठाने को कहा जाता तो तरह-तरह के बहाने बनाने लगते। फिर उन्होंने एक खिलौना गाड़ी बनाई, जिसे बच्चे आसानी से चला सकते थे। जोई गाड़ी के इंजीनियर बन गए। शाम को जोई गाड़ी को पूरे घर में घुमाता रहता और जैनेट अपना सारा सामान उठा-उठा कर उसमें डालती जाती। इस प्रकार बिना किसी बहसबाजी और डांट-फटकार के कमरे की सफाई भी हो जाती।

मैरी कैथरीन वुल्फ को नौकरी के दौरान बहुत सी परेशानियाँ आ रही थीं जिससे वह अपने काम पर कांसन्ट्रेट नहीं कर पा रही थी। फिर एक दिन उसने अपने बॉस से मिलकर बातचीत करके अपनी परेशानी दूर करने का फैसला किया। अगले दिन वह ऑफ़िस गई और बॉस की पर्सनल सेक्रेटरी को बॉस से अपॉइंटमेंट लेने का अनुरोध किया। परंतु सेक्रेटरी ने बॉस की व्यस्तता बताकर अगले सप्ताह आने को कहा और सहानुभूति जताई कि वह मौका मिलने पर स्वयं बॉस से उसकी मुलाकात करवा देगी।

इस बात को दो सप्ताह बीत गए, परंतु सेक्रेटरी की तरफ से कोई जवाब नहीं आया। मिस वुल्फ फिर से सेक्रेटरी से मिली और बॉस से अपॉइंटमेंट की बात की, मगर इस बार फिर से उसने कोई दूसरा कारण बताकर निराशा व्यक्त की। इंतज़ार करते-करते शुक्रवार की सुबह आ गई, परंतु उसे कोई निश्चित जवाब नहीं मिला। फिर उसने फैसला किया कि कुछ भी करके इस वीकएंड से पहले मुझे बॉस से मिलना है और अपनी सारी समस्याओं पर चर्चा करनी है। लेकिन ये सब होगा कैसे, यह सवाल दिमाग में हलचल मचाए हुए था।

मिसेज वुल्फ बताती हैं : "मैंने एक औपचारिक पत्र लिखा जिसमें मैंने लिखा कि मैं आपकी व्यस्तता समझती हूँ, परंतु मुझे एक बहुत महत्वपूर्ण काम से आपसे मिलना है। आप परेशान मत होइये.... मैं आपका ज्यादा समय नहीं लूंगी। पत्र के साथ मैंने अपना पता लगा लिफाफा और एक फॉर्म भी रख दिया, जिसे वे स्वयं या अपनी सेक्रेटरी से भरवाकर मुझे पोस्ट कर सकते थे।"

"सुबह 11 बजे मैंने यह पत्र भिजवाया और करीब दो घंटे बाद जब मैंने मेलबॉक्स चैक किया, तो उसमें मेरा पता लगा लिफाफा आ चुका था। बॉस ने 2 बजे मुझे मिलने के लिए अपने ऑफिस बुलाया था और अपनी बात कहने के लिए दस मिनट का समय दिया था। मैं उनसे मिली और करीब एक-डेढ़ घंटे तक उनके साथ अपनी समस्याओं को सुलझाया।"

"मैं उनसे मिलने में इसलिए सफल हुई क्योंकि मैंने नाटकीय ढंग से उन्हें इस मुलाकात के लिए उकसाया था। चूंकि अगर मैं यह सब न करती तो साल-छह महीने बीत जाने पर भी शायद मैं उनसे कभी नहीं मिल पाती।"

एक बार जेम्स बी. बॉयन्टन को अपने चीफ के सामने एक ब्यूटी प्रॉडक्ट के बारे में पूरी डिटेल देनी थी। वैसे तो उसने उस कंपनी का विस्तार से अध्ययन कर लिया था लेकिन फिर भी मार्केट में प्रॉडक्ट की प्रतियोगिता संबंधी डाटा इकट्ठा करना बहुत आवश्यक था। उसने प्रत्येक मार्केट में इस ब्यूटी प्रॉडक्ट को बेचने वाली दुकानों का ब्यौरा बनाया और व्यक्तिगत तौर पर जानकारी प्राप्त करने चला गया।

मिस्टर बायॅन्टन बताते हैं, "जब मैं पहली दुकान पर गया तो दुकानदार और मेरे बीच प्रॉडक्ट की खोज को लेकर फालतू का झगड़ा छिड़ गया। वह पीछे हटने को तैयार नहीं था और मैं हार मान कर बैठने वालों में से नहीं था। एक लंबी जद्दोजहद के बाद आखिरकार जीत मेरी हुई। लेकिन तब तक इंटरव्यू का समय भी खत्म हो चुका था। परिणामस्वरूप, मुझे खाली हाथ वहाँ से लौटना पड़ा।"

"करीब दो-एक महीने बाद, मुझे वापिस उसी दुकान पर जाना था। लेकिन पहली मुलाकात वाली प्रतिक्रिया अब भी मेरे दिमाग में थी, मानो यह कल की ही बात हो। वहाँ जाने से पहले रात को मैंने काफी सोच-विचार किया।"

"अगले दिन जब मैं उसकी दुकान पर गया तो वह फोन पर किसी से बात कर रहा था। मैं वहीं खड़ा रह कर उसके बातचीत खत्म होने का इंतजार करने लगा। जैसे ही उसने फोन रखा. मैंने तुरंत अपना बैग खोला और अलग-अलग कंपनियों के ब्यूटी प्रॉडक्ट के बत्तीस डिब्बे निकालकर टेबल पर उसके सामने रख दिए। सब डिब्बे उसके प्रतिद्वंद्वी कंपनियों के थे।"

"प्रत्येक डिब्बे के साथ एक टैग लगा था, जिस पर हमारे किए हुए सर्वे का परिणाम लिखा था। उसने एक टैग उठाकर पढ़ा और मुस्कुरा कर मेरी तरफ देखने लगा।"

"बस फिर क्या था?"

"एक-एक करके उसने सारे टैग पढ़ दिए और कहा , 'मिस्टर बॉयन्टन मुझे आपसे मिलकर बहुत खुशी हुई। आपकी फर्म यह बहुत अच्छा काम कर रही है। आपके इस सर्वे से लोगों को सही-गलत की समझ आ जाएगी। इस प्रकार मेरी थोड़ी सी मेहनत और नाटकीय अंदाज़ ने उसमें दिलचस्पी जागृत करने में बहुत महत्वपूर्ण भूमिका निभाई। जो व्यक्ति दस मिनट भी मुझसे बात करने से कतरा रहा था. उसने पूरे 70-80 मिनट तक मुझसे बात की और अपने प्रॉडक्ट के बारे में संक्षेप में जानकारी दी। इसके अलावा उसने मुझे अपनी फैक्टरी में चलने का आमंत्रण भी दिया, परंतु समय कम होने के कारण मैं वहाँ न जा पाया, परंतु अगली बार चलने का वायदा करके में वापस घर लौट आया।"

थोड़ी सी शोमैनशिप ने मुझे मेरे लक्ष्य में सफल बना दिया।

सिद्धांत -11

अपने विचारों को नाटकीय तरीके से प्रस्तुत करें।

12

जब कुछ और काम न आए, तो यह करें

चार्ल्स स्वाब की एक मिल का उत्पादन न के बराबर ही था। उसके कई दोस्तों ने उसे मिल बंद करने की सलाह दी। परंतु श्वाब यह कहकर मिल बंद करने से मना कर दिया कि मेरी उम्मीद अभी खत्म नहीं हुई ने है। फिर एक दिन वे उस मिल के मैनेज़र से मिले और मामले की जाँच-पड़ताल की।

चार्ल्स ने मैनेज़र से पूछा, "आप जैसे योग्य और अनुभवी व्यक्ति के नेतृत्व में उत्पादन इतना कम क्यों हो रहा है?"

"सर, मैं नहीं जानता," मैंनेजर ने आँखें चुराते हुए जवाब दिया। मैंने मजदूरों को तरह-तरह से समझाने का प्रयास किया। यहां तक कि ज्यादा वेतन का लालच देकर प्रोत्साहित करना चाहा. जब बात न बनी तो उन्हें नौकरी से निकालने का डर भी दिखाया, परंतु उन पर मेरी किसी बात का कोई असर न हुआ।

सारी परिस्थिति की जाँच-पड़ताल करते-करते शाम हो गई। कुछ देर बाद रात वाली शिफ्ट काम पर आने वाली थी। चार्ल्स ने मैनेज़र से एक चॉक का टुकड़ा मंगवाया और पास काम कर रहे मजदूर को बुलाकर पूछा, "आज तुम्हारी शिफ्ट ने कितनी हीट्स की?"

"सर, छः।"

चार्ल्स ने चॉक से फर्श पर बड़े-बड़े अक्षरों में "6" लिख दिया और मैंनेजर को कुछ दिन बाद फोन करने को कह कर वहाँ से चला गया।

देर बाद रात वाली शिफ्ट आई तो फर्श पर "6" लिखा देखकर आपस में कुछ गुफ्तगू करने लगे कि इस "6" का क्या मतलब हुआ?

दिन की शिफ्ट वाले मजदूरों ने बताया, "आज बड़े साब आए थे। उन्होंने हमसे पूछा कि हमारी शिफ्ट ने कितनी हीट्स की हैं, तो हमने बताया कि हमने 6 हीट्स की थी। इसलिए उन्होंने फर्श पर 6 लिख दिया।"

अगली सुबह जब मैंनेजर मिल पहुँचा तो रात वाली शिफ्ट ने "4" को मिटाकर बड़े-बड़े अक्षरों में "7" लिख दिया था।

जब दिन की शिफ्ट वाले मजदूर काम पर आए तो अपने छह की जगह सात लिखा देखकर उनके तन-बदन पर साँप लोटने लगे। "अच्छा, तो यह बात है। नाइट शिफ्ट वाले खुद को समझते क्या हैं? उन्हें क्या लगता है एक हीट्स बढ़ाने से वे जीत जाएंगे? नहीं, हम ऐसा कभी नहीं होने देंगे। हम साबित कर देंगे कि हमसे योग्य कोई नहीं है।" डे शिफ्ट वालों ने पूरा दिन जोश और उत्साह से काम किया और शाम को घर जाने से पहले बड़े-बड़े अक्षरों में "10" लिख दिया। एक-दूसरे से आगे निकलने की भावना ने उन्हें अधिक काम करने को प्रोत्साहित किया। चार्ल्स के एक छोटे से प्रयास से मिल का उत्पादन पहले की अपेक्षा तीन गुना बढ़ गया। अगली बार जब चार्ल्स वहाँ आया तो उसने मजदूरों के हौसले की बहुत तारीफ की और उनका वेतन भी बढ़ा दिया।

चार्ल्स ने मैंनेजर को एक सीख देते हुए कहा, "दूसरों से काम करवाने का सबसे बढ़िया तरीका है प्रतियोगिता को बढ़ावा देना। लेकिन प्रतियोगिता का अभिप्राय पैसा कमाने वाली घटिया प्रतियोगिता नहीं, बल्कि अपने आप में श्रेश्ठ होने की आकांक्षा से है।"

श्रेष्ठ होने की आकांक्षा! चुनौती! लोगों के उत्साह को प्रेरित करने का सबसे अचूक तरीका।

यह चुनौती ही थी जिसके दम पर थियोडोर रूजवेल्ट अमेरिका के राष्ट्रपति बनकर सामने आए। वे न्यूयॉर्क स्टेट के गर्वनर पद के चुनाव अभियान में एक उम्मीदवार के रूप में खड़े हुए चुनाव अभियान बड़े ज़ोरों-शोरों से चल रहा कि इसी बीच विपक्षी दल को पता चला कि रूजवेल्ट न्यूयॉर्क के स्थायी नागरिक नहीं थे। अपना सिक्का जमाने के लिए उन्होंने रूजवेल्ट को परेशान करना शुरू कर दिया। रूजवेल्ट भी उनकी धमकियों से घबराकर नाम वापस लेने की सोचने लगे लेकिन तभी थॉमस कॉलियर प्लेट जो कि न्यूयॉर्क के

अमेरिकी सीनेटर थे. रूजवेल्ट के सामने आए और चुनौतीपूर्ण ढंग से कहा, "सान जुआन हिल का हीरो इतना डरपोक हो सकता है..?? यह तो मैंने कभी सोचा भी नहीं था। एक बात याद रखना रूजवेल्ट, अगर आज तुम हार गए तो दुबारा कभी जीत नहीं पाओगे !!! तुम्हारी एक हार तुम्हारी आगे आने वाली सारी जिंदगी को बर्बाद कर देगी।

मिस्टर थॉमस के शब्दों का रूजवेल्ट के मन-मस्तिष्क पर जादुई प्रभाव पड़ा और वे अपने पथ से नहीं डोले इस एक चुनौती ने न केवल उनकी पूरी जिंदगी बदल दी, बल्कि इसका उनके देश के भविष्य पर भी बहुत गहरा प्रभाव पड़ा।

किंग्स गार्ड का कहना है, "बहादुर वह है जो अपने डर पर काबू पा लेता है। बहादुर व्यक्ति कभी नहीं हारते... मर कर भी जीत हमेशा उन्हीं की होती है।"

न्यूयॉर्क की सिंग-सिंग जेल, जहाँ देश के ख़ूंखार अपराधियों को रखा जाता था में कोई वॉर्डन नहीं था। वैसे तो कोई भी ऑफिसर वहाँ का वॉर्डन बनने को तैयार ही नहीं होता था, लेकिन अगर कोई मजबूरन बन भी जाता तो ज़्यादा देर तक वहाँ टिकता नहीं था। जेल की सुरक्षा को ध्यान में रखते हुए न्यूयॉर्क के गवर्नर अल स्मिथ ने भी चुनौती देने की तरकीब अपनाई। उन्होंने न्यू हैम्पटन के लुइस आर लॉज को अपने ऑफिस में बुलाया और कहा, "सिंग सिंग जेल में एक अनुभवी और ताकतवर वॉर्डन की आवश्यकता है... इस बारे में आपका क्या ख्याल है?"

गर्वनर की बात सुनकर मिस्टर लॉज की बोलती बंद हो गई और सिर से लेकर पैर तक पसीने-पसीने हो गया। दरअसल सिंग-सिंग जेल के खतरों से वह अच्छी तरह वाकिफ था। वहाँ जाना मतलब-खुद को मौत के कुएं में धकेलने जैसा ही था वॉर्डन की नियुक्ति एक राजनीतिक अपॉइंटमेंट थी जिसे किसी भी हालत में टाला नहीं जा सकता था। ऐसे में उसे अपने करिअर की चिंता थी।

स्मिथ उसके चेहरे के बदलते हाव-भाव को समझ गया। वह कुर्सी पर पीछे की तरफ सटकर बैठा और मुस्कुराते हुए बोला, "देखो ऑफिसर में तुम्हारी परेशानी समझ रहा हूँ। काम बहुत मुश्किल है। इतने भयानक और ख़ूंखार अपराधियों के बीच जाकर रहने के लिए एक बड़े दमदार कलेजे वाले

आदमी की ज़रूरत है। लेकिन तुम्हें देखकर लगता नहीं कि तुम ऐसा कर पाओगे? शायद मैंने तुम्हें पहचानने में गलती कर दी!

यह सुनकर मिस्टर लॉज ने शेर सी दहाड़ती आवाज में कहा, "नहीं सर, ऐसा बिल्कुल नहीं है। आप मेरी बात सुने बिना ही अपना फैसला सुना रहे हैं। सिंग सिंग जाना मेरे लिए बहुत गौरव की बात होगी।" अपने आत्म-सम्मान को बचाने के लिए वह वहाँ गया और कई साल तक सफलतापूर्वक वॉर्डन की ड्यूटी निभाई। वहीं रहते हुए उसने अपने सिंग-सिंग के अनुभवों पर एक पुस्तक *20 इयर्स इन सिंग-सिंग* लिखी जिसकी लाखों प्रत्तियां बिकी। वहाँ रह कर उन्होंने अपराधियों को मानवता का पाठ पढ़ाया और जेल सुधार क्षेत्र में विशेश योगदान दिया।

हार्वे एस. फायरस्टोन का कहना है, "काम की प्रकृति और काम करने की भावना ये दोनों तत्व व्यक्ति को काम के क्षेत्र में बनाए रख सकते हैं, जबकि अधिक तनख्वाह का लालच उसे काम करने को उकसा तो सकता है मगर काम के क्षेत्र में बनाए नहीं रख सकता।"

महान मनोवैज्ञानिक फ्रेडरिक हर्ज़बर्ग भी फायरस्टोन के इस विचार से सहमत है। उन्होंने मज़दूरों से लेकर सीनियर एक्जीक्यूटिव्ज़ के काम करने के नज़रिए का बारीकी से अध्ययन किया। इस अध्ययन से एक महत्वपूर्ण तथ्य सामने आया, "काम की प्रकृति ही वह महान शक्ति थी जो उन लोगों को काम करने की प्रेरणा देती थी काम जितना रोचक और चुनौतीपूर्ण होगा. लोग उतने ही ज्यादा उत्साह से काम करने को प्रेरित होंगे।"

हर कामयाब व्यक्ति की पहली पसंद है "चुनौती और आत्म-अभिव्यक्ति का अवसर ।" वह अवसर जिससे वह अपनी कीमत जान सके और अपनी श्रेष्ठता को लोगों के सामने ला सके क्योंकि श्रेष्ठ होने की आकांक्षा सबसे महत्वपूर्ण अकांक्षा है।

सिद्धांत -12

चुनौती दें।

खंड चार

ठेस पहुँचाए बिना लोगों को कैसे बदलें

1

अगर अपनी गलती ढूंढ़नी ही है, तो ऐसे ढूंढ़ें

अमेरिका के राष्ट्रपति कैल्विन कूलिज की एक विशेष आदत थी कि वे को कुछ भी कहने से पहले उसकी तारीफ किया करते थे ताकि सामने वालों को उनकी बात में कही किसी बात का बुरा न लगे। ऐसे ही एक बार मेरे एक मित्र को व्हाइट हाऊस आने का निमंत्रण मिला। जैसे ही वह प्रेसिडेंट के प्राइवेट ऑफिस के पास से गुजरने लगा तो कुछ शब्द उसके कानों में पड़े.... प्रेसिडेंट अपनी सेक्रेटरी से कह रहे थे, "तुम्हारी ड्रेस बहुत प्यारी है। आज तुम बहुत सुंदर लग रही हो।"

प्रेसिडेंट के मुँह से अपनी प्रशंसा सुनकर सैक्रेटरी शरमा गई। इस पर कूलिज ने टोकते हुए कहा, "ज्यादा शरमाने की ज़रूरत नहीं है। मैं तो बस तुम्हें कोई अच्छी बात कहना चाहता था। आगे से जब भी कोई पत्र लिखो, तो उसमें विरामचिन्ह देख कर लगाया करो।"

उनका यह तरीका इतना स्पष्ट था कि सीधा व्यक्ति के दिल पर असर करता था। जिस प्रकार नाई दाढ़ी बनाने से पहले चेहरे पर साबुन मलता है, उसी प्रकार कूलिज भी अपने कर्मचारियों से काम निकलवाने के लिए उन्हें प्रशंसा रूपी मक्खन लगाया करते थे। ऐसा ही कुछ 1896 में प्रेसिडेंट पद के लिए चुनाव लड़ते वक्त मैकिन्ले ने भी किया। एक प्रसिद्ध रिपब्लिकन ने उनके लिए भाषण तैयार किया और बड़े गर्व के साथ इसे मैकिन्ले को पढ़कर सुनाया। भाषण वैसे तो अच्छा था, लेकिन इसमें कुछ बातें ऐसी थी जो उस समय कहना उपयुक्त नहीं था। मैकिन्ले उसकी भावनाओं और आत्मविश्वास

को चोट नहीं पहुँचाना चाहते थे। इसलिए उन्होंने समझदारी से काम लिया और कहा, मेरे दोस्त तुम्हारा भाषण सच में कमाल का है। मुझे 100 प्रतिशत यकीन है कि अगर मैं इसे बोलूंगा तो मुझे प्रेसिडेन्ट बनने से कोई नहीं रोक सकता। परंतु इसमें कुछ वाक्य ऐसे हैं जो मौके के हिसाब से मुझे सही नहीं लग रहे हैं। हालांकि वैसे तो इसमें कोई प्रॉब्लम नहीं। लेकिन तुम तो जानते हो विरोधी पार्टी वालों को सिर्फ एक मौका मिलने की देर है. हमारी इज्जत उछालते उन्हें देर न लगेगी। देखो, कहीं इस छोटी सी भूल से हमारे सारे किए-कराए पर पानी न फिर जाए। इसलिए अब जैसा मैं कहता हूँ, तुम वैसा ही करो।' मैकिन्ले के सुझाव और मार्गदर्शन ने उसे दुबारा भाषण लिखने में मदद की और आने वाले समय में वह एक सफल और प्रभावशाली वक्ता बना।

चलिए, अब हम अब्राहम लिंकन के एक प्रसिद्ध पत्र के बारे में बात करते हैं जो उन्होंने गृहयुद्ध के दौरान जनरल जोसेफ हुकर को लिखा था। उस वक्त उनके इस पत्र की कीमत शायद कुछ भी नहीं थी, मगर 1926 में हुई सार्वजनिक नीलामी में यह बारह हजार डॉलर में बिका। यह पत्र 26 अप्रैल 1863 को लिखा गया। लिंकन की सेनाएँ पिछले अठारह महीनों से प्रत्येक मोर्चे पर लगातार हारती चली जा रही थी। नौबत यहां तक आ गई कि सीनेट के रिपब्लिकन सदस्यों ने भी लिंकन की नीतियों का विरोध करना शुरू कर दिया । सब लिंकन को प्रेसिडेंट के पद से हटाना चाहते थे। ऐसे में लिंकन ने जनरल जोसेफ हुकर को पत्र लिखा और कहां, "आज हम विनाश की कगार पर हैं। मुझे लगता है कि ईश्वर भी हमारे खिलाफ है। ऐसे में मुझे आशा की कोई भी किरण नज़र नहीं आ रही। चारों तरफ घोर अंधेरा और अराजकता का माहौल बना हुआ है..

मैं यहां पर यह पत्र छाप रहा हूँ। इससे आपको पता चलेगा कि लिंकन ने किस तरह एक हठी और अधर्मी जनरल को बदलने की कोशिश की और उसकी गलतियों की आलोचना करने से पहले जी भर कर तारीफ भी की। यह रहा जनरल हुकर को लिखा पत्र:

"मिस्टर हुकर, हालांकि हमारे पास बहुत से ऑफिसर थे जो सेनापति बनने की योग्यता रखते थे। परंतु मैने उन सब में से आपको ही चुना। क्यों? कारण स्पष्ट है मुझे आपमें एक बहादुर और कुशल सैनिक के गुण दिखाई दिए। आपका आत्मविश्वास जो आपके व्यक्तित्व की पहचान है और नेतृत्व करने की क्षमता जिससे आप लाखों सैनिकों को एकजुट कर सकते हो। मुझे यकीन है कि आप राजनीति और प्रोफैशन को कभी एक-दूसरे के रास्ते में नहीं आने देते।"

"आप महत्वाकांक्षी हैं, जो अगर सीमित मात्रा में हो तो हानिकारक न होकर फायदेमंद साबित होता है। परंतु मुझे ऐसा लगता है कि आपने जनरल बर्नसाइड की कमान में ज़रूरत से ज़्यादा महत्वाकांक्षा का परिचय दे दिया। आपने उनके साथ सहयोग न करके न केवल अपने देश को धोखा दिया है, बल्कि एक योग्य और सम्मानित सैनिक के साथ अन्याय भी किया है।

मुझे अपने विश्वस्त सूत्रों से पता चला है कि आप कहते हैं कि सेना और सरकार दोनों को एक तानाशाह की ज़रूरत है। जाहिर है, कि मैने आपको इस कारण नहीं, बल्कि इसके बावजूद सेना की कमान सौंपी है। केवल वही जनरल तानाशाह बन सकते हैं जो सफलता हासिल कर लेते हैं। मैं आपसे सैनिक सफलता चाहता हूँ और आपके कारण तानाशाह का खतरा मोल लेने को तैयार भी हूँ।

सरकार जिस तरह अपने बाकी के सेनापतियों को समर्थन देती है. ठीक वैसे ही आपको भी देगी। आपने अपनी सेनाओं में जिन गलत भावनाओं को बढ़ावा दिया है, उसका परिणाम आपको अवश्य भुगतना पड़ेगा। यदि सेना का मनोबल इस तरह से लगातार गिरता रहा तो वह दिन दूर नहीं जब हमें भयंकर पराजय का सामना करना पड़ सकता है। इसलिए बेहतर होगा कि आप अपनी जल्दबाज़ी करने की आदत पर काबू रखें और पूरी ऊर्जा से आगे बढ़कर हमें जीत दिलाएं।"

लिंकन, मैकिन्ले की यह फिलॉसफी आपकी प्रतिदिन की दिनचर्या को प्रभावित करती है। फिलाडेल्फिया की वार्क कंपनी ने इसी तकनीक के बल पर कामयाबी प्राप्त की।

वार्क कंपनी के ऑफिस में कंस्ट्रक्शन का काम चल रहा था। कंस्ट्रक्शन डिपार्टमेंट ने एक निश्चित तिथि पर काम पूरा करने का वायदा किया था। इमारत लगभग बनकर तैयार हो चुकी थी। इसी दौरान ब्रॉन्ज सबकॉन्ट्रेक्टर ने उन्हें जोर का झटका देते हुए घोषणा की कि वह निश्चित तारीख तक माल नहीं भिजवा पाएगा। जाहिर था कि इससे बिल्डिंग का काम तो रुकेगा ही. साथ ही साथ कंपनी को भारी नुकसान भी सहन करना होगा और इसका जिम्मेदार सिर्फ एक ही व्यक्ति होगा।

वार्क कंपनी के प्रेसिडेंट ने फोन पर उसे समझाने का बहुत प्रयास किया, परंतु कोई परिणाम न निकला। फिर मिस्टर गॉ को उनसे मिलने न्यूयॉर्क भेजा गया। जैसे ही गॉ उस सबकॉन्ट्रैक्टिंग कंपनी के प्रेसिडेंट से मिले, तो उन्होंने कहा, “मिस्टर ब्रुकलिन क्या आप जानते हैं कि आप न्यूयॉर्क में ब्रुकलिन नाम के पहले और आखिरी व्यक्ति हैं?”

“क्या? नहीं, मुझे यह नहीं पता था,” प्रेसिडेंट ने हैरत से कहां।

मिस्टर गॉ ने कहां, “दरअसल आज जब मैं ट्रेन से उतरा तो आपका पता जानने के लिए मैने टेलीफोन डायरेक्टरी देखी और तब मुझे पता चला कि ब्रुकलिन नाम का यहां केवल एक ही व्यक्ति है और वह आप हैं।”

“क्या आप सच कह रहे हैं?” सबकॉन्ट्रैक्टर को अपने कानों सुनी बात पर यकीन नहीं हो रहा था, इसलिए उसने खुद टेलीफोन डायरैक्टरी उठाई और इस तथ्य की जाँच की। अपना इकलौता नाम देखकर उसकी छाती फूल के चौड़ी हो गई और बोला, “हाँ, सामान्य लोगों के ऐसे नाम होना संभव नहीं है। मेरे पूर्वज करीब दो सौ साल पहले हॉलैंड में रहते थे, परंतु फिर आर्थिक तंगी के कारण काम की तलाश में वे वहाँ से न्यूयॉर्क चले आए और हमेशा के लिए यहीं बस गए। काफी देर तक वह अपने घर-परिवार की बातें करता रहा। जैसे ही उसकी बात ख़त्म हुई, तो मिस्टर गॉ ने उसकी कंपनी की तारीफ करना शुरू कर दिया... “आपका यह प्लांट कितना बड़ा है और बहुत बढ़िया ढंग से बना हुआ है।”

"हाँ, इसे बनाने में मैने अपना सारा जीवन लगा दिया। इसकी हर एक दीवार हर एक कोना मेरी देख-रेख में बना है। क्या आप मेरी पूरी फैक्टरी घूमना पसंद करेंगे?" सबकॉन्ट्रेक्टर ने पूछा।

"अरे, हों. क्यों नहीं.... मिस्टर गॉ ने मुस्कुरा कर कहां। फैक्टरी घूमते हुए मिस्टर गों ने फैक्टरी निर्माण संबंधी कार्यों में रुचि दिखाई और तारीफ करते हुए बताया कि उनकी फैक्टरी की निर्माण प्रक्रिया उसके बाकी के प्रतिद्वंद्वियों से बेहतर क्यों थी। सबकॉन्ट्रैक्टर ने उन्हें अपनी बनाई कुछ मशीनें भी दिखाई। फिर उन्होंने मिस्टर गॉ को लंच का आमंत्रण दिया। इस पूरी मुलाकात के दौरान मिस्टर गॉ ने अपने वहाँ आने के मूल उद्देश्य के बारे में एक में शब्द भी नहीं कहां था।

लंच टेबल पर सबकॉन्ट्रैक्टर ने बात को आगे बढ़ाते हुए कहा, "मिस्टर गॉ अब वक्त आ गया है, कि हम बिज़नेस की बात करें। आपके यहां आने के उद्देश्य से मैं भली-भांति परिचित हूँ। आप बेफिक्र होकर फिलाडेल्फिया जाइए. आपका माल कल सुबह तक पहुँच जाएगा, फिर भले ही इसके लिए मुझे दूसरे ग्राहकों को देर से माल क्यों न भेजना पड़े।"

मिस्टर गाँ का मकसद पूरा हो गया। सामान समय पर पहुँच गया और इमारत भी निश्चित तारीख तक बन कर तैयार हो गई । यदि मिस्टर गॉ भी बाकी दूसरे लोगों की तरह लड़ाई-झगड़े पर उतारू हो जाते तो शायद यह संभव नहीं होता।

न्यू जर्सी के फोर्ट मॉनमाऊथ में फैडरल क्रेडिट यूनियन की ब्रांच मैनेजर जो कि हमारी ट्रेनिंग क्लास की स्टूडेंट रह चुकी थी, ने बताया कि किस तरह उसने व्यवहार कुशलता और तारीफ़ द्वारा अपनी एक कर्मचारी को काम में अधिक निपुण बनाने में मदद की:

"हमने एक लड़की को टैलर की ट्रेनिंग पर रखा। ग्राहकों के साथ उसका व्यवहार बहुत अच्छा था इसलिए पूरा दिन उसे काम करने में कोई परेशानी नहीं आती, परंतु शाम को वह हमेशा परेशान दिखाई देती थी क्योंकि उसे प्रायः बैलेंस में गड़बड़ी होने का अंदेशा रहता था।"

“एक दिन हैड टैलर मेरे पास आया और लड़की की शिकायत करते हुए कहा कि उसे नौकरी का कोई अनुभव नहीं है। वह बहुत धीरे काम करती है। जिससे शाम में सबको घर जाने में देरी हो जाती है। मेरे ख्याल से इसे नौकरी से निकाल कर किसी दूसरे अनुभवी व्यक्ति को नौकरी पर रखना बेहतर होगा।”

“अगले दिन मैं खुद वहाँ गयी और पूरा दिन उसके काम पर गौर किया। ग्राहक जो भी चीज़ उससे माँगता, वह हँसते-मुस्कुराते हुए देती थी। इसके अतिरिक्त उसके काम करने की स्पीड भी काफी अच्छी थी। कुल मिलाकर पूरा दिन वह खुशमिज़ाज मूड में थी।”

“शाम को जब बैलेंस मिलाने का वक्त आया, तो उसका चेहरा पीला पड़ गया। मेरी नज़रें लगातार उसका पीछा कर रही थी। उसकी परेशानी की वजह मेरी समझ में आ गई थी। ऑफिस बंद होने के बाद मैं खुद उससे मिलने गई। वह काफी घबराई हुई थी। मैने उसके कंधे पर हाथ रखा और उसके काम और व्यवहार की दिल खोलकर तारीफ की। फिर मैने उसे बैलेंस मिलाने का एक नया और आसान तरीका बताया जिसे उसने बेहिचक मान लिया और अगले दिन से उसी के मुताबिक बैलेंस मिलाने लगी। कुछ दिनों में उसे इसकी आदत पड़ गई और फिर शाम को भी वह हंसती-मुस्कुराती हुई दिखाई देने लगी। इस प्रकार न तो उसे कोई परेशानी आई और न ही हमें कोई समस्या उत्पन्न हुई।”

तारीफ करने से अपनी बात शुरू करना दाँतों के उस डॉक्टर की तरह है जो अपनी काम की शुरूआत नोवोकैन से करता है। मरीज़ का दाँत तो उखड़ता है, परंतु नोवोकैन की वजह से उसे दर्द का अहसास नहीं होता। इस सिद्धांत का पालन प्रत्येक लीडर को करना अनिवार्य है।

सिद्धांत - 1

तारीफ और सच्ची प्रशंसा से बात शुरू करें।

2

आलोचना करें, पर ऐसे कि सब आपकी तारीफ करें

आलोचना एक ऐसा ज़हर है जो एक बार अगर आपने किसी को पिला दिया तो वह व्यक्ति जिंदा होकर भी सौ बार मरता है। अपमान की यह चिंगारी धीरे-धीरे उसके मस्तिष्क में पनपती रहती है और एक दिन भयंकर विद्रोह का रूप ले लेती है। इसलिए बेहतर होगा कि आप जितना संभव हो सके आलोचना करने से बचें। लेकिन यदि फिर भी आपको कभी किसी की कोई बात अच्छी न लगे या फिर दूसरा व्यक्ति कुछ गलत कर रहा हो तो आप उसकी आलोचना कुछ इस तरह करें जिससे कि सामने वाले व्यक्ति को इसका बुरा भी ना लगे और साथ ही वह आपके सुझावों की तारीफ भी करें। इससे आप आलोचना करने के महापाप से भी बच जाएंगे। चार्ल्स श्वाब लोगों को समझाने के लिए इसी तकनीक का प्रयोग किया करते थे जिससे वे सब के प्रिय थे, फिर चाहे वह उनके घर का नौकर हो या कोई कर्मचारी या फिर उनका अपना कोई मित्र। ऐसे ही एक बार वे अपनी स्टील मिल का मुआयना कर रहे थे, तो उनकी नज़र कुछ कर्मचारियों पर पड़ी जो कि सिगरेट पी रहे थे। वे जहाँ खड़े थे, उनके ठीक ऊपर एक बोर्ड टंगा था जिस पर बड़े-बड़े अक्षरों में लिखा था, "यहां धूम्रपान वर्जित है।" परंतु फिर भी वे सरेआम मिल के नियमों का उल्लंघन कर रहे थे। श्वाब की जगह अगर कोई और होता तो आगबबूला हो उठता और उन्हें डाँट फटकार कर नियमों की अवहेलना करने के अपराध में नौकरी से निकाल फेंकता। परंतु श्वाब ने ऐसा कुछ नहीं किया। वह उनके पास गए और सबको एक-एक सिगार देकर कहा, 'आप इसे बाहर चलकर पिएँ और लुत्फ उठाएं। कर्मचारी जानते थे कि श्वाब ने उन्हें सिगरेट

पीते हुए देख लिया है, परंतु फिर भी वे श्वाब के व्यक्तित्व से बहुत प्रभावित हुए क्योंकि उसने उन्हें उनकी गलती की सजा देने की बजाए एक छोटा सा तोहफा देकर उनकी भूल का एहसास कराया था। भला ऐसे व्यक्ति को कौन पसंद नहीं करेगा?

जॉन वानामेकर ने भी अपने एक कर्मचारी को सबक सिखाने के लिए इस तकनीक का प्रयोग किया। वानामेकर का फिलाडेल्फिया में एक बड़ा सा मॉल था। वह प्रायः दिन में कई बार स्टोर का चक्कर लगाते और स्टोर की व्यवस्था की जाँच करते। एक बार उन्होंने देखा कि एक ग्राहक काउंटर पर खड़ा इंतज़ार कर रहा है, जबकि सेल्समैन एक कोने में खड़ा फोन पर गपशप में व्यस्त था। वानामेकर चुपचाप काउंटर पर गया और उस महिला को अटैंड किया। जाने से पहले उन्होंने सामान को सेल्समैन को पैक करने के लिए दिया जिससे सेल्समैन बहुत शर्मिंदा हुआ और शाम को जाने से पहले उसने वानामेकर के ऑफ़िस जाकर अपनी गलती के लिए क्षमा माँगी और भविष्य में कभी भी ऐसा दुबारा न करने की कसम खाई।

आपने अक्सर देखा होगा कि बड़ी-बड़ी कंपनियों में छोटे पद पर कार्यरत कर्मचारियों को अपने बॉस से मिलने की इजाज़त नहीं होती। ऐसे में मज़दूरों की बात को बॉस तक पहुँचाने के लिए एक तीसरा व्यक्ति होता है जो उन दोनों के बीच कड़ी का काम करता है। इसी तरह देश के महान नेताओं और धर्मपंथियों से सामान्य लोगों के लिए मिलना भी बहुत मुश्किल होता है। कई बार तो इनकी व्यस्तता को देखते हुए इनके पर्सनल असिसटेंट लोगों को उनसे मिलने का मौका ही नहीं देते और कोई न कोई बहाना बनाकर वापस भेज देते हैं। ऑरलैंडो फ्लोरिडा के मेयर कार्ल लैंगफोर्ड की नीति इसके बिल्कुल विपरीत थी। उन्होंने अपने स्टॉफ को विशेष रूप से निर्देश दिए हुए कि वे जनता को उनसे मिलने से न रोके। दरअसल वे "खुले दरवाजे की नीति के समर्थक थे इसीलिए वे नहीं चाहते थे कि उनका कोई भी प्रशंसक उनसे मिले बिना खाली हाथ लौट जाए। उनके आदेश के बावजूद भी कई बार सेक्रेटरी या प्रशासन के अन्य लोग जनता को उनसे मिलने नहीं देते थे।"

मेयर लैंगफोर्ड अपने कर्मचारियों के इस रवैये से बहुत परेशान थे। फिर एक दिन उन्होंने इस समस्या का लाजवाब हल निकाला। उन्होंने अपने ऑफिस का दरवाज़ा ही हटवा दिया। उनके इस कदम से सारा स्टॉफ सकते में आ गया। अब मेयर की नज़र दरवाज़े से आने-जाने वाले हर व्यक्ति पर रहने लगी और उनका प्रशासन सचमुच "खुले दरवाजे की नीति" पर चलने लगा।

"परंतु" तीन अक्षर का यह शब्द कई बार तो आपके लिए अमृत सा काम करता है और कई बार आपके जीवन में विश सी कड़वाहट घोल देता है। उदाहरण के तौर पर एक बच्चे की पढ़ाई के प्रति उसके माता-पिता के दृष्टिकोण को ही ले लीजिए। यदि आप उसे यह कहते हैं, "बेटा, हमें तुम पर बहुत गर्व है कि तुम इतने अच्छे नंबर लाए। परंतु अगर तुमने गणित में थोड़ी ज्यादा मेहनत की होती तो शायद तुम्हारे नंबर इससे कहीं ज़्यादा अच्छे होते।" यह सुनकर आपका बच्चा तब तक उत्साहित रहता है जब तक कि वह परंतु नहीं सुन लेता, लेकिन इस तीन अक्षर के शब्द को सुनने के बाद उसे अपनी मूल प्रशंसा पर भी संदेह होने लगता है। इससे उसके विश्वास को गहरी ठेस पहुँचती है और आप उसके पढ़ाई के प्रति रवैये को बदलने के मकसद में कभी कामयाब नहीं हो पाते

परंतु अगर आप "परंतु" शब्द की बजाय "और" शब्द का इस्तेमाल करें और उसी वाक्य को इस तरह कहें, "बेटा, हमें तुम पर गर्व है कि अच्छे नंबर लाए। और देखना, अगर तुम ऐसे ही मेहनत करते रहे तो वह दिन दूर नहीं जब तुम बाकी के विशयों के साथ-साथ गणित में भी पूरे नंबर लाओगे।"

तुम इतने आपके बच्चे को इस तारीफ को स्वीकार करने में कोई हिचक नहीं होगी क्योंकि आपने अप्रत्यक्ष रूप से उसे समझा दिया है कि आप उसमें क्या बदलाव देखना चाहते हैं और आपको इस बात की भी संभावना है कि वह आपकी अपेक्षाओं पर खरा जरूर उतरेगा।

यह अप्रत्यक्ष रूप से की गई आलोचना तभी संपूर्ण मानी जाती है जब आपका सामना किसी संवेदनशील व्यक्ति से हो जो कटु आलोचना से बुरी तरह चिढ़ सकता है। बड़ी-बड़ी धार्मिक विद्यापीठों और मठों में बाल कटवाने

की प्रथा है, परंतु अक्सर सैन्य प्रशिक्षुओं और सैन्य प्रशिक्षकों के बीच बाल काटने के संबंध में विवाद होता है। प्रशिक्षु इस प्रथा का विरोध करते थे क्योंकि बाल कटवाना उन्हें अच्छा नहीं लगता।

यू. एस. आर. स्कूल के मास्टर सार्जेन्ट हार्ले कैंसर जब रिजर्व नॉन-कमीशंड ऑफिसरों के साथ काम कर रहे थे तो उन्हें प्रशिक्षुओं के साथ हो रही इस समस्या का पता चला। तब उन्होंने कूटनीति का प्रयोग कर अप्रत्यक्ष रूप से प्रशिक्षुओं को समझाने का फैसला किया।

उन्होंने कहा, "सज्जनों, आप जिस पद पर हो वह बहुत सम्मानजनक पद है। लीडर्स होना अपने आप में एक बहुत बड़ी ज़िम्मेदारी है और ऐसे में आपका कर्तव्य बनता है कि आप अपने से छोटों के समक्ष ऐसे उदाहरण पेश करें जिससे कि आप उनके आदर्श बन जाएं। बाल कटवाना सेना का नियम है। यदि आप दूसरों के सामने अच्छा उदाहरण रखना चाहते हैं तो अपने सिर को शीशे में देखें और फिर अपने सिद्धांतों को स्मरण करके बाल कटवाने निकल जाएं। इससे दूसरे प्रशिक्षुओं को भी यह करने में कोई आपत्ति नहीं होगी।"

हार्ले कैसर स्वयं अपने बाल कटवाने गए। उन्हें बाल कटवाते देखकर बाकी प्रशिक्षुओं को अपनी भूल का अहसास हुआ और वे भी तुरंत भरी दोपहरी में बाल कटवाने नाई की दुकान पर पहुँच गए। अगली सुबह सार्जेन्ट कैसर ने सब का अच्छे से निरीक्षण किया और टिप्पणी करते हुए कहा कि उन्हें अपने स्क्वाड के सदस्यों में लीडरशिप के गुण विकसित होते नज़र आ रहे हैं।

8 मार्च, 1887 को हेनरी वार्ड बीचर की मृत्यु हुई। उनके परिजनों ने मृत्यु के अगले रविवार, चर्च में शोक सभा रखी जिसमें लाइनमैन एबट को आमंत्रित किया गया ताकि वे बीचर के जीवनकाल और मृत्यु के बारे में लोगों को संबोधित करें। लाइनमैन भाषण संबंधी तैयारियों में जुटे हुए थे। उन्होंने भाषण को कई बार संशोधित किया ताकि वे लोगों के सामने बेहतर प्रदर्शन कर सकें।

तैयार हो जाने पर उन्होंने इसे अपनी पत्नी को पढ़कर सुनाया। परंतु भाषण अन्य भाषणों की तरह दमदार नहीं था। दरअसल उनकी पत्नी उनकी सबसे बड़ी आलोचक बन सकती थी, अगर वह उन्हें कह देती, "लाइनमैन, तुम्हारा यह भाषण इतना बेकार है कि इसे किसी स्कूल के विद्यार्थी तक सुनना पसंद नहीं करेंगे। यह इतना उबाऊ है कि लोग दो-चार लाइनें सुनकर ही सो जाएंगे। मुझे खेद है, लेकिन सालों के अनुभव के बाद भी तुम्हें यह पता नहीं 'चला कि भाषण कैसे लिखा जाता है? अगर तुम इस भाषण को सभा में पढ़ोगे तो लोग तुम्हारा मज़ाक उड़ाऐंगे और बरसों की मेहनत से कमाया तुम्हारा नाम- रूतबा सब मिट्टी में मिल जाएगा। इससे तो अच्छा है कि स्वाभाविक शैली का इस्तेमाल करो।

"लेकिन उसने ऐसा कुछ नहीं किया, बल्कि एक कूटनीतिज्ञ आलोचक पत्नी का कर्तव्य निभाते हुए कहां, "लाइनमैन, यह नॉर्थ अमेरिकन रिव्यू के लिए बहुत बढ़िया लेख हो सकता है।" दूसरे शब्दों में कहां जाए तो उसने भाशण की तारीफ तो की, परंतु साथ ही बड़ी चतुराई से उसे यह सुझाव भी दे दिया कि यह चर्च में दिए जाने वाले भाषण के लायक नहीं है। लाइनमैन ने उसकी बात में छिपे हुए संकेत को समझ लिया और भाषण को फाड़कर डस्टबिन में डाल दिया। फिर अगले रविवार उसने बिना कुछ लिखे अपने अनुभव के आधार पर भाषण दिया और यह भाशण इतना रोमाँचक रहा कि वे लोगों के पसंदीदा बन गए।

दूसरों की गलतियाँ सुधारने का यह तरीका सबसे बढ़िया और प्रभावशाली है।

सिद्धांत - 2

लोगों की गलतियाँ सीधे न बताएं।

3

पहले अपनी गलतियाँ बताएं

कोई भी व्यक्ति पैदायशी समझदार नहीं होता। समय के साथ साथ उसे समझ आती जाती है और उसकी गलतियों में सुधार होता जाता है। यह सच है कि व्यक्ति के सीखने की कोई उम्र नहीं होती। प्रत्येक दिन व्यक्ति कुछ न कुछ नया ज़रूर सीखता है, हालांकि उसे इस बात का अहसास नहीं हो पाता। इसलिए आवश्यक है कि किसी को उसकी गलतियों का अहसास दिलाने से पहले एक बात ठंडे दिमाग से सोच लो कि ऐसा करके कहीं आप उसके आत्मविश्वास को गिरा तो नहीं रहे हैं, क्योंकि आप भी कभी न कभी उस दौर से अवश्य गुज़रे होंगे और उस वक्त आपके मन में भी वही डर होगा जो आज आपके सामने खड़े व्यक्ति के मन में है।

कई बच्चे छोटी उम्र में ही कुछ कर दिखाने की चाहत रखते हैं और यही जज्बा एक दिन उन्हें सफलता की बुलंदियों तक ले जाता है। मेरी भतीजी जोसेफाइन की भी कुछ ऐसी ही ख़्वाहिश थी। वह मेरी सेक्रेटरी बनने की इच्छा से न्यूयॉर्क आई और ऑफिस ज्वॉइन किया। उन्नीस साल की उस छोटी बच्ची का बिज़नेस अनुभव शून्य के बराबर था। हालांकि आने वाले समय में वह अमेरिका की बैस्ट सेक्रेटरी में से एक थी। शुरूआत में वह हर काम में गलतियां करती थी । एक दिन जब वह सिर झुकाए मेरे सामने खड़ी थी और मैं उसे उसकी गलतियाँ गिना रहा था, तो अचानक मेरी अन्तरआत्मा ने मुझे झिंझोड़ा और कहा, कारनेगी, यह क्या कर रहे हो? तुम जोसेफाइन से दोगुनी उम्र के हो और तुम्हारे पास उससे दस हजार गुना ज्यादा बिज़नेस

अनुभव है। : तुम्हारे पास आई है क्योंकि वह तुमसे कुछ नया सीखना चाहती है.... तुम्हारी तरह बनना चाहती है। माना कि तुम्हारी सोच अव्वल दर्जे की है. फिर भी तुम उससे यह उम्मीद कैसे कर सकते हो कि उसके पास तुम्हारे जैसा नज़रिया होगा। मत भूलो कि कभी तुम भी उम्र के उसी पड़ाव से गुज़रे होगे, जिससे आज वह गुज़र रही है। याद करो उस वक्त तुमने कितनी गलतियाँ की होंगी? यह सही है कि उस वक्त तुम्हें समझाने वाला कोई नहीं था .... लेकिन अपने अतीत की कड़क धूप को अपने वर्तमान और भविश्य पर तो न पड़ने दो? अच्छा होगा कि तुम उसका और आने वाली सभी पीढ़ियों का भावी मार्गदर्शन करो।"

कुछ वक्त ईमानदारी और निश्पक्षता से सोचने के बाद मैं इस नतीजे पर पहुँचा कि मेरा जोसेफ़ाइन की आलोचना करना सही नहीं था, क्योंकि मैं जब उसकी उम्र का था तोमैंने भी बहुत गलतियाँ की थी और मुझे बताने में कोई शर्म नहीं कि मैं जोसेफाइन की तुलना में अधिक बेवकूफ़ था।

उस दिन के बाद जोसेफाइन जब भी कोई गलती करती तो मैं उसे समझाने के लिए कहता, "जोसेफ़ाइन, तुमने यह गलती की है, परंतु इसमें तुम्हारा कोई दोश नहीं है। इंसान पैदायशी समझदार नहीं होता। समझदारी अनुभव से मिलती है। ऐसी छोटी-मोटी गलतियाँ तो सबसे होती हैं। जब मैं तुम्हारी उम्र में था तो इससे भी कहीं बड़ी गलतियाँ किया करता था। इसलिए तुम्हें या किसी और को डाँटने का मुझे कोई अधिकार नहीं है। परंतु क्या तुम्हें नहीं लगता कि अगर तुमने इस काम को इस तरह से किया होता तो ज़्यादा बेहतर होता?"

यह सच है कि किसी से अपनी आलोचना सुनना बहुत मुश्किल होता है। परंतु अगर आलोचक शुरूआत में ही विनम्रतापूर्वक हमें यह बता दें कि उससे भी गलतियाँ होती हैं तो हमें अपनी आलोचना सुनने में ज़्यादा बुरा नहीं लगेगा।

ई. जी. डिलिस्टोन कैनेडा के ब्रान्डन, मैनिटोवा कंपनी में इंजीनियर थे। उन्हें अपनी नई सेक्रेटरी के काम से परेशानी हो रही थी। दरअसल वे जब भी कोई पत्र डिक्टेट करते, तो उनकी सेक्रेटरी टाइपिंग करते समय हर पेज पर दो-चार स्पैलिंग गलत टाइप कर देती थी जिससे उन्हें कई बार भारी शर्मिंदगी उठानी पडती। इस समस्या को उन्होंने पहले अपनी गलतियां बताएं की तकनीक से हल किया।

मिस्टर डिलिस्टोन बताते हैं, "जब मैं इस प्रोफेशन में आया तो मेरी अंग्रेजी भी कुछ ज्यादा अच्छी नहीं थी। मुझे भी बहुत बार स्पैलिंग को लेकर डॉट पड़ती थी। फिर मैंने अपनी गलतियों को सुधारने का एक नया उपाय खोजा।मैंने एक नोटबुक ली और उसमें वह हर स्पैलिंग लिखने लगा जिन्हें लेकर मैं अक्सर कन्फ्यूज हो जाया करता था।मैंने देखा कि मेरी बातों का सैक्रेटरी पर कोई असर नहीं हो रहा था और मुझे 100 प्रतिशत यकीन था कि वह अपनी गलतियों को सुधारने के लिए डिक्शनरी या प्रूफरीडिंग करने का कष्ट नहीं उठाएगी, तो मैंने उसे सुधारने के लिए दूसरा तरीका आजमाया। अगली बार जब मेरे पास गलतियों वाला दूसरा पत्र आया, तो मैं उसके पास बैठा और कहा : मुझे लगता है इस स्पैलिंग में कुछ प्रॉब्लम है। इसी तरह के एक शब्द में पहले मुझे भी बहुत दिक्कत हुआ करती थी, परंतु जब से मैंने अपनी स्पैलिंग बुक रखना शुरू किया है मेरी सारी मुश्किलें आसान हो गईं। मैंने बुक खोली और उचित स्पैलिंग उसे दिखाते हुए कहा, 'हाँ, यह रहा वह शब्द।' दरअसल स्पैलिंग का ध्यान रखना बहुत ज़रूरी है क्योंकि अधिकतर लोग हमारे पत्रों को पढ़कर ही हमारे बारे में राय बनाते हैं और मान लो हमारी स्पैलिंग गलत होगी तो इससे हमारे व्यवसाय पर क्या प्रभाव पड़ेगा।"

सन् 1909 में विल्हेम द्वितीय जर्मनी के शासक और वॉन बुलो जर्मनी के इम्पीरियल चांसलर थे। विल्हेम थोड़ा तुनकमिजाज़ स्वभाव के और हवाई किले बनाने के शौकीन थे। उन्हें अपने अंतिम जर्मन कैसर होने का बहुत अहंकार था। वह प्रायः कहा करते थे कि उनके पास इतनी बड़ी शक्तिशाली सेना है जिससे वह किसी को भी अपने पैरों में गिरा सकते हैं।

ऐसे ही एक बार उन्होंने कुछ विदेशी राजदूतों के सामने अपनी ताकत का झूठा प्रचार किया और घोषणा करते हुए कहा, "पूरी जर्मनी में केवल मैं ही एक ऐसा इसान हूँ जो अंग्रेजों के प्रति दोस्ताना रवैया रखता हूँ। आज अगर इंग्लैंड का अस्तित्व है तो वह केवल मेरी बदौलत है क्योंकिमैंने ही इसे रूस और फ्रांस के झगड़े से बचाया था। उसी की युद्ध योजना के बदौलत इंगलैंड के रॉबर्ट्स ने दक्षिण अफ्रीका में बोअर्स को हराया था।"

इस तरह के अपशब्द आज तक किसी यूरोपियन सम्राट ने नहीं कहे थे। हर तरफ आक्रोश की चिंगारियाँ भड़क उठीं। इंगलैंड प्रतिशोध की आग में जलने लगा। उनकी एक छोटी सी भूल से उठे तूफान ने पूरे जर्मनी को हिला कर रख दिया। बचने का कोई रास्ता न दिखते हुए विल्हेम ने अपने इम्पीरियल चांसलर प्रिंस वॉन बुलो को बुलाया और कहां कि वह इस गलती का दोष अपने सिर ले लें। दरअसल वह चाहता था कि वॉन बुलो समस्त देशों के प्रतिनिधियों के सामने घोषणा करे कि उसने ही सम्राट को इस तरह के अपशब्द कहने के लिए उकसाया था।

सम्राट की बातें सुनकर वॉन बुलों के रोंगटे खड़े हो गए और उसने प्रत्युत्तर में जवाब दिया, "महामहिम कोई भी प्रतिनिधि यह कभी मानने के लिए तैयार नहीं होगा कि मैं आपको ऐसी मूर्खतापूर्ण बातें कहने की सलाह दे सकता हूँ।"

वॉन बुलो के अप्रत्यक्ष रूप से सम्राट को मूर्ख कहे जाने पर विल्हेम झुंझला उठा और बोला, "तुम्हारा कहने का मतलब क्या है? अगर मैं मूर्खतापूर्ण बातें कर सकता हूँ, तो क्या तुम नहीं कर सकते?"

वॉन बुलो समझ चुका था कि उसने गलती से सम्राट के गुस्से को जगा दिया है। उसे सम्राट की आलोचना करने से पहले तारीफ़ करनी चाहिए थी। परंतु अब बहुत देर हो चुकी थी। लेकिन फिर भी उसने परिस्थितियों को संभाला और बात को घुमाते हुए कहा, "महामहिम, मेरे कहने का यह अभिप्राय नहीं था। यह तो सब जानते हैं कि आप मुझसे कहीं अधिक योग्य और बुद्धिमान हैं। आपको नौसैनिक, सैनिक ज्ञान और नैचुरल साइंस जैसी

महान उपलब्धियों का ज्ञान है, तभी तो आप इतनी बड़ी नौसेना बनाने में कामयाब हो पाए, वर्ना आज तक ऐसा करने का साहस दुनिया के किसी बड़े शासक में नहीं हुआ। इसके अतिरिक्त आपको बैरोमीटर, रसायन शास्त्र और भौतिक शास्त्र की सभी शाखाओं का ज्ञान है, जबकि मैं इन सब में निपट अज्ञानी हैं, तो ऐसे में मैं आपको सुझाव देने की गलती कैसे कर सकता हूँ।"

अपनी प्रशंसा सुनकर विल्हेम का सारा गुस्सा उतर गया और उसने वॉन बुलो को माफ करते हुए कहा, "प्रिंस वॉन बुलों, हम दोनों एक दूसरे के सर्वश्रेष्ठ पूरक हैं? इसलिए हमें एक साथ मिलकर परिस्थितियों का सामना करना चाहिए।" उस दिन के बाद से वह वॉन बुलो का इतना बड़ा समर्थक बन गया कि उसने भरी सभा में चुनौती देते हुए कहा, "अगर किसी ने प्रिंस वॉन बुलो के खिलाफ एक भी शब्द कहा, तो मैं उसका मुँह तोड़ दूँगा।"

एक सफल कूटनीतिज्ञ होने के नाते वॉन बुलो ने उस वक्त तो स्वयं को बचा लिया, परंतु ना चाहते हुए भी उससे एक गलती तो हो ही गई थी। उसे सम्राट को यह नहीं बताना चाहिए था कि उसका दिमाग खराब था और उसकी वजह से पूरा देश संकट में था। सामने वाले की खूबियों और अपनी कमियों को बताने की कला व्यक्ति को श्रेष्ठ बना देती है। इससे आप अपने भयंकर से भयंकर शत्रु को भी दोस्त बना सकते हैं। यदि विनम्रता और प्रशंसा जैसे दो गुणों को अपनी रोजमर्रा की जिंदगी का हिस्सा बना लिया जाए तो जीवन में क्या-कुछ नहीं बदल सकता?

हम चाहे अपनी गलती सुधार पाएं या न सुधार पाएं, लेकिन यदि हम दिल से अपनी गलती मान लें तो सामने वाले का व्यवहार आसानी से बदल सकते हैं। मैरीलैंड के क्लैरेंस ज़रहसेन को एक दिन पता चला कि उसका पंद्रह साल का बेटा डेविड सिगरेट पीने लगा है। इस बात को जानकर उसे ज़्यादा शॉक नहीं लगा क्योंकि वह जानता था कि इसमें डेविड की कोई गलती नहीं थी, बल्कि सारा कसूर उसका और उसकी पत्नी का था। डेविड प्रायः अपनी माँ और अपने पिता को सिगरेट पीते देखता था। इसलिए उसे भी यह आदत लगते देर न लगी।

क्लैरेंस नहीं चाहता था कि सिगरेट के जहर का असर उसकी आने वाली पीढ़ियों पर पड़े। इसलिए उसने डेविड के सामने अपना उदाहरण रखा और समझाया, “डेविड, मुझे भी तुम्हारी ही उम्र में सिगरेट की लत लग गई थी, जो धीरे-धीरे मेरे जीने की वजह बन गई।मैंने बहुत चाहा कि इसे छोड़ दूँ परंतु तब तक में इस कदर निकोटीन का आदी हो गया था कि इसके न मिलने पर पगला जाता था। सिगरेट पीने से मुझे हर समय खांसी की शिकायत रहती है। और छाती में जलन भी होती है। यहां तक कि तुम सब ने भी मुझे कितनी ही बार सिगरेट न पीने की सलाह दी है।”

क्लैरेंस ने न तो उसे सिगरेट छोड़ने की सलाह दी और ना ही इसके पीने से होने वाले खतरों के बारे में कोई चेतावनी दी। उसने केवल उसके सामने अपनी गलतियों को माना।

अपने पिता की बात सुनकर डेविड सोच में पड़ गया और कहां कि वह कॉलेज की पढ़ाई पूरी होने तक सिगरेट को हाथ भी नहीं लगाएगा। आज सालों गुज़र गए हैं, परंतु डेविड ने दुबारा सिगरेट कभी नहीं पिया।

एक अच्छा नेता वही है जो अपने सिद्धांतों का लोगों के सामने बखान करने से पहले खुद उनका पालन करता है।

सिद्धांत - 3

किसी की आलोचना करने से पहले अपनी गलतियाँ बताएँ।

4

कोई नहीं चाहता कि आप उस पर हुक्म चलाएं

एक बार मुझे अमेरिकन बायोग्राफर्स की डीन मिस इडा टारबैल के साथ एक बातचीत के दौरान उन्हें बताया कि मैं मानवीय व्यवहार के संबंध में एक पुस्तक लिख रहा हूँ, तो वह बहुत खुश हुईं। फिर हम मेरी पुस्तक के एक अहम् सिद्धांत "लोगों को किस तरह प्रभावित किया जाना चाहिए" के विषय पर बात करने लगे। इस चर्चा के दौरान उसने अपने जीवन के कई महत्वपूर्ण पहलुओं को ऊजागर किया, जो खुशकिस्मती से मेरी पुस्तक का हिस्सा बने। उन्होंने बताया कि जब वह ओवेन डी. यंग की जीवनी लिख रही थीं, तो उन्हें एक ऐसे व्यक्ति का इंटरव्यू लेने का मौका मिला जो मिस्टर यंग के कैबिन में बैठते थे। उस व्यक्ति का कहना था कि वह पिछले तीन सालों से उनके साथ बैठ रहा है, परंतु आज तक उसने मिस्टर यंग को अपने किसी कर्मचारी को आदेश देते नहीं सुना।

मिस्टर यंग में यह खासियत थी कि वे कभी किसी को यह नहीं कहते थे, "तुम ऐसा करो" या "वैसा करो" या "यह मत करो" या "वह मत करो।" इसकी बजाय वे कहा करते थे, "आप के क्या विचार हैं," "आपको क्या लगता है कि क्या यह काम करेगा," या "क्या हमें ऐसा करना चाहिए?" इत्यादि। किसी भी यंत्र को डिक्टेट करने के बाद वे इसे अपने अधीनस्थ कर्मचारी को दिखाते और पूछते। "आपको यह कैसा लगा?" यदि उनके किसी कर्मचारी द्वारा लिखे पत्र में कोई गलती होती तो वे उसे इस तरह बताते, "मेरे ख्याल से इस वाक्य को यदि दूसरे तरीके से लिखा जाए तो शायद बेहतर रहेगा।" वे अपनी राय दूसरों पर कभी नहीं थोपते थे, बल्कि सबको अपने विचार प्रकट करने का पूरा मौका देते थे। उनकी नीति थी कि लोगों को अपनी

गलतियों से सीख लेनी चाहिए और उन्होंने इस नीति को अपने व्यवसाय में भी लागू किया। इस तकनीक से सामने वाले को अपनी गलती सुधारने का मौका भी मिल जाता था और उनके आत्म सम्मान को ठेस भी नहीं पहुँचती थी। इससे लोगों की खुद के महत्वपूर्ण होने की भावना को बल मिलता।

प्रायः देखने में आता है कि किसी गलत चीज को ठीक करने के लिए दिया गया आदेश यदि गुस्से में या कड़क आवाज़ में दिया जाए तो यह आक्रोश का कारण भी बन जाता है। पेनसिल्वेनिया के एक वोकेशनल स्कूल टीचर ने बताया कि एक बार उनकी क्लास के एक विद्यार्थी ने अपनी गाड़ी स्कूल के बाहर गलत जगह पार्क कर दी, जिस कारण लोगों को आने-जाने में दिक्कत हो रही थी। तभी हमारे स्टॉफ का एक दूसरा शिक्षक आया और गुस्से से पूछा, "तुम में से किसकी गाड़ी रास्ते में खड़ी है?" जब लड़के ने हाथ ऊपर उठाया, तो शिक्षक ने चिल्लाकर कहा, "जाओ और अभी उसे वहाँ से हटाओ। नहीं तो मैं उसे उठवाकर बाहर फिंकवा दूँगा।"

यह सही था कि गलती विद्यार्थी की ही थी, परंतु शिक्षक ने उससे भी ज़्यादा घोर अपराध किया था। एक शिक्षक का कर्तव्य होता है कि वह अपने छात्रों के जीवन में सद्गुणों का विकास करें, परंतु यहां सब उसके विपरीत हो रहा था। अगर वह उस बात को कुछ इस तरह से पूछता, "बाहर एक गाड़ी खड़ी है, क्या मैं जान सकता हूँ वह किसकी है?" और इसके बाद वह छात्र को सुझाव देकर समझा सकता था कि यदि गाड़ी को रास्ते से थोड़ा एक तरफ करके लगा दिया जाए तो इससे आने-जाने वाली दूसरी गाड़ियों को कोई परेशानी नहीं होगी, तो शायद वह खुशी-खुशी कार वहाँ से हटा लेता। परंतु शिक्षक के अपमानजनक शब्दों ने उसके दिल में अपने टीचर के लिए नफरत भर दी। न केवल वह, बल्कि क्लास के सभी विद्यार्थी उसके प्रति द्वेष रखने लगे। उस दिन के बाद वे अक्सर शिक्षक को तंग करने के मौके की तलाश में रहते और जी भर कर उसे सताते।

किसी को आदेश देने की बजाय विचार देना या प्रश्न पूछना एक अद्भुत और आनंददायक प्रक्रिया है। इससे सामने वाले की रचनात्मक क्षमता को प्रोत्साहन मिलता है और वे काम को पहले की अपेक्षा अधिक मन लगाकर करते हैं।

अफ्रीका के जोहान्सबर्ग में रहने वाले इयान मैकडॉनल्ड मशीन के पार्ट बनाने वाली फैक्टरी में जनरल मैनेजर के पद पर नियुक्त थे। एक बार किसी कंपनी ने उनके सामने एक बहुत बड़े ऑर्डर की पेशकश रखी। परंतु शर्त यह थी कि उन्हें माल कम समय में बना कर देना था। इतने कम समय में इतना ज्यादा माल तैयार करना असंभव था और दूसरी तरफ वर्कर पहले वाले ऑर्डर पूरा करने में लगे हुए थे। इयान दुविधा में थे कि इस ऑर्डर को स्वीकार करें या न करें।

वह अपने कर्मचारियों पर किसी तरह का दबाव नहीं बनाना चाहता था। इसीलिए उसने वर्करों की एक मीटिंग बुलाई और कहा, "अगर ऑर्डर हमें मिलता है तो इससे हमारी कंपनी को बहुत लाभ होगा और तुम सबको भी तुम्हारी मेहनत का पूरा मुआवजा दिया जाएगा।" फिर उसने प्रत्येक कर्मचारी के सामने कुछ सवाल रखे और उनक सुझाव जानेः

"क्या हमें यह ऑर्डर लेना चाहिए?"

"आपको क्या लगता है, क्या हममें इस ऑर्डर को पूरा करने की काबलियत है?"

"क्या आप लोगों के पास ऐसा कोई तरीका है जिससे हम अपने काम को बिना कोई समय-बदलाव किए उचित समय पर पूरा कर दें?"

कर्मचारी इयान के बात करने के नज़रिए से बहुत प्रभावित हुए। सबने उत्साहपूर्वक अपने-अपने विचार रखे और इयान को ऑर्डर स्वीकार करने की सलाह दी। उन्होंने 'हम यह कर सकते हैं' की भावना के साथ काम किया और ऑर्डर न सिर्फ मिला, बल्कि माल का उत्पादन और डिलीवरी भी उचित समय पर हो गई।

सिद्धांत - 4
सीधे आदेश देने की बजाय प्रश्न पूछें।

5

सामने वाले व्यक्ति को अपनी लाज रखने दें।

मान-सम्मान, इज्जत किसे प्यारी नहीं होती? इंसान चाहे कैसा भी हो..... अनपढ़, गोरा हो या काला हर एक व्यक्ति अपनी इज्ज़त के लिए ही जीता है। व्यक्ति धन-दौलत, नौकरी का नुकसान तो फिर भी सह लेता है, परंतु जब सवाल इज़्ज़त का हो तो वह किसी तरह का समझौता करने को तैयार नहीं होता। ऐसे में अगर कोई दूसरा व्यक्ति आपकी इज्जत पर उंगली उठाने की कोशिश करता है तो आपकी सहनशीलता का बाँध टूट जाता है। पेश है आत्म-सम्मान और संवेदनशीलता को व्यक्त करती हमारी अगली कहानीः

चार्ल्स स्टीनमेट्ज एक जनरल इलैक्ट्रिक कंपनी में एक प्रमुख पद पर कार्यरत थे। स्टीनमेट्ज बचपन से ही इलैक्ट्रिकल उपकरणों के साथ छेड़खानी करने में आगे थे, इसलिए बड़े होने पर उन्होंने इसी शौक को अपने जीवन का अभिन्न अंग बनाया। उनकी कार्यकुशलता को देखते हुए कंपनी ने उन्हें उच्च पद पर नियुक्त कर दिया। परंतु स्टीनमेट्ज कैल्कुलेटिंग के कार्य में असफल हुए। दो साल के कड़े अभ्यास के बाद भी वे इसमें निपुण नहीं हो पाए। कंपनी दुविधा में थी। एक तरफ तो उन्हें भारी नुकसान हो रहा था और दूसरी तरफ वे स्टीनमेट्ज को उसके पद से निष्कासित करके नाराज भी नहीं करना चाहती थी, क्योंकि स्टीनमेट्ज जैसे कार्यकुशल व्यक्ति की तुलना कंपनी के किसी भी दूसरे व्यक्ति से नहीं की जा सकती थी। ये बहुत संवेदनशील थे। ऐसे में कंपनी ने एक बहुत महत्वपूर्ण कदम उठाया। उन्होंने

स्टीनमेट्ज को उस पद से हटाकर कंपनी का कंसल्टिंग इंजीनियर बना दिया। हालांकि उसका काम पहले जैसा ही था, परंतु पदनाम बदल गया था। इससे स्टीनमेट्ज़ को ज़रा भी बुरा नहीं लगा क्योंकि नए पद में उसके लिए अपनी योग्यता अनुसार काम करने के बहुत मौके थे। कंपनी के अफसर भी खुश थे क्योंकि उन्होंने अपने होनहार कर्मचारी के स्वाभिमान को ठेस पहुँचाए बगैर उक्त पद से हटा दिया था।

लोगों को अपनी लाज बचाने का मौका देना बहुत महत्वपूर्ण है! परंतु अफसोस की बात है कि हम में से बहुत कम लोग इस बारे में सोचते हैं! अक्सर लोग अहंकार के मद में चूर होकर दूसरों की भावनाओं को पैरों तले रौंद देते हैं, धमकियाँ देते हैं, अपमान करते हैं, गाली-गलौच करते हैं, दूसरों के सामने आलोचना करते हैं परंतु ऐसा करते समय उनके मन में एक बार भी यह ख्याल नहीं आता कि ऐसा करके वे जाने-अनजाने उनके आत्मसम्मान को चोट पहुँचा रहे हैं। कुछ भी कहने से पहले, अगर हम एक क्षण ठंडे दिमाग से सोचें और सामने वाले के नज़रिए को समझने का प्रयास करें तो मुश्किल से मुश्किल बात आराम से मिनटों में हल हो सकती है।

जब भी आप किसी को डाटें तो कोशिश करें कि ऐसा कुछ न कहें जिससे कि उसके आत्मसम्मान को चोट पहुँचे। जब आप अपने किसी कर्मचारी को नौकरी से निकालते हैं तो इससे आपको भी अच्छा नहीं लगता और दूसरी तरफ कर्मचारी का हौसला भी गिरने लगता है। पब्लिक अकाऊंटेंट मार्शल ए. ग्रैन्जर ने हमें एक पत्र के माध्यम से अपने विचार व्यक्त किए हैं:

"हमारा बिजनेस ज़्यादातर सीजनल है अर्थात् एक निश्चित समय के बाद हमें अपने कुछ कर्मचारियों को काम से हटाना पड़ता था। हालांकि कर्मचारी इस तथ्य को भली-भांति जानते थे, परंतु फिर भी जब हम उन्हें हटाए जाने की बात कहते तो उनके मन पर इसका निराशाजनक प्रभाव पड़ता । अकाऊंटिंग क्षेत्र से जुड़े लोग अक्सर ऐसी फर्मों के प्रतिविशेष लगाव

नहीं दिखाते, जो समय दर समय उन्हें हटाती रहती है। मामले की गंभीरता को देखते हुए मैंने फैसला किया कि आगे से सीजनल कर्मचारियों को हटाते समय कूटनीति का प्रयोग करूंगा। इसलिए मैं प्रत्येक व्यक्ति के काम का सावधानीपूर्वक चिंतन करता और सीज़न खत्म होने पर कुछ इस तरह कहता, "मिस्टर स्मिथ, आपका काम सचमुच बहुत अच्छा है। जब हमने आपको न्यूयार्क भेजा था तो यकीनन आपका काम बेहद कठिन था, परंतु अपने कठोर परिश्रम और लगन से आपने अपनी काबलियत को दुनिया के सामने लाया। फर्म को आप पर नाज है। इसमें कोई शक नहीं कि आपकी क्षमता और योग्यता एक दिन आपको बहुत आगे लेकर जाएगी, फिर चाहे आप जहाँ भी नौकरी क्यों न करें। आपको खोना मतलब फर्म के एक बेहतरीन हिस्से से अलग होने जैसा ही है। हम कतई आपको छोड़ना नहीं चाहते, लेकिन व्यर्थ में आपको यहां रोके रहना आपकी कार्यकुशलता की प्रगति में बाधक हो सकता है। अतः बेहतर होगा कि आप किसी अच्छी और बड़ी कंपनी में अपना भाग्य आजमाइये। हमारी दुआएँ हमेशा आपके साथ हैं।"

इस विनम्रतापूर्वक बातचीत का परिणाम यह होता है कि लोग नौकरी छूट जाने पर भी अच्छा अनुभव करते हैं। उन्हें ऐसा कभी नहीं लगता कि उन्हें नीचा दिखाया गया है। क्योंकि वे जानते हैं कि अगर हमारे पास काम होता तो हम निश्चित रूप से उन्हें काम से नहीं निकालते। इससे जब भी हमें उनकी ज़रूरत पड़ती है, वे निःसंकोच व्यक्तिगत प्रेमभाव से हमारे साथ काम करने को तत्पर हो जाते हैं।

ऐसे ही एक बार हमारी क्लास के दो स्टूडेंट आपस में चर्चा कर रहे थे। बातचीत का विषय था गलती ढूंढने के नकारात्मक प्रभाव और किसी के स्वाभिमान को बचाने का मौका देने के सकारात्मक प्रभाव।

पेनसिल्वेनिया के रहने वाले फ्रेड क्लार्क ने हमें अपने वास्तविक जीवन की एक घटना सुनाई: "हमारी कंपनी में एक प्रॉडक्शन मीटिंग चल रही

थी जिसमें वाइस प्रेसिडेंट उत्पादन प्रक्रिया के संबंध में सुपरवाइज़र से कुछ सवाल-जवाब कर रहे थे। उनका सवाल पूछने का तरीका इतना वाहियात था कि कोई भी दूसरा व्यक्ति जवाब देना तो दूर उससे बात तक करना पसंद न करता। कुल मिलाकर वाइस प्रेसिडेंट का मुख्य उद्देश्य सुपरवाइजर को गलत साबित करना था। चूंकि सुपरवाइज़र से गलती तो हुई थी, लेकिन फिर भी वह अपने सहयोगियों के सामने बेइज्ज़त नहीं होना चाहता था इसलिए वह इधर-उधर के बहाने बनाकर बात को टालने का प्रयास करता रहा। इससे वाइस प्रेसिडेंट को गुस्सा आ गया और उसने सुपरवाइजर को बहुत डांटा और उस पर झूठ बोलने का आरोप भी लगाया।

"इस घटना के बाद सुपरवाइज़र के मन में कड़वाहट घुल गई। उसने तुरंत ही कंपनी से इस्तीफा दे दिया। हालांकि वह बहुत अच्छा कर्मचारी था और मेहनती भी था, परंतु उस अपमान के बाद हमारे किसी काम का नहीं रहा था। कुछ दिनों बाद उसने हमारी प्रतिद्वंद्वी कंपनी में नौकरी कर ली और अपनी मेहनत के दम पर कुछ ही महीनों में एक उच्च पद पर जा बैठा।"

"हमारी क्लास की एक अन्य सदस्य आन्ना मैजोन ने भी अपनी कंपनी की इसी तरह की एक घटना सुनाई, परंतु यह पहली घटना से बिल्कुल अलग थी। मिस मैज़ोन एक फूड पैक करने वाली कंपनी में मार्केटिंग स्पैशलिस्ट थी। प्रेसिडेंट ने उन्हें पहला काम सौंपा जिसमें उसे एक नए प्रॉडक्ट की टेस्ट मार्केटिंग रिपोर्ट प्रस्तुत करनी थी। मिस मैज़ोन बताती हैं: जब टैस्ट मार्केटिंग की रिपोर्ट आई तो मेरे हाथ-पैर फूल गए, क्योंकि योजना बनाते समय मुझसे एक बहुत बड़ी भूल हो गई थी। दिक्कत यह थी कि मीटिंग शुरू होने वाली थी, जबकि न तो मेरे पास दुबारा टैस्ट करने का समय था और न ही मैं अपने बॉस को इस बारे में सूचित कर पाई।"

"कुछ मिनट बाद मीटिंग शुरू हो गई। प्रेसिडेंट ने मुझे रिपोर्ट पेश करने को कहा। पहले तो मैं थर-थर काँपने लगी, लेकिन फिर मैंने खुद को संभाला

और फैसला किया कि चाहे कुछ भी हो जाए मैं आंसू बहाकर लोगों को यह कहने का मौका नहीं दूँगी कि मैनेजमेंट संभालना औरतों का काम नहीं है। मैंने अपनी रिपोर्ट पेश की और साथ ही साथ अपनी गलती मानते हुए कहा, 'सर, मुझसे एक गलती हो गई थी, जिस वजह से मुझे यह टेस्ट दुबारा करना पड़ेगा। मुझे लगा कि बॉस क्रोधित हो जाएंगे।"

"परंतु ऐसा कुछ नहीं हुआ। उन्होंने मेरे काम की खूब तारीफ की और कहा, 'मिस मैजॉन, यह आपका पहला प्रोजेक्ट था, सो गलती होना स्वाभाविक था परंतु आगे से ध्यान रखना। हमें विश्वास है कि तुम अपना काम पूरी ज़िम्मेदारी और ईमानदारी से करोगी। इसके साथ ही उन्होंने वहाँ बैठे दूसरे प्रतिनिधियों को भी मेरे काम के प्रति आश्वस्त किया। उन्होंने यह भी कहा कि मेरी गलती की वजह यह नहीं था कि मुझमें योग्यता कम थी, बल्कि मुझमें अनुभव की कमी थी।"

"जब मैं कॉन्फ्रेंस हाल से बाहर आई तो मेरे पाँव जमीन पर नहीं पड़ रहे थे। मैंने मन ही मन संकल्प किया कि आज के बाद मैं अपने बॉस को मेरी वजह से कभी शर्मिंदा नहीं होने दूँगी।"

चाहे हम सही हों या गलत, फिर भी हमें सामने वाले के अहं को ठेस पहुँचाने का कोई हक नहीं होता। हम उसे अपनी इज़्ज़त बचाने का मौका क्यों नहीं देते? हम किसी के बारे में क्या सोचते हैं, यह हमारे लिए ज़्यादा मायने नहीं रखता....... मायने रखता है तो यह कि दूसरे व्यक्ति की हमारे बारे में क्या सोच है? किसी के आत्मसम्मान को ठेस पहुँचाना बहुत बड़ा अपराध है।

सिद्धांत - 5

सामने वाले व्यक्ति को अपनी लाज रखने दें।

6

सफलता के लिए लोगों को प्रेरित करने की विधि

प्रसिद्ध मनोवैज्ञानिक जेस लायर ने अपनी पुस्तक में मानवीय व्यक्तित्व के नए और रोमाँचकारी पहलू पर प्रकाश डाला है। वे कहते हैं कि प्रशंसा एक ऐसा सुखद प्रकाश है जो मानव हृदय को उत्साह और जोश से भर देता है। इसके बिना हमारे व्यक्त्वि रूपी पुष्प का कभी विकास नहीं हो सकता। यदि हम अपने व्यवहार में और अपने जीवन में थोड़ी सी रोचकता लाएं और आलोचना के विष को अपने मन से निकाल दें तो संभव है कि हम अपने साथ-साथ, हमारे संपर्क में आने वाले प्रत्येक व्यक्ति के जीवन को महका सकते हैं। प्रशंसा के इस नए नियम की शिक्षा मुझे अपने एक दोस्त पीट बारलो से मिली।

पीट बारलो सर्कस की दुनिया में काम करता था। उसने अपना पूरा जीवन सर्कस को समर्पित कर दिया था। लोगों के मुरझाए चेहरों पर मुस्कुराहट लाना ही उसका मुख्य उद्देश्य था। एक बार जब मैं उससे मिलने गया तो वह अपने नए कुत्तों को प्रशिक्षण देने में व्यस्त था। जब भी कोई कुत्ता कुछ अच्छा प्रदर्शन करता, तो बारलो उसकी पीठ थपथपाता और तारीफ स्वरूप गोश्त का एक टुकड़ा उसे खाने को देता। कुत्ते भी खुशी से पूँछ हिलाने लगते और अपने अगले अभ्यास में लग जाते।

खैर, इसमें कोई ज्यादा हैरानी वाली बात तो नहीं थी, क्योंकि जानवरों को प्रशिक्षित करने की इस तकनीक का प्रयोग तो सदियों से चलता आ रहा है। परंतु इस घटना को देखने के बाद मेरे दिमाग में एक बात आई कि

बजाए जानवरों को प्रशिक्षित करने वाली इस तकनीक का प्रयोग इंसानों को बदलने मे क्यों नहीं किया जाता? क्यों हम लोगों को गलती होने पर डराने की प्रोत्साहित नहीं करते? इस तकनीक के प्रयोग से हम सामने वाले व्यक्ति को सुधारने में उसकी मदद कर सकते हैं।

मैं जब भी अपनी जिंदगी के पिछले कुछ सालों को देखता हूँ तो पाता हूँ कि प्रशंसा के कुछ शब्दों ने भविष्य नव-निर्माण में मेरी बहुत मदद की है। इतिहास में ऐसे बहुत से महान लोगों के उदाहरण मिलेंगे जिनकी जिंदगियों में मात्र थोड़े से प्रोत्साहन और तारीफ से बहुत बड़ा बदलाव आया था।

कई साल पहले की बात है। एक छोटे से दस साल के बच्चे नेपल्स को गाने-बजाने का बहुत शौक था, परंतु इससे पहले कि उसका यह शौक उभर कर सामने आ पाता एक संगीत शिक्षक ने उसके इस जोश को ठंडा कर दिया और कहा कि वह कभी गायक नहीं बन सकता। बच्चा निरुत्साहित होकर फैक्ट्री में मज़दूरी करने लगा। काम के दौरान वह लगातार कुछ न कुछ गुनगुनाता रहता। वहाँ काम करने वाले सभी लोग उसकी तारीफ करते । परंतु जब भी उसे संगीतज्ञ की बात याद आती तो वह खामोश हो जाता और दौड़कर अपनी माँ के आंचल में छिप जाता। उसकी माँ, जो उसके लिए प्रेरणा का स्रोत थी उसे चूमती और कहती, "तुम्हारी आवाज में जादू है.. एक दिन तुम बहुत बड़े गायक बनोगे।" वह अपने बेटे के संगीत प्रशिक्षण की फीस जुटाने के लिए दिन-रात मेहनत मजदूरी करती। गरीब माँ की तारीफ़ और प्रोत्साहन ने उस बच्चे की जिंदगी को बदल कर रख दिया और वह अपने समय का महान ऑपेरा गायक बना जिसका नाम एनरिको कैरूसो था।

लंदन में रहने वाला एक युवक लेखन साहित्य में रुचि रखता था। परंतु दुर्भाग्यवश उसकी शैक्षणिक योग्यता कुछ शब्दों की पहचान तक ही सीमित थी। आँखों में नए ख़्वाब लिए वह संघर्शमयी दुनिया में उतर गया। कई दिनों के प्रयास के बाद उसे एक चूहों से भरे वेयरहाऊस में बोतलों पर लेवल चिपकाने का काम मिल गया। दिन में वह अपनी सोच को शब्दों का रूप देता और रात को काम करने के बाद अपने दो साथियों के साथ उसी वेयरहाऊस में

सो जाता। उसे अपनी लेखन कला पर ज्यादा भरोसा नहीं था इसीलिए उसने अपनी पहली लेखन प्रतिलिपि रात के अंधेरे में डाकघर में डाली ताकि लोग उसकी हँसी न उड़ाएं। भाषा के अपूर्ण ज्ञान के कारण उसकी कहानियाँ एक के बाद एक रिजेक्ट होती गयीं। परंतु उसने हिम्मत न हारी अपनी प्रत्येक हार को उसने सबक माना और नई कहानी लिखता गया। आखिरकार वह दिन आ ही गया जब उसकी कहानी को स्वीकृति मिल गई. परंतु इसके बदले में उसे एक भी पैसा नहीं दिया गया। संपादक ने उसके हौसले की इतनी तारीफ की कि वह बौखलाया सा सड़कों पर घूमने लगा और लोगों को रोक-रोक कर बताने लगा कि उसकी कहानी छपने जा रही है। खुशी के आँसू उसकी आँखों से थमने का नाम नहीं ले रहे थे। यही युवक आगे चलकर देश का महान लेखक बना और उसका नाम था- चार्ल्स डिकेंस।

बी. एफ. स्किनर की मूल अवधारणा थी- किसी की आलोचना करने की बजाए उसकी प्रशंसा करो। उसने लोगों के सामने प्रमाणित कर दिया कि जब आलोचना कम और प्रशंसा अधिक की जाती है तो लोगों को अच्छे काम करने के लिए प्रेरित किया जा सकता है।

जॉन रिंगेल्सपॉ ने अपने बच्चों को सुधारने के लिए इसी तकनीक का प्रयोग किया। सामान्यतः बच्चों के गलती करने पर माता-पिता चिल्लम-चिल्ली मचाते हैं और उन्हें डाँटते हैं। ऐसे माहौल में बच्चे सुधरने की बजाय बिगड़ते जाते हैं। मिस्टर जॉन भी अपने बच्चों की दिन-ब-दिन बढ़ती शैतानियों से परेशान थे। ऐसे में उन्होंने हमारी ट्रेनिंग क्लास आना शुरू किया और कोर्स में बताए सिद्धांतों को अपनाया। मिस्टर जॉन बताते हैं: हमने उनकी गलतियों पर उन्हें डाँटना छोड़ दिया। हालांकि यह इतना आसान नहीं था, परंतु हमारे पास इसके सिवा कोई दूसरा रास्ता नहीं था। वे अक्सर कोई न कोई उल्टा-सीधा काम करते थे, मगर हम इसमें भी कुछ न कुछ तारीफ योग्य प्वाइंट ढूंढ निकालते जिससे कि उन्हें प्रोत्साहन मिले। धीरे-धीरे उनकी शैतानियाँ कम होने लगीं और वे स्वयं भी हमारी तारीफ के काबिल बनने की कोशिश करने लगे बदलाव जब एक बार शुरू होता है तो यह पूरे मानव

व्यवहार को प्रभावित करता है। अब हमें अपने बच्चों पर किसी तरह से चीखने-चिल्लाने की जरूरत नहीं पड़ती थी। अब उनका ज्यादा समय पढ़ने में जाता था और यह सब कुछ संभव हुआ हमारे उनके गलत कामों की आलोचना करने की बजाय प्रशंसा करने के सिद्धांत से।

कैलिफोर्निया के कीथ रोपर ने भी इस सिद्धांत को अपने व्यवसाय में आज़माकर देखा। उनकी प्रिंट शॉप में एक नया कर्मचारी आया था, जिसे नौकरी और बड़े ऑफिसर के साथ तालमेल बैठाने में बहुत दिक्कत हो रही थी। सुपरवाइज़र उसके नकारात्मक रवैये से बहुत परेशान था और उसे नौकरी से निकालने की सोच रहा था।

फिर एक दिन मिस्टर रोपर को उसके बारे में खबर लगी। वह तुरंत ही उससे मिलने प्रिंट शॉप गया और उससे बात की। उसने युवक की बहुत तारीफ की और नया काम करने को दिया। थोड़ी सी तारीफ ने युवक में एक नया जोश और उत्साह भर दिया जिससे उसने काम को एक ही दिन में खत्म कर दिया। मिस्टर रोपर इसे देखकर बहुत खुश हुए। उन्होंने युवक को बताया कि यह उनकी दुकान में होने वाला सबसे पहला अच्छा काम है। इसके अलावा उन्होंने काम की सफलता का सारा श्रेय उस युवक को दिया।

आपको क्या लगता है, कि क्या इस थोड़ी सी तारीफ से युवक के व्यवहार में कुछ बदलाव आया होगा? जी हाँ, उसके व्यवहार में आश्चर्यजनक बदलाव आया। उसने अपने सारे सहकर्मियों से इस बात की चर्चा की और बताया कि कंपनी में कोई है जो अच्छे काम की कदर करता है। उस युवक की बातों से बाकी के कर्मचारियों पर भी प्रभाव पड़ा और वे भी निश्ठा और लगन से अपने काम में लग गए।

एक बात सदैव याद रखें, हम सबको जितनी भूख प्रशंसा और तारीफ की होती है, उतनी शायद किसी चीज़ की नहीं होती। इसे पाने के लिए व्यक्ति किसी भी हद तक जा सकता है। एक व्यक्ति तारीफ तभी पसंद करता है जब यह किसी खास बात को लेकर की जाएं, परंतु यदि झूठी तारीफ या चापलूसी करने से उसके उत्साह को गहरी चोट लगती है।

यदि आप लोगों को भीतर से बदलना चाहते हैं, तो उनके संपर्क में जाइये। इससे आपको उनमें छिपी कुछ अच्छी और कुछ बुरी बातों का पता चलेगा। यदि अच्छी बातों को अधिक प्रोत्साहित किया जाए तो उनका ध्यान बुरी बातों से हट जाएगा और आप उनमें बदलाव लाने में पूरी तरह सफल होंगे।

आखिर में पेश है अमेरिका के सर्वश्रेष्ठ मनोवैज्ञानिक विलियम जेम्स के कुछ महत्वपूर्ण शब्दः हम जो भी कार्य करते हैं, वह हमारी योग्यताओं का केवल आधा हिस्सा ही होता है। हमारे प्रत्येक कार्य में मानसिक और शारीरिक योग्यताओं का पर्याप्त योगदान होता है। परंतु प्रत्येक व्यक्ति अपनी संभावनाओं का पूरा दोहन नहीं कर सकता, क्योंकि वे अपनी सारी क्षमताओं का प्रयोग करने में आम तौर पर असफल होते हैं।

आप अपनी जिन शक्तियों का पूरी तरह उपयोग करने में सफल नहीं हो पाते, उनमें से एक है लोगों की तारीफ़ करना और उन्हें प्रेरित करने की जादुई क्षमता, जिससे उनकी निहित संभावनाओं का दोहन किया जा सके। सामान्यतः आलोचना करने से व्यक्ति की योग्यताओं को ऊपर उठने का मौका नहीं मिल पाता। परंतु प्रोत्साहन की खाद मिलने पर वे फलने-फूलने लगती है।

सिद्धांत - 6

थोड़े से सुधार की भी तारीफ करें और हर सुधार पर तारीफ करें। दिल खोलकर तारीफ करें और मुक्त कंठ से सराहना करें।

7

बुरे को भला नाम दे दें

चलिए अब एक सवाल का जवाब दीजिए: अगर कोई अच्छा कर्मचारी अपने काम में लापरवाही बरतने लगे या फिर अनमने से काम करने लगे तो ऐसे में आप क्या करेंगे? क्या उससे नौकरी से निकाल देंगे? या फिर सबके सामने डांट-फटकार कर उसकी बेइज़्ज़ती करेंगे? नहीं। ऐसा करना सही नहीं होगा क्योंकि नौकरी से निकालना समस्या का सही हल नहीं है.. गलती तो किसी से भी हो सकती है, ऐसे में यदि आप सबको नौकरी से निकालने लगे तो आपका काम कैसे चलेगा। न ही उसकी आलोचना करना ठीक रहेगा क्योंकि इससे उसके मन में आपके प्रति कड़वाहट भर जाएगी और वह चाहकर भी आपके प्रति ईमानदारी नहीं दिखा पाएगा। ऐसी ही एक समस्या हेनरी हैंक लॉवेल के सामने पैदा हुई... चलिए देखते हैं उसने इसका सामना कैसे किया? हो सकता है उसके अपनाए तरीके से आपको भी कोई राह नज़र आ जाए।

हेनरी इंडियाना में एक ट्रक डीलरशिप कंपनी में सर्विस मैनेजर था। उसका एक मैकेनिक बिल कई दिनों से ढंग से काम नहीं कर रहा था, जिस वजह से हेनरी को काफी नुकसान हो रहा था। एक दिन उसने बिल को अपने ऑफिस में बुलाया और उससे खुलकर बातचीत की। "बिल, तुम एक बहुत अच्छे मैकेनिक हो और पिछले कई सालों से हमारे यहां काम कर रहे हो। हमारे यहां जितने भी ग्राहक आते हैं सब तुम्हारे काम की बहुत तारीफ करते हैं। मुझे भी तुम्हारा काम बहुत पसंद है, परंतु पिछले कुछ दिनों से तुम ठीक से काम नहीं कर रहे हो। दरअसल, तुम हमारे इतने अच्छे मैकेनिक हो, इसलिए तुम्हारी समस्याओं को जानना मेरा कर्तव्य है, क्योंकि मैं नहीं चाहता कि किसी वजह से तुम्हारा ध्यान काम से भटके और कंपनी को कोई नुकसान

हो। शायद हम दोनों मिलकर तुम्हारी इस समस्या को हल को कर सकें।"

"सर, प्लीज़, मुझे माफ कर दीजिए... मुझे पता ही नहीं चला कि कब मेरा ध्यान काम से भटक गया। लेकिन आप मेरा भरोसा कीजिए, आगे से ऐसा कभी नहीं होगा। आपको मेरे काम में कभी कोई कमी नजर नहीं आएगी बिल ने मिस्टर हेनरी को आश्वस्त करते हुए कहाँ।"

हेनरी की बातों का बिल पर ऐसा गहरा प्रभाव पड़ा कि वह एक बार फिर से तेज़ और कुशल मैकेनिक बन गया। दरअसल हेनरी ने अतीत मे उसके काम की जो इमेज बनाई थी, बिल उस पर खरा उतरना चाहता था।

शेक्सपियर ने कहा था, "यदि आप किसी व्यक्ति को सुधारना चाहते हो तो उसे ऐसा महसूस करवाओ जैसे कि वह बहुत मेहनती है और लोगों के सामने उसकी अच्छी इमेज बना दो और फिर देखना वे अपनी इमेज को सही बनाए रखने के लिए खूब जोश से काम करेंगे।"

जॉर्जेट लेब्लांक ने अपनी पुस्तक सॉवेनियर्स, माई लाइफ बिथ मैटरलिंक में बताया है कि उन्होंने किस तरह एक बदसूरत सी दिखने वाली नौकरानी की जिंदगी की काया पलट दी।

वह बताती हैं : "उसके घर के पास बने होटल से मैरी द डिशवॉशर नाम की नौकरानी प्रतिदिन उसके लिए भोजन लाया करती थी। वह पिछले कई सालों से उसी होटल में बर्तन माँजने और भोजन परोसने का काम करती थी। उसकी शक्ल एकदम डरावनी, आँखे भेंगी और शरीर एक सूखी लकड़ी के ढाँचे जैसा था। वह हमेशा डरी-सहमी सी रहती थी। अगर कोई उसे कुछ कह भी देता तो चुपचाप खड़ी सुनती रहती।"

"एक दिन दोपहर को वह मेरे लिए मैकरॉनी लेकर आई। जैसे ही कमरे में दाखिल हुई," मैंने कहना शुरू किया, "मेरी, तुम्हें पता है तुम कितनी अच्छी हो। बिल्कुल एक सर्वगुण संपन्न लड़की हो, जो भी तुमसे शादी करेगा वह बहुत खुशनसीब होगा।"

"मैरी चुपचाप खड़ी मेरी बातें सुनती रही। आत्म-विश्वास की कमी के कारण वह थोड़ा घबराई हुई थी। फिर उसने प्लेट टेबल पर रखी और कहा,

मैडम, मुझे आपकी बात पर यकीन नहीं है। फिर वह हताश सी किचन की तरफ पलटी और जाते-जाते मेरे कहे शब्दों को दोहराया। उसकी आस्था में इतनी शक्ति थी कि किसी में उसका मजाक उड़ाने का साहस नहीं था। धीरे-धीरे उसके व्यवहार में भी आश्चर्यजनक परिवर्तन आया। उसे मेरी बातों पर यकीन हो गया था इसीलिए वह खुद का पहले की अपेक्षा ज़्यादा ध्यान रखने लगी। कुछ दिनों में ही उसकी बदसूरती गायब हो गई और वह किसी ब्यूटी क्वीन की तरह लगने लगी।"

"दो महीने बाद उसने शैफ के भतीजे के साथ शादी कर ली। जॉर्जेट लेब्लांक के एक छोटे से वाक्य ने उसका पूरा जीवन बदल दिया था। उसने मैरी डिशवॉशर को एक नई इमेज दी और मैरी ने उसे बरकरार रखने के लिए स्वयं को बदल दिया।"

एक सुबह की बात है। आयरलैंड के एक सुप्रसिद्ध दंत चिकित्सक डॉ. मार्टिन फिट्ज़ह्यू अपने एक मरीज़ का निरीक्षण कर रहे थे। तभी उनके मरीज़ ने शिकायती लहजे में बताया कि जिस कप से वह अपना मुँह साफ करने गया था, वह बहुत गंदा था। डॉ. मार्टिन को बहुत शर्मिंदगी महसूस हुई। इसलिए मरीज़ के जाने के बाद वे अपने ऑफिस में गए और अपने क्लीनिक की सफाई करने वाली महिला ब्रिजिट को एक पत्र लिखा। पत्र में उन्होंने ब्रिजिट को अपनी व्यवहार कुशलता से बहुत प्रभावित किया। उन्होंने लिखा :

प्रिय ब्रिजिट,

व्यस्तता के कारण आपसे मिलने का मौका नहीं मिल पाता इसलिए सोचा कि आपकी इतनी बढ़िया सफाई करने के लिए आपको धन्यवाद बोल दूँ। वैसे मुझे लगता है कि सफाई करने के लिए सप्ताह में दो दिन का समय बहुत कम है। लेकिन अगर आपको महसूस हो कि कभी-कभार साफ़ करने वाली चीजों जैसे कि कप होल्डर या टेबल को चमकाने के लिए आपको अधिक समय की जरूरत है तो कृप्या आप आधा घंटा ज़्यादा काम करने का कष्ट करें क्योंकि क्लीनिक में हजारों तरह के मरीज आते हैं... ऐसे में अगर थोड़ा जल्दी सफाई हो जाएगी तो लोगों के स्वास्थ्य के लिए बेहतर होगा। आप फिक्र मत कीजिए मैं आपको इस आधे घंटे का पर्याप्त भुगतान करने को तैयार हूँ।

अगले दिन जब मैं ऑफिस पहुँचा तो मेरी टेबल शीशे की तरह चमक रही थी और जब मैं ट्रीटमेंट रूम में गया तो मैंने देखा कि कप होल्डर साफ होने के बाद बिल्कुल नए जैसा लग रहा था मानो कल ही बाज़ार से नया खरीदा गया हो। दरअसल मैंने सफाई वाली के सामने उसकी ऐसी इमेज बना दी थी और मेरे इस छोटे से प्रयास की बदौलत उसने अपना सर्वश्रेष्ठ प्रदर्शन किया।

बिल पार्कर फ्लोरिडा में एक फूड कंपनी में सेल्स रिप्रजेंटेटिव मैनेजर थे। उनकी कंपनी अपने कुछ नए प्रॉडक्ट मार्केट में लांच करने जा रही थी. जिसे लेकर बिल बहुत ज्यादा उत्साहित थे। परंतु बाद में उन्हें खबर मिली कि एक बड़ी फूड मार्केट के मैनेजर ने उनके प्रॉडक्ट को अपने स्टोर में रखने से मना कर दिया। बिल पूरा दिन उदास सा इधर-उधर घूमता रहा और उसके इंकार करने की वजह के बारे में सोचता रहा। शाम को उसने दुबारा स्टोर के मैनेजर से मिलने का फैसला किया।

वह वहाँ गया और बोला, 'जैक, जब मैं सुबह यहां से गया तो मुझे महसूस हुआ कि मैं आपको हमारे नए प्रॉडक्टस के बारे में पूरी जानकारी नहीं दे पाया। अगर आपको बुरा न लगे तो क्या मैं आपका थोड़ा समय ले सकता हूँ ताकि मैं आपको वह सारी जानकारी दे सकूं, जो पहले मुझसे छूट गई थी। वैसे मैं जानता हूँ कि आप मेरी बात कभी नहीं टालेंगे क्योंकि आप सबकी बातें बहुत ध्यान से सुनते हैं और सोचने-समझने के बाद ही उचित फैसले पर पहुँचते है।

आपको क्या लगता है? क्या जैक अब भी उसकी बात सुनने से इंकार कर सकता था? नहीं, बिल्कुल नहीं। क्योंकि बिल ने उसकी जो इमेज बनाई थी उसे उस पर खरा उतरना था।

एक पुरानी कहावत है, किसी कुत्ते को बुरा नाम दो तो वह इतना बुरा व्यवहार करेगा कि आप उसे जान से मारने पर उतारू हो जाएंगे। परंतु अगर आप उसे कोई अच्छा नाम दें तो फिर वह आपके लिए अपनी जान न्यौछावर करने को तैयार रहेगा।

मिसेज़ रूथ हॉपकिन्स बुकलिन, न्यूयॉर्क में एक स्कूल टीचर थी और चौथी कक्षा को पढ़ाती थी। नए सत्र के पहले दिन जब उसने अपना क्लास रजिस्टर देखा तो अपने स्टूडेंट के नाम पढ़कर उसके रोंगटे खड़े हो गए क्योंकि इस साल उसकी क्लास में टॉमी नाम का लड़का आ गया था जो कि स्कूल का सबसे शैतान बच्चा था। पूरा स्कूल उसकी शिकायतों से परेशान था। कभी वह बच्चों से झगड़ता, कभी लड़कियों को छेड़ता और कभी छोटे बच्चों का सामान छिपाकर उन्हें रुला देता। उम्र के साथ-साथ उसकी हरकतें भी बढ़ती जा रही थीं। उसकी पिछली क्लास टीचर प्रत्येक मीटिंग में प्रिंसीपल से अक्सर उसकी शिकायत किया करती थी। परंतु मैं उस छोटे से बच्चे को अपने पर हावी नहीं होने देना चाहती थी। इसलिए मैंने पहले ही कमर कस ली और उसके बारे में सारी अच्छी-बुरी आदतें पता की। टॉमी की एक ख़ासियत थी... वह पढ़ाई में बहुत तेज था और उसमे सीखने की लगन भी थी, परंतु उसकी शरारतें उसके इस गुण को ढक रही थीं । क्लास के पहले दिन मिसेज हॉपकिंस ने बच्चों का स्वागत किया और सब पर अलग-अलग तरह से टिप्पणी की, "रोज, तुम बहुत सुंदर हो," "एलिसिया, मैंने सुना है कि तुम ड्राइंग बहुत सुंदर बनाती हो।" और जब वे टॉमी के पास गई तो उन्होंने उसकी आँखों में देखा और कहाँ, "टॉमी, तुम तो बिल्कुल लीडर की तरह दिखते हो । मैं चाहती हूँ कि तुम क्लास के मॉनीटर बन जाओ और बच्चों को संभालने में मेरी मदद करो ताकि पिछले साल की तरह इस साल भी चौथी क्लास स्कूल की सबसे अच्छी क्लास बन जाए।" शुरूआत के कुछ दिनों में टीचर टॉमी के हर काम की बार-बार तारीफ करती। उसने पूरे स्कूल में टॉमी की इतनी अच्छी इमेज बना दी कि टॉमी को मजबूरन अपनी इमेज पर खरा उतरना पड़ा।

अगर आप भी लोगों का व्यवहार और रवैया बदलना चाहते हो तो ऐसा ही करें .....

सिद्धांत - 7

सामने वाले व्यक्ति को ऐसी इमेज दे दें, जिससे वह सही साबित करना चाहे।

8

गलती सुधारना आसान लगना चाहिए

मेरे एक चालीस वर्षीय मित्र की सगाई हुई। लड़की चाहती थी कि जिस लड़के से उसकी शादी हो वह अच्छा डांसर हो। लेकिन बदकिस्मती से मेरे दोस्त का डांस-वांस में कोई विशेष रुझान नहीं था। परंतु अपनी मंगेतर के अनुरोध करने पर वह डांस सीखने चला गया। मेरे मित्र ने बताया: "मुझे डांस का ए. बी, सी भी नहीं आता था। जब मैं पहले डांस टीचर के पास गया तो उसने मेरे शारीरिक डील-डोल और घटिया डांस स्टाइल को देख कर कहा कि तुम डांस के लिए नहीं बने हो। तुम्हें डांस सीखने का ख़्याल अपने दिमाग से निकालना होगा। उसके शब्दों को सुनने के बाद मेरे सारे अरमानों पर पानी पड़ गया। एक तरह से मुझमें डांस सीखने की इच्छा-शक्ति ही मर चुकी थी। फिर मैंने अपना टीचर बदल लिया।"

"नए टीचर ने मेरा हौसला बढ़ाते हुए कहा कि हालांकि मेरा डांस करने का स्टाइल थोड़ा पुराना ज़रूर है, परंतु मुझमें डांस सीखने की चाह है और इसे सुधारने में मुझे ज़्यादा मुश्किलें नहीं आएंगी। नई टीचर हर समय मेरी तारीफ़ करती और कहती, "लगता है आप जन्मजात डांसर हैं, आप को लय और ताल की काफी अच्छी समझ है। जबकि सच्चाई मैं अच्छी तरह से जानता था कि मैं एक बहुत बकवास डांसर हूँ। टीचर का एक झूठ मुझे नई ताकत दे रहा था।"

"आज मैं एक बहुत अच्छा डांसर बन गया हूँ और इसमें कोई शक नहीं कि मेरी इस सफलता में डांस टीचर का पूरा योगदान था, क्योंकि अगर वह

मुझे प्रोत्साहित न करती तो शायद मैं डांस कभी नहीं कर पाता। उसके झूठ ने मेरी उम्मीदों को बाँध दिया और मुझे खुद को सुधारने में मदद की।"

जब भी कभी आपके बच्चे, कर्मचारी या आपका कोई मित्र गलती करे तो उसे यह कदापि न बताएं कि वह मूर्ख है या फिर उसमें प्रतिभा की कमी है या फिर वह गलत काम कर रहा हैं। क्योंकि इससे उनमें सुधार की सारी गुंजाइश खत्म हो जाती है। यदि आप उन्हें प्रोत्साहन दें और उन्हें यह अहसास करवाएँ कि आपको उसकी प्रतिभा पर यकीन है तो वह पूरी मेहनत से अपने प्रदर्शन में सुधार लाने का प्रयास करेगा।

एक बार मैं, मिस्टर और मिसेज़ थॉमस के साथ वीकएंड पर उनके साथ फार्महाऊस घूमने चला गया। मिस्टर थॉमस मानवीय संबंधों के ज्ञान में बेहद निपुण थे। रात को जब हम आग के सामने बैठे हाथ सेंक रहे थे तो मिस्टर थॉमस ने मुझे ब्रिज खेलने का आमंत्रण दिया। "ब्रिज? नहीं यार !! मुझे इसकी ज़रा भी समझ नहीं है। और फिर विद्वानों ने कहा भी है कि जो काम न आता हो उसे कभी नहीं करना चाहिए। इसलिए प्लीज, मुझे माफ कर दो... मैं इसमें तुम्हारा साथ नहीं दे पाउँगा।"

"अरे, डेल, इसमें कोई मुश्किल नहीं है। ब्रिज खेलने के लिए तो थोड़ी सी याददाश्त और कॉमनसेंस की जरूरत होती है और जहाँ तक मैं आपको जानता हूँ.. आपमें ये दोनों गुण कूट-कूट कर भरे हैं। ब्रिज खेलना तो आपके लिए बाएं हाथ का खेल है, इसलिए मेरी मानिए और एक बार हाथ तो आज़मा कर देखिए" मिस्टर थॉमस ने मेरा हौसला बढ़ाते हुए कहाँ।

बस फिर क्या था! मैं भी बैठ गया उनके सामने... बिल्कुल एक मंजे हुए खिलाड़ी की तरह। यह सिर्फ इसलिए क्योंकि मिस्टर थॉमस ने मुझे अहसास करवा दिया था कि ब्रिज खेलना मेरे लिए बाएं हाथ का खेल है।

ब्रिज का नाम जुबान पर आते ही मुझे एली कल्बर्टसन की याद आ जाती है। वे एक महान लेखिका और खिलाड़ी थी। उनकी ब्रिज पर लिखी पुस्तकों का दर्जनों भाषाओं में अनुवाद हो चुका है। जब मेरी पहली बार उनसे

मुलाकात हुई तो उन्होंने बताया कि उनकी इस खेल में कुछ ज्यादा दिलचस्पी नहीं थी, परंतु एक महिला के आग्रह करने पर उन्होंने इसे व्यवसाय के रूप में अपनाया।

1922 में कल्बर्टसन अमेरिका आए और कई बड़े-बड़े विश्वविद्यालयों में टीचर के पद के लिए आवेदन किया, परंतु अनुभव का अभाव होने के कारण कोई भी उन्हें नौकरी पर रखने को तैयार नहीं था। फिर उन्होंने कोयला बेचने के व्यवसाय में हाथ आजमाया, परंतु वहाँ भी नाकामी ही हाथ लगी। कॉफी बेचने का व्यवसाय भी उन्हें रास नहीं आया। उन्होंने थोड़ा-बहुत ब्रिज खेला था, परंतु उस वक्त उनके मन में ऐसा कुछ नहीं था कि वे इसे सिखा भी पाएंगे। पहले जब वे ब्रिज खेलते थे तो अपने सहयोगियों से इसके बारे में इतने ज़्यादा सवाल-जवाब करते कि वे सब चिढ़कर खेलना ही छोड़ देते थे।'

फिर एक दिन वह एक ब्रिज टीचर जोसेफाइन डिल्लन से मिले। जोसेफाइन से इनकी दोस्ती गहरी होते-होते प्यार में बदल गई और एक दिन दोनों ने शादी कर ली। एक दिन ब्रिज खेलते वक़्त जोसेफाइन ने देखा कि कल्बर्टसन पत्तों का बड़ी सावधानी से विश्लेषण कर रहा था। यह बात उसके मन में बैठ गई और उसने अपने पति को विश्वास दिलाया कि उसमें कार्ड टेबल की प्रतिभा छुपी हुई है। जोसेफ़ाइन के प्रोत्साहन के कारण उसने ब्रिज में और ज़्यादा प्रशिक्षण प्राप्त किया और इसे अपने व्यवसाय के रूप में चुना।

क्लेरेंस एम. जोन्स सिनसिनाटी में हमारी ट्रेनिंग क्लास कोर्स के प्रशिक्षक थे। उनके और उनकी पत्नी के बीच में तलाक हो चुका था। उनका एक पुत्र था डेविड जो अपनी माँ के पास रहता था, लेकिन कभी-कभार अपने पिता से मिलने भी आ जाता था। कई साल पहले एक कार एक्सीडेंट में डेविड का सिर फट गया था जिससे उसके दिमाग पर गहरा प्रभाव पड़ा। देखने में तो वह बिल्कुल सामान्य था, परंतु उसका मस्तिष्क सामान्य स्तर पर काम नहीं कर पाता था। नतीजतन वह अपनी क्लास में काफी पिछड़ा हुआ था। जिस उम्र में उसके बाकी दोस्त नौवी-दसवीं में थे, वह अभी सातवीं कक्षा में ही था और अभी तक उसे पहाड़े भी ठीक से याद नहीं हुए थे।

एक बार वह अपने पिता के पास सिनसिनाटी रहने आया। मिस्टर जोन्स में कई दिनों तक उसकी प्रत्येक गतिविधि पर नजर रखी। उन्होंने देखा कि डेविड को बिजली के उपकरणों जैसे रेडियो और टी.वी. में बहुत दिलचस्पी थी। जब तक वह इन उपकरणों को खोल कर अच्छी तरह जाँच परख न लेता, उसे चैन नहीं मिलता था। दरअसल वह टी.वी. टेक्नीशियन बनना चाहता था। परंतु इसके लिए उसका गणित में पारंगत होना भी आवश्यक था। इसलिए मिस्टर जोन्स ने उसकी मदद करने का फैसला किया। वे फ़्लैश कार्ड के चार सैट लेकर आए गुणा, भाग, जोड़ने और घटाने के सैट मिस्टर जोन्स बताते हैं: "जब हम इन कार्डों का उपयोग करते थे, तो हम सही जवाबों को एक अलग जगह रखते थे। जब डेविड किसी कार्ड का सही जवाब नहीं दे पाता. तो हम उस कार्ड को फिर से रिपीट करने वाले ढेर में रख देते। यह प्रक्रिया तब तक चलती थी, जब तक कि कोई कार्ड नहीं बचता था। हर बार सही जवाब देने पर मैं उसकी तारीफ करता। हर रात हम एक रिपीट करने वाले ढेर से गुजरते और एक घड़ी पास में रखकर टाईम नोट करते कि सारे जवाब देने में कितना समय लगा है। मैंने उससे वायदा किया कि जब वह सभी कार्डों का सही जवाब आठ मिनट में दे देगा, तो उसके बाद हम इस प्रक्रिया को रोज दोहराना छोड़ देंगे। डेविड के लिए यह असंभव चुनौती थी। पहली प्रक्रिया में उसे 52 मिनट लगे, दूसरी में 48, तीसरी में 45, फिर 44, फिर 41 और वक्त धीरे-धीरे कम होता गया। हर बार समय कम होने पर हम जोरदार जश्न और डांस करते। फिर मैं अपनी पत्नी को फोन करके यह खुशखबरी सुनाता। महीने के आखिर में वह सभी कार्डों के आठ मिनट से भी कम समय में सही जवाब देने लगा। उसे इसमें इतना मज़ा आने लगा कि वह रात को दो-तीन बार यही प्रक्रिया दोहराने की जिद्द करता।

परिणामस्वरूप गणित में उसके बहुत बढ़िया नंबर आए। अध्यापक इस आश्चर्यजनक बदलाव को देखकर बहुत हैरान हुए। धीरे-धीरे उसकी बाकी के विषयों को पढ़ने की गति भी बढ़ गई। उसने ड्राइंग की अपनी जन्मजात प्रतिभा का बेहतर प्रयोग करना सीख लिया। सत्र के अंत में उसके विज्ञान के

शिक्षक ने उसे एक मॉडल बनाने का काम सौंपा। उसने लीवर के प्रभाव को दर्शाने वाले जटिल मॉडल को बनाने का चुनाव किया। इसके लिए न सिर्फ ड्राइंग और मॉडल बनाने में दक्षता चाहिए थी, बल्कि एप्लाइड मैथ्स की निपुणता की भी आवश्यकता थी। स्कूल की इस विज्ञान प्रतियोगिता में उसे प्रथम पुरस्कार मिला। फिर उसने राज्य स्तर पर होने वाली प्रतियोगिता में भाग लिया, जिसमें वह तीसरे स्थान पर आया।

मिस्टर जोन्स की छोटी सी मेहनत रंग लाने लगी थी। यह वही छोटा सा बच्चा था जो पढ़ाई में बहुत पीछे था, जिसे उसके सहपाठी 'फ्रँकस्टीन' कहकर चिढ़ाते थे और कहते थे कि चोट लगने के कारण उसका दिमाग बाहर निकल गया है। लेकिन जब उसे पता चला कि उसमें सीखने की क्षमता है तो उसने खूब मेहनत की। जिसका परिणाम यह निकला.... आठवीं क्लास के अंतिम हिस्से से लेकर पूरे हाई स्कूल में वह हमेशा प्रथम स्थान पर रहा। हाई स्कूल में उसे नेशनल ऑनर सोसाइटी के लिए चुना गया। जब एक बार उसे पता चल गया कि सीखना आसान है तो, इसके बाद उसका पूरा जीवन ही बदल गया।

सिद्धांत - 8

प्रोत्साहित करें। यह बताएं कि गलती सुधारना आसान है।

9

वह तरीका जिससे लोग आपका काम खुशी-खुशी कर दें

प्रथम विश्व युद्ध शुरू हुए एक साल हो चला था ... चारों तरफ दहशत का माहौल था। यूरोप के देश बुरी तरह से एक दूसरे को मार-काट रहे थे। हर तरफ मरने वालों की चीख-चिल्लाहट सुन कर कलेजा बाहर आने को होता। शायद इतिहास में इतने बड़े पैमाने पर हिंसा पहले कभी नहीं हुई थी। ऐसे में अमेरिका के राष्ट्रपति वुडरो विल्सन ने शांति स्थापित करने की तरफ पहला कदम बढ़ाया। उन्होंने व्यक्तिगत रूप से समस्त यूरोपीय देशों के शासकों और सेनापतियों के पास अपने एक प्रतिनिधि को शांतिदूत बना कर शांति का संदेश भेजने का फैसला किया।

विलियम जेनिंग्स ब्रायन ने वुडरो विल्सन के आगे शांतिदूत बन कर जाने की इच्छा व्यक्त की। दरअसल इसके पीछे उनका अपना निजी मकसद भी था... वे मानवता की सेवा कर इतिहास में अपना नाम स्वर्ण अक्षरों में लिखवाना चाहते थे। परंतु विल्सन ने कर्नल एडवर्ड एम. हाऊस का इस उद्देश्य के लिए चुनाव किया। कर्नल हाऊस की असली परीक्षा की शुरूआत तब हुई जब विल्सन ने उन्हें ब्रायन को यह खबर इस तरह सुनाने की ज़िम्मेदारी सौंपी जिससे कि उन्हें ज़रा भी बुरा न लगे।

कर्नल हाऊस ने अपनी डायरी में लिखा है, 'जब ब्रायन को पता चला कि विल्सन मुझे शांतिदूत बनाकर यूरोप भेज रहे हैं तो वे बहुत निराश हुए। इस पर मैने समझदारी दिखाते हुए कहां कि राष्ट्रपति के विचार से इस काम को आधिकारिक रूप से करना उचित नहीं था। और अगर ब्रायन शांतिदूत

बनकर जाएंगे तो सारी दुनिया की नज़रें उन पर टिक जाएंगी और सबके दिल में एक ही सवाल उठेगा कि ऐसा क्या हुआ कि ब्रायन स्वयं वहाँ गए?

कर्नल हाऊस ने अप्रयत्यक्ष रूप से उन्हें बता दिया कि शांतिदूत बनकर जाने जैसा सामान्य काम उनके सम्मान के लिए अनुचित था और ब्रायन ने भी उनके तथ्य में सहमति दर्शायी। दरअसल कर्नल हाऊस को मानवीय व्यवहार के संबंधों की अच्छी जानकारी थी। अपनी इसी कूटनीतिज्ञता का इस्तेमाल करते हुए उन्होंने ब्रायन का दिल टूटने न दिया।

वुडरो विल्सन, विलियम गिब्स मैकाडू को अपना वित्त मंत्री बनाना चाहते थे। परंतु मैकाडू की इच्छा कैबिनेट मंत्री बनने की थी। विल्सन मैकाडू का दिल नहीं तोड़ना चाहते थे। परंतु उनकी आवश्यकता आर्थिक क्षेत्र में अधिक थी। इसलिए उन्होंने अपनी बात को मैकाडू के समक्ष इस तरह रखा जिससे मैकाडू को अपना महत्व भी पता चला और अपनी काबलियत का भी अहसास हुआ। विल्सन ने बात को कुछ इस तरह कहा, "मैं आपको अपना कैबिनेट मंत्री बना रहा हूँ, परंतु आप हमारे वित्त मंत्री बनते तो मुझे बहुत खुशी होती।" अपनी प्रशंसा सुनते ही मैकाडू ने तुरंत ही वित्त मंत्री का पद स्वीकार कर लिया।

जहाँ वुडरो विल्सन इतने व्यवहार कुशल थे, वहीं उन्होंने अपनी छोटी सी नादानी से पूरे अमेरिकी साम्राज्य को लीग के सामने अपमानित होने पर मज़बूर कर दिया। जब अमेरिका को लीग ऑफ नेशन्स में शामिल करने की बात चल रही थी, तो यूरोपीय देशों के बीच एक शांति वार्ता रखी गई। विल्सन को भी इस वार्ता में शामिल होने का निमंत्रण मिला। विल्सन इस शांति वार्ता में रिपब्लिकन सदस्यों जैसे एलिहू रूट या हेनरी कैबॉट लॉज को अपने साथ लेकर जाने की बजाय अपनी पार्टी के अनजान सदस्यों को साथ ले गए।

उनके इस कदम से रिपब्लिकन पार्टी के सदस्य उनसे बहुत नाराज हुए। उन्हें लगा कि विल्सन ने जानबूझकर उन्हें नीचा दिखाने के लिए ऐसा किया ताकि वह उन्हें अहसास करवा सके कि लीग का विचार उसका स्वयं का था,

न कि रिपब्लिकन पार्टी का अपने इस अभद्र और अपरिश्कृत व्यवहार के कारण उनका पूरा करियर बर्बाद हो गया। इसका असर उनके स्वास्थ्य पर भी पड़ा। उनकी इस गलती के कारण अमेरिका को लीग ऑफ नेशन्स में शामिल करने से मना कर दिया गया जिससे अमेरिका बाकी देशों से कट गया और उसकी प्रगति के सारे रास्ते बंद हो गए।

यदि आप किसी से अपना काम करवाना चाहते हो, तो काम को उस व्यक्ति को इस तरह सौंपे कि सामने वाला व्यक्ति खुश होकर सारा काम करे। इंडियाना के डेल ओ. फेरियर ने अपने बच्चों के साथ भी इसी तकनीक को अपनाया।

फेरियर ने अपने बेटे जेफ को लॉन में लगे पेड़ से गिरी नाशपातियाँ इकट्ठी करने का काम सौंपा ताकि माली को लॉन तराशने में कोई दिक्कत न हो। परंतु जेफ को यह करना बिल्कुल भी पसंद नहीं था। या तो वह काम करने के समय वहाँ होता ही नहीं था या फिर इतने अनमने ढंग से काम करता कि माली को स्वयं काम बीच में छोड़कर नाशपातियाँ उठाने जाना पड़ता। फिर एक दिन फेरियर ने जेफ को बुलाया और कहा "जेफ, मैं तुमसे एक डील करना चाहता हूँ जिसके मुताबिक नाशपातियों से भरी एक टोकरी उठाने के बदले में मैं तुम्हें एक डॉलर नकद दूँगा। परंतु तुम्हारा काम खत्म होने के बाद अगर मुझे एक भी नाशपाती लॉन में गिरी मिल गई तो एक नाशपाती के हिसाब से एक डॉलर तुमसे ले लूंगा। बोलो, सौदा मंजूर है ?" उस दिन के बाद से फेरियर को एक भी नाशपाती जमीन पर गिरी नहीं मिली। पैसों के लालच में वह अपना काम बखूबी करता और सारी नाशपातियों को अच्छे से बीन लेता।

गुंटर शिमट जो कि जर्मनी में हमारे कोर्स क्लास के स्टूडेंट रह चुके हैं, का अपना एक फूड स्टोर था। उसने अपने एक कर्मचारी से सही काम करवाने के लिए इसी तकनीक का प्रयोग किया। उस महिला कर्मचारी का काम स्टोर में प्रत्येक शैल्फ पर माल के सही प्राइस टैग लगाने का था। परंतु वह अक्सर इसमें लापरवाही करती जिससे शिमट को काफी नुकसान होता। शिमट चाहता तो उसे नौकरी से निकाल भी सकता था. परंतु उसने ऐसा

नहीं किया। फिर एक दिन उसने उस महिला कर्मचारी को अपने ऑफिस में बुलाया और कहा कि वे उसे स्टोर में सुपरवाइजर ऑफ प्राइस टैग पोस्टिंग के पद पर नियुक्त कर रहे है और भविष्य में उसे इस बात का ध्यान रखना होगा कि सभी शेल्फों पर सही प्राइस टैग लगे हों। एक नई ज़िम्मेदारी और बदले हुए पदनाम से उसका रवैया पूरी तरह बदल गया। अब वह अपना सारा काम संतोषजनक ढंग से करने लगी।

नेपोलियन ने लीजियन ऑफ ऑनर का खिताब रचा। उसने अपने सैनिकों में 15,000 क्रॉस बांटे और अपने अठारह जनरलों को मार्शल्स ऑफ फ्रांस का खिताब दिया और अपनी सेना को ग्रांड आर्मी के नाम से संबोधित किया। उनकी ऐसी बातों को देखकर विरोधी मुल्क वालों ने नेपोलियन की आलोचना की और कहा कि उसने अपने सैनिकों के हाथों में तोप के गोलों और बंदूकों की जगह खिलौने और झुनझुने थमा दिए हैं। इस पर नेपोलियन ने भी सपाट जवाब दिया, "मनुष्यों पर खिलौनों से ही शासन किया जा सकता है।"

इस तरह पदवी देना और अपने सैनिकों का सम्मान करना उसके बहुत काम आया। उदाहरण के तौर पर न्यूयॉर्क में रहने वाली मेरी एक दोस्त अर्नेस्ट जेंट अक्सर परेशान रहा करती थी। दरअसल उसे अपने लॉन से बहुत प्रेम था, परंतु आस-पड़ोस के कुछ शरारती बच्चे प्रायः उसके लॉन में दौड़-दौड़कर उसका सारा लॉन खराब कर देते थे। उसने बच्चों को कई बार समझा-बुझाकर दूसरी तरफ खुले में खेलने की सलाह दी, परंतु बच्चे तो बच्चे हैं, जितना आप उन्हें समझाओ उतना ही उल्टा चलेंगे। फिर उसने दूसरा तरीका आजमाया और बच्चों के ग्रुप के लीडर को बुलाया और उसे अपना जासूस बना लिया और कहा कि वह अपना कर्तव्य निभाते हुए लॉन की रखवाली करे और अंजान लोगों को अंदर घुसने से रोके। उस जासूस पिछवाड़े में आग जलाकर एक सलाख गर्म की और बच्चों को धमकाया कि आईंदा यहां आये तो वह सबको भूनकर रख देगा। जब भी आपको दूसरे लोगों का व्यवहार बदलने की आवश्यकता हो तो निम्न बातों का ध्यान रखें:

1. ईमानदार रहें। खुद से ज़्यादा सामने वाले के फायदों पर ध्यान दें।

2. आपको पता होना चाहिए कि आप सामने वाले व्यक्ति से क्या काम करवाना चाहते हो।

3. अपनी बात जोर देकर कहें।

4. इस बात पर विचार करें कि आपके सुझाए काम को करने से सामने वाले को क्या फायदा होगा।

5. इन फायदों को उसकी इच्छाओं से जोड़ दें।

6. जब भी आप सामने वाले से किसी बात के लिए आग्रह करें तो उसे यह अवश्य बताएं कि इसे करने से उसे कितना फायदा होगा।

आप अपनी बात को इस तरह कहें कि सामने वाले को मिलने वाले लाभ समझ में आ जाए जैसे कि: "जॉन, हमारे पास एक काम आया है जिसे तुरंत किया जाना बेहद ज़रूरी है, क्योंकि अगर इसे अभी नहीं किया गया तो बाद में हमारे लिए मुसीबत खड़ी हो सकती है।...

यह विश्वास करना नादानी है कि इन सिद्धांतों का प्रयोग करने के बाद आपको सकारात्मक प्रतिक्रियाएं मिलेंगी। अधिकांश व्यक्तियों का अनुभव बताता है कि इन सिद्धांतों का प्रयोग करने से आपकी सफलता की संभावना बढ़ जाती है और अगर आप इन सिद्धांतों पर चलकर अपनी सफलता को दस प्रतिशत बढ़ा भी लेते हैं तो आप पहले से दस प्रतिशत अधिक प्रभावशाली लीडर होंगे और यही आपका लाभ होगा।

सिद्धांत - 9

सामने वाले व्यक्ति को कोई काम इस तरह सौंपें कि वह आपका कहा काम खुशी-खुशी कर दे।